思想的・睿智的・獨見的

經典名著文庫

學術評議

丘為君　吳惠林　宋鎮照　林玉体　邱燮友

洪漢鼎　孫效智　秦夢群　高明士　高宣揚

張光宇　張炳陽　陳秀蓉　陳思賢　陳清秀

陳鼓應　曾永義　黃光國　黃光雄　黃昆輝

黃政傑　楊維哲　葉海煙　葉國良　廖達琪

劉滄龍　黎建球　盧美貴　薛化元　謝宗林

簡成熙　顏厥安（以姓氏筆畫排序）

策劃　楊榮川

五南圖書出版公司 印行

經典名著文庫

學術評議者簡介（依姓氏筆畫排序）

- 丘為君　美國俄亥俄州立大學歷史研究所博士
- 吳惠林　美國芝加哥大學經濟系訪問研究、臺灣大學經濟系博士
- 宋鎮照　美國佛羅里達大學社會學博士
- 林玉体　美國愛荷華大學哲學博士
- 邱燮友　國立臺灣師範大學國文研究所文學碩士
- 洪漢鼎　德國杜塞爾多夫大學榮譽博士
- 孫效智　德國慕尼黑哲學院哲學博士
- 秦夢群　美國麥迪遜威斯康辛大學博士
- 高明士　日本東京大學歷史學博士
- 高宣揚　巴黎第一大學哲學系博士
- 張光宇　美國加州大學柏克萊校區語言學博士
- 張炳陽　國立臺灣大學哲學研究所博士
- 陳秀蓉　國立臺灣大學理學院心理學研究所臨床心理學組博士
- 陳思賢　美國約翰霍普金斯大學政治學博士
- 陳清秀　美國喬治城大學訪問研究、臺灣大學法學博士
- 陳鼓應　國立臺灣大學哲學研究所
- 曾永義　國家文學博士、中央研究院院士
- 黃光國　美國夏威夷大學社會心理學博士
- 黃光雄　國家教育學博士
- 黃昆輝　美國北科羅拉多州立大學博士
- 黃政傑　美國麥迪遜威斯康辛大學博士
- 楊維哲　美國普林斯頓大學數學博士
- 葉海煙　私立輔仁大學哲學研究所博士
- 葉國良　國立臺灣大學中文所博士
- 廖達琪　美國密西根大學政治學博士
- 劉滄龍　德國柏林洪堡大學哲學博士
- 黎建球　私立輔仁大學哲學研究所博士
- 盧美貴　國立臺灣師範大學教育學博士
- 薛化元　國立臺灣大學歷史學系博士
- 謝宗林　美國聖路易華盛頓大學經濟研究所博士候選人
- 簡成熙　國立高雄師範大學教育研究所博士
- 顏厥安　德國慕尼黑大學法學博士

經典名著文庫110

菊與刀

The Chrysanthemum and the Sword: Patterns of Japanese Cultu

露絲・潘乃德 著
(Ruth Fulton Benedict)
山　藥 譯

經典永恆・名著常在

五十週年的獻禮・「經典名著文庫」出版緣起

總策劃 楊榮川

五南，五十年了。半個世紀，人生旅程的一大半，我們走過來了。不敢說有多大成就，至少沒有凋零。

五南忝爲學術出版的一員，在大專教材、學術專著、知識讀本出版已逾壹萬參仟種之後，面對著當今圖書界媚俗的追逐、淺碟化的內容以及碎片化的資訊圖景當中，我們思索著：邁向百年的未來歷程裡，我們能爲知識界、文化學術界做些什麼？在速食文化的生態下，有什麼值得讓人雋永品味的？

歷代經典・當今名著，經過時間的洗禮，千錘百鍊，流傳至今，光芒耀人；不僅使我們能領悟前人的智慧，同時也增深加廣我們思考的深度與視野。十九世紀唯意志論開創者叔本華，在其〈論閱讀和書籍〉文中指出：「對任何時代所謂的暢銷書要持謹慎的態度。」他覺得讀書應該精挑細選，把時間用來閱讀那些「古今中外的偉大人物的著作」，閱讀那些「站在人類之巔的著作及享受不朽聲譽的人們的作品」。閱讀就要「讀原著」，是他的體悟。他甚至認爲，閱讀經典原著，勝過於親炙教誨。他說：

「一個人的著作是這個人的思想菁華。所以，儘管一個人具有偉大的思想能力，但閱讀這個人的著作總會比與這個人的交往獲得更多的內容。就最重要的方面而言，閱讀這些著作的確可以取代，甚至遠遠超過與這個人的近身交往。」

爲什麼？原因正在於這些著作正是他思想的完整呈現，是他所有的思考、研究和學習的結果；而與這個人的交往卻是片斷的、支離的、隨機的。何況，想與之交談，如今時空，只能徒呼負負，空留神往而已。

三十歲就當芝加哥大學校長、四十六歲榮任名譽校長的赫欽斯（Robert M. Hutchins, 1899-1977），是力倡人文教育的大師。「教育要教眞理」，是其名言，強調「經典就是人文教育最佳的方式」。他認爲：

「西方學術思想傳遞下來的永恆學識，即那些不因時代變遷而有所減損其價值的古代經典及現代名著，乃是眞正的文化菁華所在。」

這些經典在一定程度上代表西方文明發展的軌跡，故而他爲大學擬訂了從柏拉圖的《理想國》，以至愛因斯坦的《相對論》，構成著名的「大學百本經典名著課程」。成爲大學通識教育課程的典範。

歷代經典・當今名著，超越了時空，價值永恆。五南跟業界一樣，過去已偶有引進，但都未系統化的完整舖陳。我們決心投入巨資，有計畫的系統梳選，成立「經典名著文庫」，希望收入古今中外思想性的、充滿睿智與獨見的經典、名著，包括：

- 歷經千百年的時間洗禮，依然耀明的著作。遠溯二千三百年前，亞里斯多德的《尼各馬科倫理學》、柏拉圖的《理想國》，還有奧古斯丁的《懺悔錄》。
- 聲震寰宇、澤流遐裔的著作。西方哲學不用說，東方哲學中，我國的孔孟、老莊哲學，古印度毗耶娑（Vyāsa）的《薄伽梵歌》、日本鈴木大拙的《禪與心理分析》，都不缺漏。
- 成就一家之言，獨領風騷之名著。諸如伽森狄（Pierre Gassendi）與笛卡兒論戰的《對笛卡兒沉思錄的詰難》、達爾文（Darwin）的《物種起源》、米塞斯（Mises）的《人的行爲》，以至當今印度獲得諾貝爾經濟學獎阿馬蒂亞・

森（Amartya Sen）的《貧困與饑荒》，及法國當代的哲學家及漢學家余蓮（François Jullien）的《功效論》。

梳選的書目已超過七百種，初期計劃首爲三百種。先從思想性的經典開始，漸次及於專業性的論著。「江山代有才人出，各領風騷數百年」，這是一項理想性的、永續性的巨大出版工程。不在意讀者的眾寡，只考慮它的學術價值，力求完整展現先哲思想的軌跡。雖然不符合商業經營模式的考量，但只要能爲知識界開啓一片智慧之窗，營造一座百花綻放的世界文明公園，任君遨遊、取菁吸蜜、嘉惠學子，於願足矣！

最後，要感謝學界的支持與熱心參與。擔任「學術評議」的專家，義務的提供建言；各書「導讀」的撰寫者，不計代價地導引讀者進入堂奧；而著譯者日以繼夜，伏案疾書，更是辛苦，感謝你們。也期待熱心文化傳承的智者參與耕耘，共同經營這座「世界文明公園」。如能得到廣大讀者的共鳴與滋潤，那麼經典永恆，名著常在。就不是夢想了！

二〇一七年八月一日　於

五南圖書出版公司

導讀

淡江大學歷史學系教授　林呈蓉

二〇一一年三月十一日，東日本大震災發生，不僅引發海嘯，更導致核能發電廠輻射外洩，這是自一九四五年日本受到美國原子彈攻擊以來，最嚴重的一場世紀災難。然而，更讓世界矚目的卻是災區難民的情緒管理，那種隱忍、堅毅的表情，令海外人士爲之感佩，更是不捨。是什麼力量與訓練，讓他們如此大無畏地淡然面對困境，即使現況已近乎家破人亡！而那股隱忍、堅毅的背後，是什麼信念成爲一股支持的力量，令人興味盎然。

《菊與刀》（*The Chrysanthemum and the Sword: Patterns of Japanese Culture*）出版於一九四六年，是以文化人類學的角度試解析日本社會文化的一部代表性著作。文化人類學（anthropology）乃十九世紀的新興學門，伴隨新航路與新大陸發現，歐洲人意圖了解歐洲大陸以外的世界，包括人種與物種，文化人類學乃應運而生。由於文化人類學所關注的對象是歐洲以外的世界，對白種人而言，一切都是懵懂未知的存在，因此長久以來文化人類學給人的刻板印象是針對「無文字」的文化進行探究。在研究手段上，文化人類學可謂是一門透過田野調查以及比較研究，針對世界上各種族裔、文化與社會，進行實證研究的學問。

而《菊與刀》的作者潘乃德（Ruth Fulton Benedict, 1887-1948），則是太平洋戰爭期間因應美國戰爭情報局委託對日本進行研究，所完成的一項計畫案〈日本人的行爲模式〉（Japanese Behavior Patterns），其後再把相關研究內容重新撰文出版，進而成爲理解日本的一部代表性作品。女性研究者潘乃德，師承美國人類學之父鮑亞士（Franz Boas, 1858-1942），以科學的方法運用在文化人類學研究上。這個研究流派，或稱爲激進的文化相對主義論，重視風土、人文對族群性格的影響，並針對文化背後的主體價值進行分析，他們強調任何區域社會、族群性格自有其獨特的價值體系。早在一九三四年潘乃德已有大作《文化模式》（*Patterns of Culture*）出版，並試以同一研究手法運用在日本研究上。換言之，《菊與刀》亦可謂是《文化模式》的一項個案研究。

《文化模式》的理論基礎重點有三，除了區域社會的本質外，不外乎文化的差異性及其統合性；而《菊與刀》的內容亦延續這項思考脈絡，另加入了風土、民情，以及口述訪談所獲得的個案經驗對日本社會進行解析。惟美中不足之處是礙於太平洋戰爭的緊張局勢，作爲人類學者而言，潘乃德僅針對美國社會的日裔移民進行口述訪談，明顯欠缺田野調查的步驟。畢竟這些日裔移民基本上是日本社會的弱勢族群，他們的思考邏輯與行爲模式可有效成爲大和民族綜合體之代表嗎？顯然這是該書論點上的一個罩門，亦可能成爲該研究成果正確與否的盲點。不過，從十七至十九世紀期間，伴隨新航路的發現，爲數不少西方人已來到日本，並留下各種見聞錄提供後世參考，如伊莎貝拉．博得（Isabella Lucy Bird）的《*Unbeaten Tracks in Japan*》（1881）、愛德華．摩斯（Morse, Edward Sylvester）的

《*Japan Day by Day*》（1917），以及其他相關的電影、小說、先行研究等，在在都成爲潘乃德重要的參考素材。

當潘乃德重新梳理〈日本人的行爲模式〉之研究，而於戰後另行出版時，何以在書名上特別冠以《菊與刀》之名呈現呢？勢必有其獨道的想法。一九二六年，日本政府正式發表以「菊花」紋作爲皇室紋章之代表（如圖）。紋章源自於家紋，在日本社會是一種門第、家世的表徵。無獨有偶地，在歐洲的西方社會亦有相同的發想，並作爲家系、組織的一種識別。而書名上的「刀」（sword），這裡特指的是日本刀。何以書名在菊花之外，又特別冠上了「刀」呢？日本歷史經過七百年武家政治的時代，伴隨近代日本逐步走向平民主義社會，傳統武士階層的思考邏輯與行爲模式在耳濡目染中亦馴化了社會一般庶民大眾。日本刀乃日本社會背後武士精神的表徵，但在日美交戰的年代，亦可謂是軍國主義的代言。因此，太平洋戰爭落幕後不久，潘乃德把〈日本人的行爲模式〉冠上「菊與刀」以爲書名，這個設計自有其特殊意涵。

日本皇室紋「十六葉八重表菊形」，亦是日本的國章

區域社會族群特質之建構，多源自於在地的風土與民情。然而，這種特質多數時候既無法以量化處理，更難以透過文字形容。潘乃德在處理〈日本人的行爲模式〉時，則以較大的篇幅探討武士道精神中的「人情」與「義理」，而這

兩項特質更是支配日本人行為模式的基本原點。「人情」指的是發自內心，自然流露出對他者的體貼之情；而「義理」則是人際關係互動下的既定模式。

基本上，《菊與刀》的第一章〈任務：日本〉是作者潘乃德的「寫作動機」、「問題提起」與「研究方法」，此一章節的內容開章明義提醒讀者，「共感」的前提在於「理解」；而第二章〈交戰中的日本人〉，作者試從太平洋戰爭期間美國社會對日本的認知，注意到日本人言動的思考原點，即「自尊獨立」的國民精神；第三章〈各得其所，悉安其業〉的內容強調階級社會的「職分」議題，明顯可與一八七二年福澤諭吉（一八三五—一九〇一）撰寫的《學問之勸》兩相對照。不同於因身分地位所帶來的「名分」（名義），日本社會更重視的是因職務所伴隨而來的「職分」（職責），「職分」的背後牽涉的是責任與義務。「職分」的概念深刻烙印在日本人腦海中，而成為一種行為準則，秩序井然的階層關係結構出日本社會的特質。顯然，日本社會予人的印象是「敬業」，但「敬業」精神的背後卻有其歷史脈絡。

第四章〈明治維新〉則是回顧近代日本從「尊王攘夷」，乃至「文明開化」，一路走來的心路歷程。即使在「國權」與「民權」的勢力消長上爭議不斷，但社會整體依舊在傳統既有的階級制度上，找到自我定位。維持和魂洋才社會特質的背後，莫過於前述所謂的墨守「職分」，各司其職、各守本位。

而《菊與刀》第五到第八章的內容，其實是可以與一九〇〇年出版的新渡戶稻造

（一八六二—一九三三）之大作《武士道：大和魂》（*Bushido: The Soul of Japan*）互為表裡。武家社會的基本精神，以「御恩」vs.「奉公」為主軸，亦成為日本社會人際互動的原點。為了有效回應「御恩」，進而有了「義務」與「義理」的衍生。對主君的「忠」，對父君的「孝」是難以有效償還的，這是「義務」；而對於周邊人情表達感謝之意，既有時效性且能有效償還的，則屬「義理」層級。而人際互動源自於上下關係，在要求下層階級者盡忠、盡孝的同時，位居上位者則須展現民胞物與的仁人精神。然而，仁人的精神與西方基督教的「博愛」，卻有微妙的不同。新渡戶稻造在《武士道：大和魂》中特別指謫，日本社會之於「博愛」的觀念相對闕如。而上述影響日本人言動的各種德行，存在的目的都是為了避免讓人身陷「羞恥」的尷尬處境，更重要的是受到七百年武家社會的涵化，國民大眾對專業、對國家普遍存有一股難以言喻的「榮譽」感。

第九章〈人情的社會〉的內容重點在「人情」，而相對於「義理」的嚴謹性，「人情」則是溫情的、感性的，展現人性弱點的存在。然而，前述日本社會之於理性與感性的不同層面，能否有效切割呢？顯然，第十章〈道德的困境〉所談的議題就是「人情」與「義理」之間有時會相互拉扯，而展現出一種矛盾情結。其實是非對錯，一切關乎至「誠」與否而已，而至誠的背後即所謂的「真心」。第十一章〈自律與修煉〉則是從佛學的觀點鳥瞰人生，武家社會的基本精神既是深具儒家的底蘊，如何跳脫集團主義「大我」與「小我」的抉擇，從中找出「無我」的價值，使身心靈不再受制於壓抑之苦，則成為日本人一生的課題。

至於整本大作最重要的部分，莫過於第十二章〈兒童教育〉，內容闡述的是孩童的家庭教育。眾所周知，孩童是家族血脈的延續與期待，孩童的行爲模式除了一部分是源自於基因的傳承，以及從其他家族成員之言動耳濡目染外，莫過於來自長輩有意識地予以一套知性訓練。國家是國民大眾的集合體，孩童則是社會國家未來的棟梁，從孩童的家庭教育可隱約看到十幾二十年之後，社會發展的可能性。因此，此一章節的內容，清楚展現出日本社會庶民大眾行爲模式與思考邏輯的雛型。整體而言，日本社會的運作，背後的動能莫過於對「恥」的認知，更成爲國民精神的原點。中國古籍《禮記・中庸》中亦有言，「知恥近乎勇」！顯見日本社會之於儒家思想的精神，早已落實於庶民的日常生活中，而近現代日本追求的目標，以一言蔽之，則莫過於能與萬國對峙之「獨立自尊」！而第十三章〈投降後的日本人〉則是全書論述的總結，重點乃試圖從日本的社會特質想像其未來發展的可能性，但別忘了，一九四六年在《菊與刀》出版的時間點上，日本仍遭盟軍GHQ占領，身陷國家主權無法自理的局面。

而影響日本社會思維的要素，除了武士道精神背後的「儒家」思想之外，另一個重要的思考源流則是佛教的「無常」。何以日本社會之於「無常」的概念特別有感，實應與環繞日本列島的自然生態息息相關，而其中地震與颱風的侵擾，經常令人措手不及；日本史上代表特權的貴族與武士之間的勢力消長，更讓庶民百姓清楚見證了「盛者必衰、驕者必亡」，天地萬物一如湍流不止的河水，大江東去不復返的道理。

《菊與刀》的作者潘乃德在文化人類學的研究領域外，亦以筆名Anne Singleton撰寫詩文，顯見其文筆功力相較於其他文化人類學界同儕，略勝一籌。前述一九三四年出版之大作《文化模式》，更被當時的學界認可爲戰前最具代表性之鉅著，而被廣泛閱讀。一九三六年潘乃德受聘爲哥倫比亞大學副教授，而伴隨二次大戰的爆發，乃被美國戰爭情報局延攬，協助解析日本社會，亦才有前述〈日本人的行爲模式〉等研究成果產出，進而成爲《菊與刀》的雛型。

在當時男尊女卑的美國社會裡，潘乃德是少數擁有高學歷的女性研究者。身爲性別弱勢的潘乃德，面對族群弱勢的日裔移民，即使對日本人的思考邏輯與行爲模式並不一定認同，但仍可站在理解的態度對處之。事實上，同一時期對日本社會進行研究者仍有其人，但不同於傳統白人男性沙文主義觀點，在有意無意間總習於將不同屬性之族群試以同一化處理，而身爲女性研究者的潘乃德則認爲這好比男人總要求妻兒必須在毫無自我的情況下亦步亦趨，是一種病態思考。因此，潘乃德的研究相較於同時期的西方人類學者，更抱以包容的態度，重視個別文化的差異性。

長久以來，臺灣與日本的關係既近且遠，既熟悉又陌生，因此《菊與刀》的中譯版一直都在，有一九七四年的《菊花與劍：日本民族的文化模式》，另有二〇一四年的《菊與刀：風雅與殺伐之間，日本文化的雙重性》等。而這些譯本刊行的背後，必與當時臺灣社會的政經情勢相結，前者是起因於一九七二年的臺日斷交，令經貿十分倚賴日本的臺灣社會受到嚴重衝擊；後者則是前述二〇一一年東日本大震災，日本災民的凜然表現，更讓世界刮目相看。

在IT科技日新月異的年代，臺灣社會對資訊的接收不斷陷入零碎化與淺碟化，出版業爲求生存，經常只是隨波逐流，以投讀者之所好。我們喜見有五十年品牌經驗的五南圖書，在長尾策略經營的背後，亦開始試想到底應爲這個社會留下什麼樣的雋永作品呢？五南「經典名著文庫」出版計畫，讓人隱約感受到五南圖書除了意圖再造經驗價值之外，更致力提升品牌力的宏圖大志。

鳴謝

那些在日本接受教育，後來到美國生活的人，他們在戰爭期間處在一個困難的境地。他們得不到大多數美國人的信任。因此，我特別感激他們仁慈善良地幫助我爲這本書蒐集資料和作證。我感謝他們在非常特殊情形下給予的幫助，我還要感謝戰爭期間的那些同事。羅伯特·羽島出生在這個國家，但他在日本長大，一九四一年他選擇回到美國，直到我見到他之前，他都是被關在一個戰爭收容所裡，現在他在華盛頓的美國戰爭機構工作。

我要感謝美國戰時資訊辦公室給我這個任務來完成這本書；還要感謝東亞峰會的副主任喬治·E. 泰勒教授和負責蒐集外國軍隊士氣情報部門的指揮官亞歷山大·H. 雷頓。

我要感謝那些讀過這本書的人：指揮官雷頓、克萊頓·克拉克洪教授和萊登·雷特斯博士，以及那些在戰時給予我許多資訊方面的說明和協助的人們：康拉德·艾倫斯伯格教授、瑪格麗特·米德格雷戈里·貝特森和E. H. 諾曼博士。感謝他們給我的建議與幫助。

露絲·潘乃德

目次

導讀／林呈蓉……1
鳴謝……1
第一章　任務：日本……1
第二章　交戰中的日本人……21
第三章　各得其所，悉安其業……43
第四章　明治維新……73
第五章　歷史與社會的負恩者……95
第六章　報恩於萬一……113
第七章　情義是最難承受的……133
第八章　名譽的維護……145
第九章　人情的社會……175

第十章　道德的困境……193
第十一章　自律與修煉……223
第十二章　兒童教育……247
第十三章　投降後的日本人……289
附錄：評價與批判……309
露絲・潘乃德年表（一八八七—一九四八）……327
索　引……331

第一章　任務：日本

「他們的文化體系是獨特的，既不是佛教的，
也不是儒教的，而是典型的日本式——包括它的長處與缺點。」

在所有美國竭盡全力與之戰鬥過的對手中，日本人是最讓人感到迷惑與費解的。這之前任何一次所面對的強敵，都不曾像日本這樣，需要我們去認眞對待其思維與行爲模式，這在別的戰爭中也從未出現過。跟曾在一九〇五年與之作戰過的沙俄一樣，美國面對的對手是一個全副武裝、訓練有素的民族，但卻不屬於傳統的西方文化範疇。所有那些被西方文化認同，並習以爲常的戰爭規則，對日本人顯然都不適用。因而，就美、日在太平洋上正在進行的戰爭而言，不僅包括一系列在島嶼、海灘上的登陸行動，也不僅只是後勤供應存在的種種困難。在這種情況下，了解敵人的特性成了核心任務之一。要與日本作戰，我們必須了解日本人的行爲模式。

想要做到這點存在著很大困難。七十五年前，日本打開緊閉的國門，可是當人們提及日本人時，仍然使用一系列讓人難以明確「但是，又……」的句型，在描述世界其他民族時卻不會如此。一個嚴謹的觀察者在描述自己所觀察的日本以外的民族時，是不會一方面說這個民族彬彬有禮，同時還要加上一句「但，他們又蠻橫、傲慢」；不會說某一個民族無比頑固，又說「但，他們也極易適應激烈變革」；不會說一個民族溫順的同時還要加上相反的定義，說他們不會輕易就服從上級的管理；不會說該民族忠誠、寬厚，又聲稱「他們又背信棄義，充滿惡意」；不會既說他們英勇無畏，又不厭其煩描述他們是如何怯弱；不會既說他們的行爲過度依賴他人的評價，又說他們具有強烈道德準則；不會既說他們在軍隊中遵守鐵的紀律，又描述他們是如何犯上作亂；也不會既說該民族如何熱衷西方的文化，又渲染他們頑固保守。他不會在一本書裡大肆描述該民族如何崇尚美好的事物，如何高度重視演員和藝術家，如何沉湎於菊花的栽培，而在另一本書中卻補充說明該民族是如何崇尚刀劍和武士的榮譽。

然而，正是上述這些論述上的矛盾，往往構成有關日本論著的主要論述形式。無可否認，這些矛盾的現象確實是眞實的，刀與菊正是這一圖景的一個主要部分。嚴格說，在很大程度上，日本人生性好鬥又和平禮讓；窮兵黷武又崇尚和諧；桀驁不馴又彬彬有禮；固執僵化又審時度勢；順從又憎恨受人擺布；忠心耿耿又善於背信棄義；無所畏懼又膽小怕事；保守又對新事物充滿激情。他們過分在意他人對自己的評價，當他們的劣跡不爲人知時，他們不會被自己的良心與罪惡感壓垮。

了解日本人已成爲美國目前的當務之急，對上述矛盾現象以及各種看起來亂成一團的問題，我們已經無法視而不見。我們正面臨著嚴峻的局面，一系列問題已經或將會接踵而至，比如，日本下一步將會是什麼？在不攻打日本本土的情況下，能否迫使日本投降？我們是否應該直接轟炸日本的皇宮？對日本戰俘我們能夠指望什麼？對日本軍隊和日本本土人民採取怎樣的宣傳策略，才能既減少犧牲更多美國人的生命，同時又能削弱日本人的抵抗意志？這些問題的答案，對那些十分了解日本的日本通來說，也會存在著尖銳分歧。在和平來臨後，對日本這個民族需不需要進行長時間的軍管，以便使這個國家能維持正常的秩序？我們還需要跟那些隱藏在深山裡的頑固分子們繼續作戰嗎？爲了完全實現國際和平，需要在日本發起一場類似法國或俄國的革命嗎？如果需要，誰來當這場革命的領導者呢？如果沒有發生革命，那日本民族是否將會滅亡？對這些問題我們的判斷和分歧十分巨大。

一九四四年六月，我受命研究日本，被要求用一個文化人類學者所能使用的一切方法，來盡可能說明日本這個民族究竟是怎樣的一個民族。同年夏初，美國剛剛開始了對日本的大規模進攻。在國內，很多人跟過去一樣，在談論跟日本的戰爭會持續三年、十年，或是更長的時間。而在日本則很多人認爲這場戰爭可能會持續一百年。他們說，美軍雖然取得了局部勝利，但新幾內亞島、所羅門群島距離日本本土有幾千英里之遙！日本官方的公報和媒體幾乎沒有一家承認日本海軍的失敗，日本民眾仍相信他們將會是最後的勝利者。

但到六月，戰爭形勢就發生了變化。盟軍在歐洲開闢了第二戰場，在過去的兩年半時間中，盟軍最高司令部一直將歐洲戰場置於優先考慮地位；現在已經沒有這樣的必要了，因爲對德國的戰爭已經勝利。而在太平洋，我軍也成功登陸塞班島，這是一場預告日軍最終戰敗的重要的戰役。此後一段時間裡，我們的部隊日益逼近日軍。從新幾內亞、瓜達爾卡納島、緬甸、阿圖、塔拉瓦還有比亞克等地的戰鬥中，我們清楚地知道了，我們是在跟一個非常可怕的敵人作戰。

因而，到了一九四四年六月，我們的敵國日本很多問題就浮出水面，需要做出回答。這些問題不管是由軍事、外交等方面的重大方針政策造成的，還是由在日軍前線散發宣傳單引起的，我們都需要獲得有深刻洞察力的答案。在這場與日本之間的全面戰爭中，我們需要了解的不僅是日本東京當局的動機與目的，不僅是這個國家悠久的歷史，也不僅是它的經濟的各類數據資料，我們更需要了解這個政府能從自己的人民那得到多少支持。我們還必須清楚那個在他們的行爲和看待事物的方式背後的強制力。爲此，我們必須把自己作爲美國人看待事物和採取行動的前提條件擱置，儘量避免輕率得出結論，認爲我們會怎樣去做，他們也會怎樣去做。

我所承擔的是相當棘手的一個課題。美、日兩國正處於交戰狀態。在戰爭中去譴責你的敵人是容易的，但要想理解你的敵人，透過研究了解他們如何看待生活與人生，那是非常困難的事。但我們現在不得不這樣做。問題的關鍵是日本人會怎麼做，而不是我們處在與他們相同境地時，我們會怎麼做。作爲研究者，我必須把日軍在戰爭中的一切行動都看作有價值的資料加以分析和利用，而不是將它們視爲不利的條件，視爲某種「債務」。我必須觀察他們的戰爭方式，還要暫時把它看作是一種文化現象而不是軍事現象。日本人在戰時也是跟和平時期一樣，是在按照自己的本性行爲。那麼，從他們處理戰爭的方式上，能看出哪些他們特殊的生活方式和思維模式的特徵呢？日本領導人煽動好戰情緒的方法、安撫民眾情緒的方法以及戰場上如何展開具體戰術行爲等等，所有這些都展示了什麼是他們自以爲能加以利用的力量。我需要追蹤戰爭中發生的種種蛛絲馬跡，以此來看清日本人在戰爭中逐步展現出的眞實面目。

但美、日兩國正在交戰，這一事實對我極其不利。這意味著我必須放棄文化人類學家最主要的研究方法——實地調查。我無法去日本，也無法居住在日本人家中親自觀察他們的日常生活，並區分哪些是重要的，哪些不是那麼重要；對他們進行決策的複雜過程，我無法目睹；我無法觀察他們如何培養下一代。一部有參考價值的書是人類學家約翰·恩布里所著的《須惠村》，這是他在實地研究一個日本鄉村的成果。但一九四四年我們遇到的諸多與日本相關的問題，在作者寫這本書時還沒有成為問題。

儘管困難重重，但作為一個文化人類學家，我自信自己具備一些可以加以利用的有效方法和必要條件。至少我不會完全放棄我們人類學家非常重要的研究方法，也就是跟研究對象面對面接觸。在美國有一些在日本長大的日本人，我可以詢問他們的經歷，了解他們是如何進行判斷的。用他們提供的事實來彌補我知識的不足。我想，作為人類學家，這是理解任何一種文化不可或缺的。而其他一些從事日本研究的社會學家則是利用圖書館，分析歷史事件或統計資料，追蹤日本的書面或口頭宣傳資料的各種變化。不過我相信他們所尋求的問題的答案，是隱藏在日本文化的規則及其價值中的。因此，如果不對生活在那種文化中的人進行研究，就很難得到令人滿意的答案。

這並不是說我不閱讀，也不是意味著我沒有從那些西方人對日本的大量論述裡，以及那些曾在日本生活過的優秀的西方觀察者那獲得大量有用的東西，從而使我的研究擁有一定的優勢。我所獲得的這些優勢條件，是那些研究亞馬遜河發源地或新幾內亞高原等缺乏文字的部落的人類學家所不具備的。那些沒有文字的部落，不可能在紙上留下自己的歷史。對於這類社會，西方人的論述很少並且簡單膚淺，沒有人知道這些民族的歷史。對於那些實地調查的學者，他們必須在沒有任何先行者的幫助下，來探究這些民族的經濟生活方式、社會組成結構、宗教生活中最重要的內容。而在我研究日本的過程中，我可以繼承並利用大量已有的學術成果。那些研究古代文物的文獻留下了大量生活細節的描述，歐美也有很多人記錄了有關日本社會的各類生動經歷。而且日本人自己也寫了大量自我暴露的書面文字。跟其他東方人不同，日本人似乎有著強烈到難以抑制的情感，他們對自己的刻畫細緻深刻。他們寫下自己對世界進行擴張的計畫、寫下自己生活中的那些瑣事，有時他們坦率的程度令人吃驚。當然，他們對自己的描述不會是全面的。但是這點從來也沒人能做到。一個日本人在描述日本時，會自然而然忽視掉很多非常重要的內容，他們對於這些東西太過熟悉，就像是面對自己呼吸的空氣，習以為常就會視而不見。我們美國人寫自己的國家時，我想也會一樣。但相較而言，我認為日本人還是最喜歡做自我剖析的民族之一。

如同達爾文在創立物種起源理論時採用的閱讀方法一樣，我閱讀這些文獻時也特別注意分析那些令我費解的東西。比如議會辯論中那些雜亂紛陳的爭論，為了理解它們，我該預先去了解些什麼呢？對於我們可能是無足輕重的事，日本人為什麼會強烈地譴責，而對那些駭人聽聞的暴行卻如此心平氣和地加以容忍？在這背後究竟隱藏著什麼？在閱讀文獻的過程中，我反覆提出問題給自己：「這幅畫有什麼問題嗎？」、「想要理解這幅畫，我應該掌握哪些知識呢？」

另外，我還看了不少在日本創作和拍攝的電影：不管是宣傳片、歷史片，還是那些描寫東京及農村當代生活的影片。之後，也和看過這些影片的日本人進行詳細探討交流。任何時候他們對於影片中的男女英雄或者壞人，都是按照自己作爲日本人的眼光在看待，因此跟我的看法總不一樣。在我因爲看不懂情節而茫然時，他們卻不是這樣的。這就像閱讀小說，我和在日本長大的日本人在對內容的理解上有很大偏差。在這些日本人中，有些人會爲日本的一些習俗辯護，另一些人則會表示不喜歡甚至憎惡。在這一幅生動的畫面中，他們告訴了你在日本，人們是在如何安排自己的生活，不論是接受還是厭惡這種生活。

如果一個文化人類學家只是到他所研究的文化中去蒐集資料，並透過實地考察尋求問題的答案的話，那他也就不能指望能爲已有的研究成果提供什麼新的東西，因爲這些都是那些在日本生活過的外國人做過的工作。但一個文化人類學研究者，由於其所受到的訓練和具備的某些能力，使得他能感受到在這樣一個學者與觀察者雲集的領域，自己還能做出什麼貢獻。

人類學家已對亞洲和太平洋的一些文化有所了解。日本社會的結構以及生活方式，跟很多太平洋島嶼上的原始部落相似。例如一些是和馬來西亞那裡相似，一些是跟新幾內亞相似，也有的是和波利尼西亞相似。根據這些相似性來推測古代人口遷徙以及交往，也不失爲有趣的事，了解這些文化上的相似性，對我來說很有價值，不過不是這些文化之間或許存在著的歷史淵源。恰恰相反，因爲我了解這些習俗是如何在這些單純的社會文化中發揮作用的，因此我可以從我發現的不同中找到日本人生活的某些線索。我還知道一些亞洲大陸上，如泰國、緬甸以及中國的情況，從而我可以把這些偉大的文化與日本進行對比。人類學家在對原始人類的研究中，已經多次證明這樣的文化類比的重要性。一個部落在文化習性上跟別的部落可能有著九成的相似，但它很可能已經對這種文化習俗做了修改，以便適應自己獨特的生活方式和價值觀。在這個過程裡，它很可能不得不放棄一些最基本的內容，這些東西無論在整體中所占比例多小，卻能使這個部落未來的發展朝向一個特定的、與眾不同的方向。對一個人類學家來說，最好的事莫過於研究有很多共同之處的各個民族之間的那些差異。

同時，人類學家還必須使自己適應自身所屬的文化與其他文化之間的巨大差異，人類學家從自己的經驗中知道，不同文化背景的人遇到的事態是非常不同的，不同的民族處理這些事態的方式也是完全不一樣的。在北極的某個村落，或者是在熱帶沙漠裡，人類學家遇到的血緣關係還有經濟交換的部落體制，是不論你多大膽想像也無法想像出來的。因此，不僅要調查血緣關係或者交換關係的具體細節，還要調查這些在部落行爲中產生了什麼樣的後果，部落的每一代人又是如何從兒童時期開始，就像自己的祖先那樣養成了繼承傳統的習慣。

對差異以及制約造成的後果的關注，一樣能運用到對日本的研究裡。所有人都承認，美、日兩國存在著巨大而牢固的文化差異。在美國甚至有種民間說法，說無論我們做什麼，日本人都會和我們對著幹。如果一個研究者只是簡單宣稱這些差異是如何稀奇古怪、如何難以置信，並因此認爲這是一個無法理解的民族，這是很危險的。人類學家根據自己的經驗能夠充分證明，即使存在最奇異的差異，也是可以理解的。按照職業特點，人類學家應該比任何別的社會科學家都能客觀地把差異當作積極因素而不是消極因素加以利用。除了某些制度與習俗的怪異性，再也沒有什麼現象更能引起一位人類學家的注意的了。人類學家研究部落的生活方式，任何東西都不應該被認爲是理所當然的，所以他應該做的不是針對幾件被挑選出來的事實，而是針對所有的事實。在西方文化中，一個沒受到過良好文化研究訓練的人，會忽視整體的行爲領域，他會把很多事物看作是理所當然的，因此會對那些日常生活裡細碎的習俗或屬於家庭生活中的普通事物，不做深入了解再做判斷。但這些常常會被忽視的細小事物，往往會被投射到一種文化、一個民族的全部生活的螢幕上，這時候，這些細小瑣碎的事物，對一個民族未來的影響，要比任何外交家的談判、簽約造成的影響都大。

人類學家必須開發並完善研究日常瑣事的技術，因爲在那些被研究的部落中被視爲最平常的事情，是不同於研究者自己國家的。當一個研究者試圖理解某個在一個部落是極端醜惡，而在另一個部落卻是儒弱的行爲時，當他企圖弄清在特定情況下那些人的行爲與感受時，他就會發現，自己需要借用那些不太引人注意的考察報告和對細微末節的詳細記錄。對於人類學來說，有充分理由證明這些東西是重要的，而且他還要懂得如何去發掘此類資料。

在對日本的研究中，嘗試這種方法也同樣適用。只有對一個民族普通老百姓的日常生活進行高度關注，才能理解人類學家這一研究前提，不論是一個原始的部落，還是在一個高度發達的文明，日常生活都是它的人民行爲模式的來源。不管這種行爲是多麼的離奇古怪，一個人的感覺和思維方式都是跟他的生活經驗緊密聯繫著的。因此，愈是對日本人的某種行爲迷惑不解，我就愈認爲在日本人的日常生活中，一定是有某些具有普遍意義的因素制約著這類怪異現象。要是這樣的探索能讓我深入到日本人的日常生活中，那就太好了，因爲人們正是在那裡學會生活的。

作爲一個文化人類學家，我也是從下述前提出發的，即孤立的行爲之間存在某種內在的聯繫。我十分重視把數以百計的瑣碎事件歸納在一起，形成一個綜合模式。人類社會一定會爲自己的生活設計出某種模式，會贊同某些對應事態的方式，或者是衡量事態的方式。生活在特定社會中的人，會把哲學解決問題的方法看作是所在的那個世界的基礎。無論有多大困難，都會想方設法納入這樣的整體中。已經接納某種價值體系，並依靠其生活著的人們，是不可能對自己所處的複雜世界充耳不聞，並爲自己設置好一個與世隔絕的範疇，然後在這樣一個範疇內，遵循一套相反的價值觀來思考和行動的。他們會去適應環境，他們會爲自己的行爲給出共同的依據和動機。沒有一定程度的一致性，一個社會是不可能存在的。

因此，經濟活動、家庭組織、宗教儀式以及政治目標，就像齒輪一樣環環相扣。一個領域的變化也許快於其他領域，從而帶給其他領域壓力，不過這樣的壓力也是一致性要求帶來的。在那些總是企圖控制他人的開化程度不高的社會，權力欲望在宗教實踐中的表現，不會低於在經濟活動中以及跟別的部落的關係中的表現。與不具備書面語言的部落社會比，在具備書面語言的文明社會裡，教會會把那些在數百年間流傳的格言與警句保留下來，但隨著公眾對經濟和政治的發言權的要求日益強烈，在某些出現抵觸的領域，教會不得不讓出一部分權利。格言和警句儘管保存下來，但含義變了。宗教教義、經濟和政治活動不再只是局限於各自的領域內，而是超出了各自的範圍，互相融合，形成一股更大的洪流。由於這是已被證明的眞理，因此研究者愈是把自己調查範圍擴大到經濟、兩性關係、宗教生活和兒童養育這些領域，就愈能了解自己所研究的社會正在發生的事情。他可以對任何生活的領域提出有效的假設，然後去蒐集資料；他可以學會把任何一個民族所提出的要求，都看成是來自他們從自己的社會生活經歷中學來的思維習慣與方式的結果，不論這樣的要求是以政治還是經濟，或者道德的語言提出來的。因此，本書不是用來論述日本社會的宗教、經濟、政治或者家庭的，本書的目的是考察日本人有關生活的臆想，描述這些臆想在現實中的實踐行爲。它企圖說明，是什麼因素使得日本成爲這樣一個日本人的國家。

二十世紀所存在的巨大障礙之一，就是我們都有著不少含混不清並帶有偏見的觀念，我們不僅沒有認清是什麼使得日本成爲這樣一個日本人的國家，同時也一樣沒能弄清是什麼使得美國成爲這樣一個美國人的國家，並且又是什麼使得法國成爲這樣一個法蘭西人的國家、俄國成爲一個俄羅斯人的國家的。當缺少了這樣的認知，就會把一個國家當成是另一個國家。當彼此間發生的矛盾僅僅是微不足道的差異造成時，人們卻會以爲彼此間存在著巨大的不可調和矛盾；而在我們談論共同理想時，某個民族卻會因爲其所經歷過的，還有固有價值觀的影響，而認定一個與我們完全不同的行爲方針。我們並沒有努力去了解他們的價值觀與習俗。要是我們這樣努力過了，就會發現，對方的某些行爲方式跟我們所習慣的方式不一樣，但並非就是邪惡的。

我們不能依靠一個民族來自己講清楚他們的思想和行爲模式，這是做不到的。每個民族的作家都在試圖做出對自己民族的評估，但這卻不是件輕而易舉的事。一個民族用來觀察生活的透鏡，是跟別的民族使用的透鏡不一樣的。人們通常難以意識到自己是在如何觀察世界。任何一個國家都會認爲自己看待世界的眼光是正確的，在這一點上，一個民族所使用的觀察焦距與透視方法，都是這個民族人民獲得自己人生觀的途徑，在每一個民族看來，透過自己的觀察方式得來的結果都是上帝安排好了的。這就像是眼鏡，我們不可能指望戴上這種眼鏡的人，能知道這種眼鏡的配方，同樣我們也不可能指望每個民族自己來分析自己的世界觀。要想知道眼鏡的相關知識，就得培養一位眼科專家，並希望他能爲任何一副送到他那裡的眼鏡寫出正確的配方。總有這樣一天，我們會認識到社會學家的任務，就是爲世界上每一個民族研究出他們的「眼鏡配方」來。

這項工作既要求具備堅韌的毅力，也要求持有寬容心。有時，這樣的堅韌會被一些善良的人士指責爲鐵石心腸。正是這類「世界大同」的鼓吹者們，希望全世界的人們都相信：

無論「東方」和「西方」、「黑人」和「白人」、「基督徒」和「穆斯林」，他們之間的差異都是表面的，而實質上全體人類都心心相印。一些人將這種觀點稱之為「四海之內皆兄弟」。我不明白的是，為什麼為了相信四海之內皆兄弟，日本人就不該有日本人的生活方式、美國人就不該有美國人的生活方式。在這些善良的人看來，有時候這個世界如果不是由像是一張底片翻拍出來的千人一面的民族和國家組成的，他們就會失去自己的安身之處。但是如果將這種一致性作為尊重其他民族的條件，就好比一個神經病要求自己的妻子和兒女要與自己容貌、性格相同一樣。具備堅毅性格的人，不會在意差異，他們會尊重差別。他們的主要目標是讓一個差異化的世界保持安全，美國可以是美國，只要它不威脅到世界和平。以此類推，法國可以是法國、日本可以是日本。任何學者只要不相信差異是一把懸在世界上方的達摩克利斯之劍，那麼他就會堅信，任何靠外部壓力來阻止人們擁有自己的人生觀的行為，都是不道德的。同樣他也無須擔心，採取這種立場就會使世界停滯不前。鼓勵文化上的差異不等於維持一個靜止的世界。英國在伊莉莎白時代之後是安妮女王時代和維多利亞時代，但它並未因此就不再是英國。正是因為英國人一直保持自己的特性，才使得不同時代的人能擁有屬於自己的標準與氣質。

對民族間的差異進行系統研究，需要堅忍不拔，同時也需要寬容。當人們自己的信仰得以保障，並因此能寬容對待異己時，比較宗教研究才能得到興旺發展。人們可以是基督徒，也可以是阿拉伯學者或是不信教的人，但絕不能是宗教狂熱者。如果人們在保衛自己的生活方式同時，堅信只有自己的生活方式才是世界上唯一理想的生活方式，文化的比較研究就不會繁榮。這種人絕不會懂得，對於其他生活方式的了解，將會增強對自身文化的熱愛。他們不能使自身獲得愉快和豐富的體驗；他們是如此故步自封，以致別無選擇，除了要求別的民族接受自己的行為方式外，就不再存在其他選擇。比如作為美國人，強求所有別的民族都接受美國人所喜歡的信念。但對於我們所要求的生活方式，其他民族是難以接受的。這就像我們無法學會用十二進位制來代替十進位制進行計算，或者無法像東非某些土著居民那樣學會單腿站立進行休息一樣。

因此，本書是一本闡述日本習俗（預期與公認的）的書。它的目的是論述日本人對自己的要求，比如在什麼情況下他希望得到恭維，而在什麼情況下不希望；什麼時候會感到羞愧，什麼時候會感到尷尬等等。本書所描述的事實，最具權威的評論也許來自街頭巷尾、來自那些普通人。這樣說並非是說這些人曾經置身於書中提到的每一個特殊的處境，而是說這些人都會認可在那樣的情境下的行為方式。進行這樣研究的目的，是為了描述出促使思想、行為發生的背後的態度。也許這個目標最終不能實現，但卻是作者的理想。

在研究的過程當中，當工作進展到一定程度後，人們會發現，進一步蒐集證據已經沒有必要。比如，對一個人應在何時向誰行禮，就沒有必要對所有日本人都進行統計研究。日本人喜歡行禮是公認的事實，對此任何一位日本人的證明都具有普遍意義，在取得了另外幾個人的證言後，就沒有必要再去向一百萬日本人查證。

如果一位學者想要揭示出日本人的生活方式賴以建立起來的假設前提，那麼他所面臨的工作困難，要遠大於用統計數字來證明一種說法。人們最想從他那得到的是，那些公認的習俗和判斷是如何成爲日本人看待事物的透鏡的。他需要闡述清楚日本人的觀點是怎麼影響到他們看世界與人生的焦距與焦點。他還得努力去使那些用完全不一樣的透鏡來看世界的美國人能夠理解。在這樣一個分析工作裡，最有權威的審判者並非一定是「田中先生」——也就是普通日本人。因爲「田中先生」並不能清楚地表明自己的觀點；何況對他來說，爲美國人寫那些解釋也毫無必要。

美國人在對社會進行研究時，很少研究文明民族的文化所賴以建立的各項前提條件。大多數的研究者都認爲這些前提是自證的。社會學家和心理學家大都只關注觀點和行爲的「分布」，他們最擅長也最常用的方法就是統計學。透過對大量的人口調查資料、問卷調查、訪談者的回答、心理測試等等進行統計分析，想從中推導出某些因素的獨立性或是相互依存關係。在輿論領域調查時，可以透過在全國範圍內採用由科學方法得出的最有效的調查技術，這樣的方法在美國已經到達了一個相當高的完善程度。這樣的方法足以了解到對某位公眾候選人或是某項政策的支持度。同時，還能夠把支持者與反對者按照地域、收入、黨派加以分類。在一個實行普選，並且由議會這樣的選民代表起草頒布法律的國度，這種調查得來的結果具有實踐的重要作用。

美國人可以用投票的方式進行民意調查，並掌握調查結果。他們之所以能這樣做，是因爲有一個十分明顯卻無人提及的前提條件存在：那就是他們都熟悉美國的生活方式，並且認爲那是理所當然的。所謂的輿論調查，不過是對我們已知的情況做一些數量上的確認而已。如果想要了解另一個國家，那就首先需要對這個國家的人民、對他們的生活習慣、他們的思維方式以及看待世界的觀點做有系統、有品質的調查研究，然後投票這種方式才能有效。透過愼重的取樣調查，可以了解政府的支持度與反對度的量化結果。但如果事先無法了解這些人對國家持有的觀念，抽樣的結果又能爲我們揭示些什麼呢？只有在了解這個國家後，才能弄清各不同政治派別在街頭和議會中爭論的究竟是什麼。一個民族對自己的政府持有的觀點，要比那些展現各黨派勢力的數字具有更直觀、更普遍與持久的意義。比如在美國，無論是民主黨還是共和黨，都一樣認爲政府是沒法擺脫的禍害，因爲它限制了個人的自由。對一個美國人來說，也許戰爭時期才是唯一的例外，那些政府的官員們，從來也不會比在民間事業中從事某種職業的人社會地位更高。這跟日本社會簡直沒法相提並論，甚至很多歐洲國家也與此存在著很大差異。而我們首先需要了解的，正是他們的這種態度與觀念。他們的觀念透過他們的習俗、對待成功的態度還有關於他們民族的神話、節日以及節日的言辭來展現。根據這些間接的現象來研究，透過這種調查往往能增強我們已有的認識。如果想要了解一個國家，首先必須對這個國家人民的習慣和觀點進行系統而定性的研究，但一定要是系統的研究。

就像是在研究選舉時，我們需要研究贊成票、反對票各占百分之多少一樣，對某一民族基本生活的各種基本觀點，以及他們所認可的解決問題的方式，我們也可以進行謹慎、詳細的研究。日本正是這樣一個對象國，它的基本觀念非常值得我們去研究。我還發現，一旦我們弄清了西方人和日本人的人生觀的差異所在，並掌握他們所使用的一些象徵和符號，那麼西方人就不會再對日本人行爲中那些看起來十分矛盾的地方感到奇怪。我開始明白，爲什麼對一些急劇變化的行爲，日本人會認爲是一貫性的延續，是整體的一部分。對此我能試圖給予說明。當我跟日本人在一起工作時，我發現他們最開始使用的那些奇怪的詞語和概念，擁有了非常重要的意義，並且蘊含著豐富的情感因素。跟西方人比，日本人的道德觀、罪惡感有著巨大差異。他們的文化體系是獨特的，既不是佛教的，也不是儒教的，而是典型的日本式——包括它的長處與缺點。

第二章　交戰中的日本人

「對日本人來說，『投降是可恥的』這種認知深深植根於意識裡。這跟我們的戰爭慣例相違背，但在他們卻是理所當然。」

每種文化傳統都有自己對戰爭的信條，儘管存在著差異。歐洲國家就擁有共同認可的規則。例如整體戰的動員方式，失敗時該如何堅持信心，戰死與投降的某種穩定的比率，對戰俘的行爲準則等等，這些在歐洲國家之間的戰爭中都是可以預見的，因爲這些國家擁有同源的文化傳統，戰爭觀也是一樣。

日本人與西方人在戰爭慣例上的所有差異，能爲更好地了解他們的人生觀以及對人的責任提供參考。我們的目的是要有系統研究日本人的文化及其行爲，而他們那些與我們不同的信念在軍事上的重要性，則不在考慮的範疇。他們所有的行爲都可能很重要，因爲這些行爲提出了一些我們必須要回答的與日本人性格關聯的問題。

對戰爭正義性的辯護，日本人所立足的前提與美國人截然相反，兩國之間對國際形勢的看法也不同。美國認爲戰爭爆發的主要原因是軸心國的侵略行爲，其中日本、德國和義大利三個國家對北非發起的征服行爲，就已經是對國際和平的破壞。那些遭到軸心國占領的地區，無論是中國的滿洲，還是衣索比亞、波蘭，都證明軸心國推行的是壓迫弱小民族的罪惡政策。他們無視「自己生存，也要讓他人生存」的原則，至少是侵犯了自由企業「門戶開放」的國際原則。但日本則有另外一種看法，他們認爲，只要世界各國擁有絕對的主權，世界就會陷入無政府狀態。而日本則有責任建立起一種基於它的世界秩序，因爲他們認爲只有日本擁有著自上而下完善的等級制度，也是最了解「各得其所」原則必要性的。日本在國內實現了統一，平定了動亂，並在全國開展了工業化，開始修築公路、電力、鋼鐵等產業。據日本官方公布的統計資料，日本的青少年有99.5%接受了公共教育。從這個理由出發，它認爲自己有義務和責任幫助落後的兄弟之國——中國。他們認爲在「大東亞」範圍內的各個國家都是同一人種，而作爲領導者的日本，有義務把存在於這個區域內的西方國家美國、英國、俄國等驅逐出去，從而使得這些國家能「各得其所」。世界上所有國家都應該在一個國際等級的架構中擁有自己的位置，這樣才能形成一個統一的世界。下一章我們會探討這種受到很高評價的等級制度在日本傳統中的意義。這是一個由日本民族創造出的、最適合其胃口的想像物。但不幸的是，遭到日本侵略與占領的那些國家並不這樣想，也沒有這種理想。即便如此，在戰敗時，日本也不認爲應該從理念和道德層面排斥「大東亞共榮」這種理想。同時，在那些日本戰俘中，就連最不好戰的人也很少會指責日本對亞洲大陸以及西南太平洋地區的行動目的。在今後很長一段時間裡，看來日本也會固執堅持自己的某些態度，其中最主要的就是對等級制的迷信。這一點跟我們這些熱愛自由平等的美國人完全無法相容。但我們還是要了解等級制度對於日本意味著什麼，有哪些必要性。

同理，日本寄託勝利希望的基礎也跟美國一貫所理解的不同。日本叫囂日本必勝，精神必將戰勝物質。他們說：美國是個強大的國家，軍事實力確實優越，但這算不了什麼！我們對此早已了解，根本不會當作是障礙。日本人民從一份他們的主要報紙《每日新聞》上讀到這樣一段話：「如果我們害怕數字就不會開戰。敵人的豐富資源並不是這次戰爭所創造的。」

日本的政治家、大本營以及軍人們都反覆強調：「這次戰爭並不是軍備之間的競賽，而是日本人所信仰的精神與美國人所信仰的物質之間的較量。」如果是美軍打了勝仗，他們就會一而再強調：「在這場較量中，物質力量最終必定會失敗。」在塞班島、硫磺島戰役潰敗後，這一信條就成了最好的遁詞，但要知道這類遁詞並非專門爲失敗而準備。在日軍勝利的那段日子，他們也一直是這樣鼓舞士氣。早在偷襲珍珠港前，這就已經是一個公認的宣傳口號。在一九三〇年代，前陸軍大臣、狂熱的軍國主義分子荒木大將在《告日本國民書》的宣傳小冊子中寫道：對日本民族而言，日本的「眞正使命」就是要在全世界「弘揚皇道，力量之懸殊何足道，吾等不懼於物質！」

當然，像其他任何備戰的國家一樣，日本人其實也存在著物質上的擔憂。在整個三〇年代，用於軍備的財政支出占國民總收入的比重有著驚人的上升。在偷襲珍珠港那年，將近一半的國民總收入用於陸海軍的裝備，而用於民生的行政支出只占政府全部支出的17%。對於物質化的軍備不關心並不是日本與西方各國的區別。也就是說，對於軍備物質的準備的關心程度，並不是日本與西方各國之間的主要區別。但在日本人看來，軍艦、大炮等物質的東西，只不過是不朽的「日本精神」的表徵，這就像武士的佩刀是武士氣概的象徵一樣。

美國始終注重國力的強大，而日本始終強調非物質資源的重要性。日本也像美國一樣開展增產運動，但日本的增產運動是基於它自身的前提。日本人認爲，精神代表了一切，是永恆的；物質當然不可或缺，但卻是次要的，瞬間會消失的。日本廣播電臺經常叫嚷：「物質資源是有限的，不可能存在千年不滅的物質。」這種對精神的信賴完全被在戰爭的日常行爲中加以運用。日軍的戰術手冊上有著這樣一句口號：「以吾等之訓練來對抗敵軍數量的優勢，以吾等血肉之軀來抵擋敵人的鋼鐵。」這是他們傳統的口號，並非是專爲這次戰爭制定的，他們的軍事手冊第一頁上就用粗體字寫著「必讀必勝」。他們的飛行員駕駛小型飛機展開自殺式攻擊撞擊我們的軍艦，這就是最典型的精神戰勝物質的例子。他們把開展這種攻擊的軍隊命名爲「神風特攻隊」。這裡所謂的「神風」，來自西元十三世紀蒙古人東征時艦隊遭遇颶風沉沒的歷史事件，日本人認爲是「神風」拯救了日本。

即使在民間，日本當局也大肆宣傳精神優於物質這一信條。例如，人們不是在工廠裡一天工作了十二個小時，又被整夜的轟炸搞得筋疲力盡了嗎？他們就說：「身體愈累，意志、精神就愈高昂。」、「愈是疲倦，就愈能起到鍛鍊效果。」老百姓冬天在防空洞不是很冷嗎？大日本體育會就在廣播中命令大家做熱身體操，聲稱這一體操不僅能代替取暖設備和被褥，而且可以代替極其缺乏的糧食。他們說：「當然，也許有人會說，在食品缺少時談不上做什麼體操。這種觀點是錯誤的，愈是缺乏食物，我們就愈要用其他方法來增強我們的體力。」這就是說，必須透過消耗更多的體力來增強體力。美國人看待體力的觀點，是看昨天是否達到八小時或至少五小時的睡眠，飲食是否正常，是不是感覺到寒冷，然後再計算體力的消耗。而日本人根本不會考慮到體能的儲備，認爲那都是物質的，是可以替代的。

日本的廣播在戰爭中的做法更爲極端。它們甚至宣稱在戰鬥中有精神可以戰勝生理上的死亡。有家廣播電臺曾播送過一個英勇的飛行員戰勝死亡的奇蹟：

> 空戰結束後，日本的飛機都是三、四架的小編隊返回機場。有個大尉是最先返回的其中一批。在下飛機後，他用雙筒望遠鏡觀察著天空。當他的部下返回機場時，他一架架計算著，臉色有些蒼白，但卻鎮定自若。當最後一架返回後，他寫了報告，然後朝著司令部走去。在司令部，他向上司做了彙報。但剛彙報完，他就倒在了地上。在場的軍官們趕忙上去幫助他，但他早已死亡。檢查的結果顯示，他的身體是冰冷的，在胸口有一處致命的彈傷。然而一個剛死的人身體是不可能冰涼的。大尉的身體冰冷說明大尉早已死去，完全是依靠精神的力量，才一直堅持到彙報完。可以斷言，正是這個大尉所具備的強烈責任感才使他創造了這樣的奇蹟。

當然，從美國人的角度，肯定會覺得這故事過於荒誕。然而，所有受過教育的日本人卻並不認爲這則廣播是在吹牛。他們相信，日本的聽眾不會認爲這是一個荒誕無稽的故事。他們首先指出一點，那就是這則廣播是如實說明了，這位大尉的英雄事蹟是「一個奇蹟般的事實」。爲什麼不能有奇蹟發生呢？靈魂是可以訓練的。很顯然，這位大尉是一位自我修行的高手。既然日本人都懂得「精神可以存在千年」，那爲什麼這種精神就不能在這位把「責任」看作是自己生命核心的大尉身上多停留幾個小時呢？日本人深信透過特殊的修煉，一個人的精神能達到最高境界。大尉這樣做了，並收到了效果。

作爲美國人，我們完全可以對日本人的這一系列極端的行爲嗤之以鼻，認爲這是貧窮民族的托詞，或者是被欺騙者的幼稚幻想。但不論在戰爭時期還是在和平時期，如果我們如此看待日本人，我們就很難戰勝他們。這樣的一些信條，是用某種禁忌、拒斥，加上一定的訓練方式灌輸進日本人的內心裡的，這些信條被深深植根在他們的意識中。這些信條並不僅僅只是某些怪癖。只有當了解這些信條後，美國人才能理解爲什麼日本人在戰敗時會承認「光有精神是不夠的」；理解「企圖用『竹矛』來守住陣地只是一種幻想」的眞正含義。而更爲重要的是，當我們聽到日本人的「光有精神是不夠的」的論斷時，我們能夠理解這句話的眞正含義，這是他們在戰場上、在工廠中與美國人的精神進行較量後得出的結論。正如日本人在戰敗後所說，他們在戰爭中「完全是在憑著主觀意識行事」。

日本人在戰爭期間的各種說法（不單是有關等級制和精神戰勝物質之類的），都爲比較文化研究者提供了具體資料。他們大肆宣揚安全、士氣等不過是精神上的準備問題。無論遇到了什麼災難，是城市遭到空襲還是塞班島上的潰敗，或者菲律賓的失守等等，政府總是對日本民眾進行如下解釋：我們早已預料會發生這樣的事情，不要擔心。而收音機裡播出的仍是誇大其詞的宣傳，指望日本人民能繼續相信，他們仍處在一個事先都計畫好了的世界中。他們認爲民眾應該保持鎮靜。「美軍是占領了基斯卡島（Kiska），使日本本土處在美國轟炸機的攻擊範圍之內，但我們對此早有估計，並進行了必要的準備。」、「敵人肯定會以陸、海、空三軍同時向我們發動全方位的攻擊。對此，我們的作戰計畫早就有所準備。」日本戰俘，即便是那些希望日本儘早在這場毫無希望的戰爭中失敗的戰俘也認爲，轟炸不可能完全摧毀日本本土的士氣，「因爲他們早就對此有了心理準備」。當美軍開始對日本城市實施轟炸時，日本飛機製造業協會副會長在電臺中發表講話說：「敵機終於飛到我們上空了。然而，令他們失望的是，我們飛機製造業的全體成員早就預料到了此事，並做了應對轟炸的充分準備，沒有什麼值得擔憂的。」一切均在預料之中，任何將要發生的事都早做好了應對準備。只有保持這樣一種信念，日本人才能繼續堅持自己不可少的主張——所有一切都是我們主動預期的，不是被動，更不是別人強加給我們的。「我們不應該認爲自己是受到了敵人的攻擊，而是我們主動引誘敵人攻擊我們的。」「敵人你想要來，那就來好了。」他們絕對不會承認：「該發生的終於發生了。」而是說：「我們所期待的終於來臨。我們歡迎它的到來。」日本的海軍大臣在國會演講中，引用一八七〇年偉大的武士西鄉隆盛的遺言：「機會有兩種，一種是偶然遇上的，一種是自己主動創造的。當面臨艱辛困苦時，就必須要自己去創造機會。」另外，在電臺報導了美軍已經突入馬尼拉市中心時，山下奉文將軍則「微微一笑，很得意地說，敵人已經落入我的陷阱裡……」、「敵軍在仁牙因灣（Lingayen Bay）登陸後不久，馬尼拉市即告陷落，這是山下將軍預先安排好了的靈機妙算，事態的發展完全符合將軍的部署。山下將軍的作戰計畫正在按計畫實施。」也就是說，失敗愈是慘烈，事態的發展也就愈是符合預期。

實際上美國人也會走極端，只是走向的是另一種極端。美國人全力以赴投入戰爭，是因為這場戰爭是別人強加給我們的。我們遭到攻擊，因此我們要給予回擊，要讓對方知道我們的厲害。那些需要考慮如何才能讓美國民眾保持安定的發言人，在提及珍珠港、巴丹半島美軍的潰敗時，絕不會說：「這是我們預先計畫好的。」相反，我們的官員會這樣說：「這都是敵人強加給我們的，我們必須要還以顏色。」美國人經常會把自己的生活調節到應對挑戰上去，隨時準備著做出應戰。日本人的信念則寧願相信一切都是既定的，這種按部就班才是他們的生活方式，相對來說，最大的威脅對他們恰恰是未曾預料到。

日本人在戰爭中經常用以宣傳的另一個主題，也能展示日本人的生活模式。他們常說：「我們受到世界人民的關注！」因而，在作戰過程中他們必須將日本精神發揚光大。美軍在瓜達爾卡納爾島登陸時，日軍向其部隊下達的命令是，現在全世界都在關注著我們，我們必須體現出日本民族的大無畏精神。日本海軍對其官兵有一條訓誡，在遭到魚雷攻擊接到棄艦命令時，官兵必須要以最良好的姿態轉移到救生艇上，不然就會遭到「全世界人的嘲笑，美國人會把你們的醜態拍成電影，拿到紐約去放映」。這關係到他們在世界眼裡的形象。對這些東西的在意是根深蒂固地存在於日本文化中的。

關於日本人的態度，最吸引人的是他們對待天皇陛下。天皇對他的臣民到底擁有多大控制力？一些美國權威人士認為：其實在日本七百餘年的封建統治中，天皇不過是一個有名無實的傀儡。每個人首先最效忠的是他的封建領主「大名」，以及之上的軍事大元帥將軍。對天皇的效忠似乎可有可無。天皇一直遭到幽禁，深居在與世隔絕的宮廷之中，他的活動和儀式都受到將軍制定的各種規章制度的嚴格限制。如果一個等級很高的封建領主對天皇表示敬意，那麼這將會被視爲背叛。對一般日本民眾來說，天皇幾乎不存在。一些美國學者認爲，日本只能透過它的歷史來理解，爲什麼一個在活著的民眾記憶裡模糊不清毫無意義的天皇，會被突然擁戴成日本這樣一個保守的民族的權力核心，並圍繞著天皇組織起來？這些學者認爲：有些日本評論家反覆強調天皇對其臣民有永久統治權，其實太誇張了，他們的堅稱恰恰證明他們論據的脆弱。因而，在對待天皇這個問題上，美國的戰時政策沒有必要持謹慎的態度。對日本近來編造出的那種邪惡的元首理念，我們當然應給予堅決的打擊。但在當代日本，天皇是神道教的核心，而這種宗教具有民族主義色彩。如果我們對天皇的神聖性進行挑戰並將其摧毀，那麼，敵國日本的整個社會結構就會瓦解。

很多有才幹的美國人，在讀了來自前線或日本方面的報導和文獻後，會持相反意見。在日本生活過的人都非常清楚，沒有什麼會比用言語貶低天皇或對天皇進行直接攻擊更能刺痛日本人，並激起他們的鬥志。這些人不相信日本人會把對天皇的攻擊看作是對軍國主義的攻擊。一戰後，他們目睹了「民主」觀念的深入人心，軍國主義聲名狼藉，以致軍人到市區去都要換成便裝，但也就是在那時，對天皇的崇拜一樣狂熱。這些在日本居住過的人聲稱，日本人對天皇的崇拜，跟「希特勒萬歲」是不可同日而語的，後者不過是納粹興衰的晴雨表，是跟法西斯所有的罪行緊密聯繫著的。

日軍俘虜的證詞證實了上述觀點。日軍被俘人員因爲沒受過專門的訓練，在被俘後往往不知該怎樣應答，這與西方的軍人不同。因此，他們對所有問題的回答都是混亂的。這種情況自然來自日本的不投降政策。這種狀況直到戰爭結束前幾個月才有所改變，但只限於特定的軍隊和地方部隊。我們應該對這些戰俘的口供給予特別關注，因爲它們代表了日本軍隊的一個切面。他們並非是一些因爲士氣低落而投降的士兵，不會因爲投降而喪失代表性。除極少數外，都是因受傷或失去知覺無力抵抗而被俘。

那些頑抗到底的日軍俘虜，把他們的極端軍國主義的根源一直追溯到天皇那裡，認爲自己是在「尊崇聖諭」，是爲了「讓陛下安心」，並願意「爲天皇獻身」，是「天皇指引我們參戰，服從是我的天職」。但那些反對目前戰爭及日本未來征服計畫的人，也同樣把他們的和平信念歸功於天皇。對所有人來說，天皇代表了一切。討厭戰爭的人稱天皇是「愛好和平的陛下」，他們堅持認爲天皇「一直都是一位開明的君主，是反對戰爭的」、「是被東條英機欺騙了」、「在『滿洲事件』時，陛下就表示出對軍方的反對態度」、「戰爭是在天皇不知道和未授權的情況下，由軍方發動的。天皇不喜歡戰爭，也不會允許他的國民捲入戰爭。天皇並不知道他的士兵們受到了怎樣的虐待。」而德國戰俘的證詞則完全不同，不論他們對希特勒手下的將軍或最高司令部的背叛希特勒的行爲如何不滿，他們仍然認爲因爲希特勒是最大的煽動者，是他準備並發動了戰爭，因此戰爭的責任應該由他——希特勒承擔。

而日本戰俘的態度非常明確，對天皇的忠誠與軍國主義及侵略戰爭政策是完全不相干的兩碼事。

但與此同時，對日軍戰俘來說，天皇和日本是分不開的。「沒有天皇的日本就不能成其爲日本。」「天皇是日本國民的象徵，是宗教生活的核心，是超宗教的信仰對象。」即使日本戰敗，天皇也不能因此而受到譴責。「人們不會認爲天皇對戰爭負有責任」、「如果戰敗，也應由內閣和軍部領導人而不是天皇來承擔責任」、「即使日本戰敗，全體日本國民仍然會繼續崇拜天皇」。

這種毫無異議一致認爲天皇超越一切的論調，在習慣於認爲只要是人，就難免會受到質疑和評判的美國人看來，簡直就是荒誕不經。但一直到戰敗，日本的普遍輿論還是如此認爲。那些對審訊戰犯最具經驗的人，也認爲沒必要在每一份審訊筆錄上都寫下「拒絕誹謗天皇」；因爲沒有一位戰俘會表達出對天皇的質疑，甚至那些一直以來都跟盟軍合作，幫助我們從事對日廣播的人也是如此。從那些彙集起來的戰俘審訊筆錄裡，只找到三份表達了對天皇委婉的批評的，而只有一份這樣說道：「保留天皇將會是一個錯誤。」在另一份中談到天皇，也僅僅是說天皇「是一個意志薄弱的人，不過是傀儡」。第三份則是猜測天皇可能讓位於皇太子；要是能在日本廢除君主制，日本的青年婦女們也許能獲得她們羨慕已久的美國婦女那樣的社會地位。

也正是因爲如此，日本軍部利用了日本國民對天皇的這種崇拜，把「天皇恩賜」的香菸分發給士兵們；並在天長節那天，率領部下朝著東方三拜後高呼萬歲。就在日本軍隊「日夜受到轟炸時」，將領們帶領部下一起誦讀天皇在「軍人敕諭」裡頒賜的「聖諭」，「奉誦之聲響徹森林」。軍國主義分子正是這樣在利用人們對天皇的效忠。他們要求所屬官兵都要「奉召必謹」，「免除聖慮」，要做到「以崇敬之心報效陛下的仁愛」、「爲天皇獻身！」然而這種對天皇意志的順從，同時又是一把雙刃劍。就像那些日軍戰俘所說的，「只要天皇下令，就算是只有一把竹刀也會毫不猶豫投入戰鬥。也只有天皇下令，才會停止戰鬥。」、「要是天皇下詔，第二天日本就會放下武器。」、「就算是最好戰的滿洲關東軍也會馬上放下武器。」、「想要日本國民接受戰敗，只有天皇下詔，並願意爲了重建家園而活下去。」

日本人對天皇的忠誠是無條件的，並且毫無保留。而對天皇之外的任何人和團體，又都會加以批評，這兩種態度形成了鮮明的對比。在日本的報紙、期刊以及其他戰俘的供詞中，都能見到大量對政府和軍隊領導人的批評。戰俘們對那些指揮官，尤其是那些不能與部下共患難的人破口大罵；對那些自己坐飛機撤退而讓士兵們拼死抵抗的指揮官，日本戰俘們更是痛恨至極。戰俘們對有的軍官大加稱讚，而對另一些軍官卻嚴厲譴責。這說明日本人並不缺乏辨別善惡的能力與意願。即使日本本土的報紙、雜誌也對「政府」進行批評，他們要求更強有力的領導和更高效的協調。他們甚至抨擊政府對言論自由的限制。一九四四年七月，東京一家報紙刊登了一篇由編輯、前國會議員、日本極權主義政黨——大政翼贊會的領導人參加的座談會紀要，就是一個最好的例證。其中有位發言者說：「我認爲喚醒國民的辦法有很多，但其中最重要的就是言論自由。這麼多年來，日本國民都不敢暢所欲言。他們害怕自己的言語會受到譴責。他們心存疑慮，往往只做表面文章，變得膽小怕事。這樣我們不可能談什麼發揮全體國民的力量。」另一位發言者也就這個問題發表了自己的看法：「我幾乎每天晚上都和自己選區的選民進行座談，詢問他們對一些事情的意見，但他們就是無法敞開心扉。人們都被剝奪了言論自由。這根本不是激發人們鬥志的好辦法。在所謂戰時特別法和治安維持法下，國民的言行受限制，他們變得像封建時代的老百姓一樣膽小怕事。因而本來能激發的戰鬥力，現在也不可能被激發出來。」

即使戰時人們也批評政府、大本營以及他們的直接上司。他們並沒有盲目承認和接受等級制的優越地位。只有天皇是個例外，天皇不會受到質疑。天皇的崇高地位直到近代才得以確立，爲什麼人們會如此崇拜？日本人性格中有什麼古怪的特點，才使得天皇獲得如此神聖的地位，只要天皇一聲令下，日本人就會使用「竹刀」戰鬥至死？同樣，如果天皇敕令，日本人也會平靜接受戰敗，接受被占領。日軍那些戰俘這樣說是眞實的嗎？會不會僅僅是爲了欺騙我們而說出的謊言？或者的確是事實呢？

所有這些日本人在戰爭行爲中表現出的重要現象，從反物質主義傾向到對天皇的態度，不僅影響日本國內，也影響到前線。還有一些其他態度則對日軍有著特殊影響。其中之一是對軍隊戰鬥力消耗的態度。一個顯著的例子，是當美國把海軍勛章授給臺灣海峽特遣部隊指揮官喬治．愛斯．麥肯因將軍時，日本廣播電臺所表現出來的吃驚態度，這種態度截然相反於美國人。廣播的內容是這樣的：

「之所以授予喬治．愛斯．麥肯因①將軍勛章，美國官方的理由並不是因爲他擊退了日軍。我們很不理解他們爲什麼要這樣說，因爲尼米茲的公報已經宣稱自己擊退了日軍……麥肯因授勛的理由是因爲他成功營救了兩艘遭到損傷的美軍艦船，並安全護送回基地。這樣一件小事的報導的重要性在於它是眞實的，而不是虛構。……我們並不懷疑麥肯因將軍的確拯救了兩艘艦船。我們希望你們了解的只是這樣一個奇特的事實：在美國，救下兩艘艦船就能被授勛。」

對任何救援行爲，對那些深陷困境的人的幫助，總是能感動美國人。救援被看作是勇敢的行爲，而救援一旦成功，救援者就會被看作是英雄。這在日本人則是難以想像的，日本人所認爲的勇敢行爲不包括這一類的救援行爲。就連在B29轟炸機還有戰鬥機上配置救生設備，都被日本人看作是膽小。他們會在各種媒體，報紙、電臺上一再談論這個話題，堅信只有視死如歸不計代價才是高尚的，而謹愼毫無價値。這一點在對待傷患以及病患比如瘧疾

① 這段文字裡麥肯因將軍的名字與上文有誤。上文是喬治，這裡成了約翰。應該是作者引用的日方原文的錯誤。

患者上表現得最爲明顯。那些傷病員被視爲失去價値，成了廢物。日軍的醫療後勤嚴重不足，甚至到了難以維持正常戰鬥力的地步。在長時間的作戰行動後，後勤補給的匱乏讓本來就捉襟見肘的醫療設施顯得更加不足。不過這還不是全部事實。在這些事情上，日本人對物質的蔑視態度發揮了很大作用。日軍教導自己的士兵說死亡是精神的勝利。而相反的是，我們這樣對傷病員的救護，就像是在轟炸機上安裝救生設備一樣，是反英雄主義的行爲。實際上在日常生活中，日本人也很少會習慣於去醫院。而在美國，對病患者的同情與幫助，要遠勝過對其他福利設施的關心，這點甚至那些在和平時期來美國旅行的歐洲人也認同。而對於日本人，這些卻是不可想像的。事實上，日軍沒有一個受過專業訓練，能在戰鬥中從火線上搶救傷患的救護班，更沒有一套系統的醫療救護設施，比如前線救護所、野戰醫院，以及後方的康復醫院。他們對醫療用品的關注度之低就更令人驚訝。很多情況下，他們的傷病員會被槍殺。最典型的是在新幾內亞還有菲律賓等地，日軍常常不得不從有醫院的地區撤離，他們完全沒有在條件允許情況下轉移傷患的習慣。只有在執行眞正的所謂的「有計畫撤退」時，要不就是敵人已經出現在了眼前，他們才會想到需要採取一些措施來處理傷病員。而那樣的時候，負責的軍醫經常會在臨撤退前槍殺全部的傷病員，或者由傷病員們自己引爆手榴彈自殺。

對待傷病員的這種態度既然是日本人對待同胞的基本方式，那麼，當他們處理美軍俘虜時，這樣的方式會同樣使用就不足爲奇。按照我們的標準，日本人不僅僅是對待戰俘，對待自己的同胞也一樣是犯下了虐待罪的。前菲律賓上校軍醫哈羅魯得．格拉特里（Harold W. Glattly）說，他曾作爲戰俘，在臺灣被監禁三年。他說：「美軍戰俘獲得的醫療護理要比日軍士兵好。在戰俘營中，盟軍的軍醫可以照顧盟軍的戰俘，而日軍卻幾乎連一個軍醫都沒有。在相當長的一段時間內，給日軍看病的唯一的醫務人員只是一個下士，後來升爲中士。這位中士說他自己每年也只見過軍醫一、兩次。」②就此來說，實際上日軍既然有著上述內容方面的命令，但對於前線將士卻完全沒有進行特別教育的必要。日本軍隊嚴格遵守拒絕投降的軍紀，在緬北戰役中，日軍被俘與戰亡之間的比例爲147:17166，也就是1:120。並且，在一百四十七名被俘者中，除了極少數外，絕大多數在被俘時處於昏迷或者嚴重受傷狀態。而一個人或者幾個人一起「投降」的更少。這與西方軍隊的做法完全相反。在西方，軍隊陣亡人數達到全部兵力的四分之一或三分之一時，這支部隊就會停止抵抗。一般情況下，投降者與陣亡者的比例是4:1。要知道在霍蘭迪亞（Hollandia），日軍出現的第一次大規模投降中，這個比例也只有1:5，但這已經比緬北戰役中的1:120有大幅進步。

在日本人看來，那些做了戰俘的美國人，僅僅是投降這種行爲就足夠可恥了。在他們眼裡，一位投降者即使沒有受傷、患病，也已經是「廢物」，不再屬於「完整的人」範疇。很

② 見一九四五年十月十五日的《華盛頓郵報》。

多美國人曾談到過這樣一件事，說是在戰俘營裡，美國人要是笑，那是非常危險的，這會嚴重刺激看守。因爲在日本人眼裡，被俘是一件非常丟臉的恥辱事，而美國人居然還能笑得出來，這簡直無法忍受。那些美國戰俘必須服從的命令，很多也一樣是那些戰俘營看守必須遵守的。突然性的急行軍以及塞進擁擠不堪的運輸船轉移，對日軍士兵早就是家常便飯。還有一些美國人說，日軍哨兵不斷要求他們隱瞞自己的違規行爲，因爲最大的犯罪就是違抗命令。戰俘營裡的戰俘白天要外出修築道路，或者去工廠做工，那時間是禁止從外面攜帶食物到戰俘營裡的，但這種規定往往不會被遵守。因爲只要把水果之類的食物包起來就行。不過要是被發現了，那麼所犯的罪就大了，因爲這表示的是美國戰俘對看守權威的蔑視。公然挑戰權威，就算是只是一句「頂嘴」，也會受到嚴厲懲罰。要知道在日常生活中，日本人也是不許頂嘴的，而在軍隊裡這一條就更嚴格。一般來說，戰俘營的確存在著很多虐待甚至殘暴的行爲。當我們對因文化傳統導致的行爲跟故意的殘暴行爲加以區分時，並非是在說應該寬恕殘暴行爲。

在剛開戰那段時間裡，日軍士兵相信敵軍會虐待並殺掉所有戰俘，因此更加抵觸投降行爲。日本當時流傳著這樣一個謠言，說美軍曾用坦克碾壓死瓜島（Guadalcanal）上的日軍俘虜。當然，有時候日軍士兵想要投降，而美軍懷疑其眞實動機，出於謹愼將其殺死，這樣的懷疑經常是沒有根據的。但一個日軍士兵除了死亡就別無選擇時，就常常會把與敵人同歸於盡看作是驕傲，甚至在被俘後他們也會這樣做。這就像有一位日軍戰俘這樣說的：「既然下決心要把自己獻給勝利的祭壇，如果不能壯烈犧牲那就是奇恥大辱。」正是這樣的現象使得我軍加倍警惕，當然這樣一來，也減少了日軍投降的人數。

對日本人來說，「投降是可恥的」這種認知深深植根於意識裡。這跟我們的戰爭慣例相違背，但在他們卻是理所當然。同樣，我們的所作所爲在他們看來也很難理解。不少美軍戰俘要求把自己的名字通告本國政府，以便通知家屬自己還活著，這種要求讓日本人大爲吃驚，並表示鄙夷。當巴丹島上的美軍主動投降時，至少那些日軍士兵起初一直都以爲島上的美軍會頑抗到底。他們無法理解，爲什麼美國人不以投降爲恥。

最能顯示西方士兵與日軍士兵之間的戲劇性差別的，是那些被俘後與盟軍合作的日軍士兵。在他們的意識中，完全沒有能適應這樣的新環境下的行爲準則。他們認爲自己已經喪失了名譽，而這正是日本人的生命核心所在。直到戰爭結束前幾個月裡，也只有極少數的人要求回國，而戰爭的結局與他們已經毫無關係。最極端的是有些人要求處決自己，理由是「要是你們的規定不允許這樣，那我就做一個模範的戰俘。」實際上這些人的表現遠遠好於模範。一些老兵甚至一些多年的極端國家主義者，他們會爲我們指出日軍儲存彈藥的位置，詳細說明日軍的部署，還爲我軍寫宣傳品，作爲領航員爲美軍轟炸機指明轟炸目標等等。這樣看起來好像他們完全擁有了一個全新的生命，舊的生命根本不是現在這個，但他們表現出的忠誠是一樣的。

當然也有很多頑固的戰俘，而且必須要有一些預先的提示，才會有上述的行爲發生。不少美軍指揮官很謹愼，不敢接受日本人表面上的幫助，以致很多戰俘營完全沒有對日軍戰俘加以利用。但在那些接受日軍戰俘合作的戰俘營，前提是必須消除懷疑，而以對日軍戰俘的信任代替。

對於日軍戰俘這種一百八十度大幅度的轉變，美軍顯然沒有做好心理準備，因爲這完全不符合我們自己的行爲準則。看起來日本人的行爲準則是：確定一條路後，就全力以赴，要是失敗了，就重新選擇一條。對於這種行爲，我們在戰後能否利用？或者這僅僅是個別的士兵被俘後的特殊行爲？正如日本人表現出的其他行爲方式一樣，他們行爲的特殊性迫使我們不得不思考，這提出了關於一種整體的生活模式（他們爲這種生活模式所制約）以及他們的各種制度的作用方式、思維方式和行爲習慣的諸多問題。

第三章　各得其所，悉安其業

「但是不可能的事發生了。日本的落後、受等級制度束縛的民眾急驟地轉向了一條新的道路，並堅持不懈地走了下去。」

如果想要理解日本人，那麼首先得理解他們的「各得其所」（或者「安分守己」）的眞實含義。與我們美國人對自由平等的信仰完全背馳的是日本人對秩序和等級制的信賴。對美國人而言，賦予等級制度正當性，把它當作是一種合理可行的社會結構是非常難的；日本人對等級制的篤信，是建立在他們對人與人、個人與國家的關係的觀念意識基礎上的，要想弄清他們對生活的觀念，首先必須弄清他們的習俗，比如家庭、國家、宗教信仰以及經濟結構等。

對國際關係問題，日本人也會像對待國內問題，以等級制的觀念來看待。在過去的十年裡，他們一直將自己描繪成高居國際等級制金字塔的頂端，如今，這種地位儘管被西方各國所取代，但他們即使是對這樣一種現狀的接受，也是基於等級制觀念的。日本的外交文件不斷表明他們對這一觀念的重視。在一九四〇年簽訂的日、德、義三國同盟條約前言中，日本政府聲稱：「大日本帝國政府、德國政府和義大利政府確信，使世界各國『各得其所』，此乃長久和平之前提……」天皇在簽訂此條約後所發的詔書中也再次提到了這點。詔書說：

弘揚大義於八紘，締造神輿爲一宇，實爲我皇祖皇宗之大訓，亦爲朕夙夜所眷念。今世局動亂不知胡底，人類蒙禍不知何極。朕所軫念者，惟早日勘定禍亂，光復和平……。茲三國之盟約得成，朕心甚慰。唯萬邦各得其所，兆民悉安其業，此乃千古之大業、前途……

就在日本偷襲珍珠港的當天，日本特使向美國國務卿赫爾（Cordell Hull）遞交的聲明中，就明確提到這點：

……使萬邦各得其所，此乃帝國堅定不移之國策……與上述之帝國國策背道而馳者，帝國政府斷然無法容忍。

這份聲明是針對赫爾不久前的備忘錄而發的。赫爾在這份備忘錄中強調了美國所尊重的幾條最基本的原則，它們在美國人心中的地位與等級制在日本人心中的地位同等重要。赫爾國務卿提出了四項基本原則：主權及領土完整不可侵犯；互不干涉內政；信賴國際合作及調解；平等的原則。這些原則是美國人信奉平等及不可侵犯的權利的主要內容。我們認爲，不僅在國際關係中，而且在日常生活中也必須遵循同樣的原則。對美國人而言，平等是追求一個更美好世界的基礎，是最崇高和最富有道德意味的原則。對我們來說，它意味著擁有不受專制壓迫、不受干涉、不受強制的自由；意味著在法律面前人人平等，和每個人都有追求更美好生活的權利。它是當今世界公認的基本人權的基礎。即使是在我們自己違反了這一原則時，我們依舊支持平等是正義性之所在；我們滿懷義憤與等級制度做鬥爭。

這是美國人自建國以來就一直堅持的基本原則。傑弗遜（Thomas Jefferson）把這些原則寫入了《獨立宣言》。同時，寫入憲法中的《權利法案》也是基於此原則的。一個新誕生國家在公開文件裡正式寫入這些原則是非常重要的，因為它們反映了這個大陸上的人們，在日常生活中所形成的生活方式，這是一種不同於歐洲人的生活方式。歷史上有一份重要的歷史文獻，那就是當時還年輕的法國人阿列克斯·托克維爾（Alexis de Tocqueville）在一八三〇年代初期訪問美國後，寫下的關於平等的著作。①作為一位睿智、敏銳的觀察家，他很快便在美國這個陌生的世界發現許多優點。對阿列克斯·托克維爾而言，美洲大陸就是一個完全不同的世界。托克維爾生長在法國貴族社會中，在當時那些活躍並有影響力的人士的記憶中，這個貴族社會首先受到了法國大革命的劇烈衝擊，然後又遭到了《拿破崙法典》的沉重打擊。托克維爾高度評價全新的美國社會的生活方式，對此表現得非常寬容。但是他是以一個法國貴族的眼光在觀察。他的那本書對那個舊世界報導了即將來臨的社會新的變革。他相信，美國是人類社會發展的前沿，這種發展必將在歐洲發生，儘管會存在著一定差異。

當年的托克維爾對這個新世界做了詳盡的報導。他認為只有在這裡，人們才能真正實現彼此平等。人與人之間的關係建立在一種全新、和諧的基礎之上。人們的身分是平等的，以平等的姿態相處。美國人不拘泥於等級制度下那些細微末節的東西，既不要求別人給予自己

① 托克維爾所著的《論美國的民主》。

某些特定的禮節，也不會給予他人這樣的禮遇。他們的理由只是因爲自己沒有接受任何人的恩惠。在美國這個國家裡，既沒有古老的貴族，也沒有羅馬式的家族。在這片新大陸上，舊世界占主導地位的社會等級制度消失了。托克維爾說，這些美國人信奉的唯一是平等，甚至對自由有時也會忽視，而平等則是生命之所繫。

托克維爾以一個外國人的視角，描述了一個多世紀前的我們美國人的祖先的生活方式，爲此很多美國人讀後深受鼓舞。隨著時間的流逝，美國社會發生了很多變化，但它的基本輪廓依然如初。讀過這本書後，我們認爲，一八三〇年的美國已經是我們所了解的美國了。在這樣一個國度裡，過去和現在一樣存在著跟傑弗遜時代的亞歷山大·漢密爾頓那樣對貴族式社會秩序情有獨鍾的人，但即使是漢密爾頓本人也不得不承認，在美國，人們的生活方式絕非貴族式的。

因此，在珍珠港事件前夕，我們就已經向日本聲明美國在太平洋地區的政策是建立在這些最高的倫理基礎之上的，也就是我們信守的原則是什麼。我們相信，按照我們所朝向的方向走出的每一步，都將會改善這個不完美的世界。而日本人則宣揚自己信奉的「各得其所」信念，他們這樣宣揚時，也是基於他們自己的社會經驗所得出的生活方式。世世代代以來，不平等早已成爲日本民族的組織原則，不僅僅是容易預測，而且還是最廣泛被接受的。對他們來說，接受等級制度就跟呼吸一樣自然。然而，這還不是西方人所理解的那種簡單的權威主義。統治者和被統治者都是在按照與我們完全不同的傳統行事。現在，日本已經接受了將美國的權威地位置於最高位置上，我們就更有必要了解他們的這種傳統習慣。只有這樣去看待和思考，我們才能清晰描繪出他們在當下會採取的行動。

儘管日本目前愈來愈西化，但它依然是一個貴族社會。人們的每一次寒暄、每一次交往，都必須要遵從社會地位的規則。當一個日本人向另一個日本人表達「吃」或「坐」時，他必須遵循自己與對方的社會關係以及親疏程度，還有對方的輩分，根據這些採用不同的敬語。「你」這個代詞有好幾個，在不同場合需要使用不同的「你」；動詞也一樣有好幾個不同的詞根。也就是說，日本跟很多太平洋中的民族一樣，有使用「敬語」的習俗，並且在使用時還會伴隨著不同的身體行爲，比如不同樣式的鞠躬和跪拜。所有這些都有著詳盡的規則與習慣。不單單是需要知道向誰鞠躬，還有懂得如何鞠躬。對一個對象是合適的鞠躬，在對另一個對象時，也許就會變成是無禮的行爲。鞠躬的方式有很多種，從跪地到雙手伏地，再到額頭觸碰手背的最高跪拜，還有簡單的動動肩、點點頭。作爲一個日本人，必須要學會在不同場合使用什麼樣的禮節，需要從很小就學起。

不僅是等級差別要透過日常經常的禮儀來確認（儘管這是非常重要的），性別、年齡、家庭關係、平時的交往也都要考慮進去。以致在兩個人之間，在不同環境、情形下也要使用不同的禮儀形式。對於一個普通人來說，在好友之間可以不用鞠躬行禮，但當對方穿上了軍裝後，穿便裝的人就必須要鞠躬行禮。對等級的遵守是一門藝術，需要考慮到的因素有很多，而且在特定環境下，有些因素能相互抵消，而有些則會需要增強。

在美國的家庭成員之間，當我們回到家中後，就會放棄所有的禮節。但在日本則不同，反倒是家庭裡才是學習禮節並仔細觀察的場所。當母親背著嬰兒時，應該用手去按下嬰兒的頭，教導嬰兒學習禮節。孩子剛開始學習走路了，第一課就是學習尊敬父兄。妻子要向丈夫鞠躬，孩子要向父親鞠躬，弟弟要向哥哥鞠躬；女孩子不論年齡大小，都要向哥哥弟弟鞠躬。鞠躬並非徒具其表的形式。鞠躬代表的是：鞠躬的人原本自己處理的事，現在則承認對方擁有干涉的權利；接受禮節的一方則要承認自己承擔有相應的責任與義務。性別、輩分和長幼有序，構成了家庭等級制的核心。

我們都知道，孝道是中國和日本共同的道德準則。早在西元六到七世紀，中國的孝道文化就伴隨著中國的佛教、儒教以及世俗文化傳入日本，中國的孝道思想也很早就被日本人普遍接受。但其中的性質因爲需要適應日本自己的家庭結構，不可避免發生變化。直到今天，在中國，一個人還必須要爲其家族盡忠。這樣一個家族也許是由成千上萬個成員組成，而且宗族對其成員擁有裁決權，並得到其成員的支持。當然因爲中國的幅員遼闊，因此各地的情況也有所不同，但在絕大多數地區，一座村莊大致屬於同一個宗族。中國擁有四點五億人口，但只有四百七十個姓氏。一般來說，同一姓氏的人彼此屬於同一個宗族。有些地區的居民甚至全都屬於同一宗族。還有那些離開家鄉，住到城市裡的家庭也很可能來自同一個宗族。在廣東，由於人口密度很高，宗族成員聯合在一起，共同建立、維護頗爲可觀的宗族祠堂，在祭祖的日子裡，聚集在一起向由共同遠祖繁衍下來的數以千計的祖宗牌位舉行祭祀禮儀。宗族都有自己的財產、徒弟和寺院，並設立共同基金，用以資助有前途的宗族子弟讀書學習。它保持著對散落在各地的宗族成員的聯繫，每隔十年就會重新刊印一次經過認眞增訂的族譜，記錄那些有權分享祖宗恩惠的人的姓名。它有著世代相傳的家規，在宗族與當局之間發生衝突時，甚至會拒絕把屬於本宗族的罪犯交給當局。在封建帝制時代，這種半自治的宗族共同體僅僅只是在名義上接受國家的管轄，而那些由不斷更迭的政府指派來的地方官員，在這個地區則被視爲外人。

日本的情況就大不相同。直到十九世紀中葉，也只有貴族和武士宗族可以使用自己的姓氏。在中國，姓氏是宗族制度的根本所在，如果沒有姓氏或相當於姓氏的東西，宗族組織就不可能獲得發展。某些宗族所保留的族譜，就是相當於姓氏的東西。但在日本，只有上層階級保留族譜，而且那種族譜的記錄就像「美國革命婦女會」（Daughters of the American Revolution）一樣，是從現在活著的人往前追溯，而不是從古至今記錄下一個祖先傳下來的後代。這兩種方法截然相反。再加上日本是封建國家，盡忠的對象是封建領主而不是宗族，每個領主就是當地的最高統治者，這和中國那種任期短暫的官僚不同，因爲後者是這個地區的外人。在日本，重要的是某個人是屬於薩摩藩還是肥前藩。一個人與社會的聯繫就是看他屬於哪個藩。

民族得以制度化還有一種方法，那就是在神社或者聖地祭拜祖先或者氏族的神靈。那些沒有姓氏的日本人也能參加這類活動。但日本卻沒有祭祀遠祖的儀式。在「庶民」參與祭祀的神社裡，所有的村民集中在一起，並不需要證明他們擁有共同的祖先。他們被稱爲神社所祭祀的神的「孩子」，②之所以這樣稱呼，是因爲他們住在這位神祇的領地上。跟世界各個地方的村民一樣，這些參與祭拜的人——村民們，因爲世代定居於此，相互間自然存在著親屬關係，但並非來自擁有共同先祖的氏族集團。

不同於神社，對祖先的祭拜通常是在家庭的「佛龕」前進行的，那裡一般立有六、七個前後去世的親屬牌位。在日本所有社會階層中，人們每天都要透過這種方式來祭祀過世的父母、祖父母以及其他近親。祖先面前會供有食品，祭壇上供奉靈牌，類似於微型墓碑。不再有人去重新刻寫墓地中曾祖父、曾祖母墓碑上的文字，人們甚至會迅速忘記三代之前的祖先的墓地。日本的家族聯繫很淡薄，接近於西方社會，也許和法國在這一點上最爲相近。

因此，日本人的「孝道」局限在直接接觸的家庭成員之間。最多包括父親、祖父，以及伯父、伯祖父及其後代，其內涵就是個人在這樣一個集團中，應該依據輩分、性別、年齡確立自己相應的地位。在日本，即使是那些範圍更大的豪門望族團體，也會根據親疏分成各個分支，除了長子，其他的都需要另立門戶，成爲這一家族下的「分支」。在那個範圍更小、處於直接接觸關係下的團體內部，對「各安其分」的要求十分嚴格細緻。在長輩隱退之

②日文稱「氏子」。

前，都要保持對他的服從。就是在今天的日本，擁有多個成年兒子的父親，在他自己的父親隱退之前，也需要在做決定前請示自己父親並獲得批准。即使是孩子已經有三、四十歲完全成年了，他的婚姻也要按照父母的意願組成。作爲一家之長的父親，用餐時他首先開始，沐浴時他首先入浴，一家人都要對他畢恭畢敬，而他只需要點頭示意就行。在日本有一則流傳甚廣的謎語，用我國的解謎形式（conundrum form）來對應則是：「爲什麼兒子向父母提出建議就像要求和尚頭上蓄髮一樣？」（佛教僧侶必須受剃度）答案是：「不論怎麼想，都是不可能的。」

「各安其分」除了輩分上的差別外，還有年齡上的差別。在表述一種混亂狀態時，日本人會用「非兄非弟」這種說法，這就像我們說「既非魚，又非鳥」（neither fish nor fowl）。日本人認爲，長兄就該如魚得水般保持自己長兄的特點。長子是家族的繼承者。旅行者們在談到這點時會這樣描述：「日本的長子從小就學會領導者的氣派。」長子擁有的對家庭的權利與父親相差無幾。在過去，弟弟肯定會很早就依賴長兄。現在，特別是在農村和鄉鎮，按古老規矩，長子要留在家中，弟弟們或許會走出家門，到社會上去闖蕩，接受更多的教育，取得更多的收入。但古老的等級制觀念仍然十分強大。

甚至在如今的政治論壇上，在大東亞政策的討論中，這種長子特權觀念也表現得非常突出。一九四二年春天，就「共榮圈」問題，陸軍部的一個中佐發言人有如下發言：「日本和他們是兄弟之間的關係。日本是兄長，他們是弟弟。要使占領地區的人民認清這一事實，並人人皆知。對當地居民的過多體恤，會造成他們在心理上認爲可以濫用日本好意的認知，從而導致日本對他們的統治的很多負面效果。」換句話說，什麼對弟弟最好得由兄長來決定，並且不能對此有過多的遷就。

不論年齡大小，一個人在等級制中所處的地位都會取決於性別。走路時日本婦女要跟在她丈夫身後，她的社會地位也比丈夫低。即使在有些場合她們穿上西服，與丈夫並肩同行，進門時走在丈夫前面，但一旦換上和服，就必須退到丈夫的身後。在日本家庭中，女孩子只能默默接受禮物、關心和教育費用在她的兄弟身上的現實。即使有幾所爲青年女性開設的高等學校，那裡的課程也是以教導禮儀和舉止規範爲主，就智力訓練而言，則根本沒法與男性學校相比。一位女校的校長曾建議，那些來自中上流家庭的學生應該學一點歐洲語言，其理由是希望將來她們能更好地清理丈夫讀過的書，並能準確地把這些書放回書架恰當的位置。

但即使是這樣，與亞洲其他大多數國家相比，日本婦女還是擁有更多的自由，而且這也不僅僅是日本西化的一種表現。比如，她們不像中國上層婦女那樣必須纏足，她們可以自由進出商店、在大街上行走，無須將自己深藏於家中等等，這些也讓印度婦女驚歎不已。在日本，妻子進行家庭採購、執掌財務支出。如果出現財務吃緊的情況，她就挑選一些用品送進當鋪。家庭主婦管理著家裡的傭人，對兒子的婚姻有很大的發言權。成爲婆婆後更是完全擁有了家庭的管理權。彷彿自己前半生從未做過唯命是從的媳婦。

在日本，輩分與性別會帶來極大的特權。但這些行使特權的人與其說是獨斷專行，倒不如說是受委託執行權力的人。父親或兄長要對所有家庭成員負責，無論活著的、去世的，還是即將出生的。他必須做出重大決策並貫徹下去。但是，他並不擁有絕對的權利，他的行爲必須要對家庭的榮譽負責。他必須使兒子及弟兄們能牢記家族的遺產，包括精神和物質兩方面的，並要求他們不要辜負。即使是一個農民，他也要祈求祖先能夠保佑他承擔起責任。他的階級地位愈高，承擔的家族責任就愈重。家庭的要求永遠高於個人的要求。

不論門第還是社會地位如何，在遇到重大事件時，家長都會召集家族會議集體討論。例如，一個有關婚約的會議，家族成員可能會從很遠的地方趕來參加。在做出決定的過程中，並不會因人而異，所有人都有發言權。即使是妻子或弟弟身分的人的意見，也可能改變決定。要是戶主獨斷專行，不考慮其他人的意見，就會使自己陷入麻煩。當然，會議上做出的決定，對被決定者來說很可能難以從命，但那些長輩們會竭力要求晚輩完全服從家庭會議的決定，就像他們自己當年一樣。這種要求背後的約束力，跟普魯士那樣從法律和傳統習慣上給予男人對妻子和小孩的專橫權利不同，但其強制力一點都不弱，只是效果不一樣。在家庭裡，日本人並不需要學習尊重專制權力，也不會養成對專制權力馴服的習慣。無論多麼不合理的要求，家族意志都是以全體成員的名義發出的，也就是這種對服從的要求是來自最高價值，名義上是來自對家族的忠誠的要求。

所有日本人最早都是從家庭中學習到的等級制習慣，然後才會把學來的這種習慣在社會各個方面加以運用。一個人懂得，要對那些「適得其所」的人表示尊敬，不論他們是否對集團擁有支配權。即使是一個男人實際上是受到妻子或者弟弟支配的，但在正式的社會關係結構中，他依然是受到妻子和弟弟尊重的。這種權利的外在的形式，不會因為某人在背地裡操縱就遭到破壞；表面關係也不會為了適應實際支配關係就改變；因為這種關係的存在是神聖的。這樣的關係形式，有時會給那些實際上違背了正式關係地位的人，帶來背後操縱權力的便利。正因為表裡不一，才會更少受到他人的指責。透過家庭生活實踐，日本人懂得了做出一種決定，最強有力的支持基礎是家族對這一決定的認可，並因此跟家族榮譽聯繫在一起。這種決定並不是偶然成為家長的專制者強加於人的命令。日本的家長更像一位家族物質和精神財富的受託管理者，這些財富對所有的人來說都非常重要，它要求每個人的意志都從屬於它。日本人在家庭中很少使用暴力，但並不因此就減低了對家族的服從要求，也不會因此降低對特定身分的敬重。即使家族中的年長者不是一位強人，但家族的等級結構絲毫不會受到損害。

有關日本人家族等級制的上述這些粗淺介紹，對有著不同人際關係標準的我們美國人來說，遠遠不夠用來理解日本家族的情感紐帶的強大程度。日本家族存在著一種牢固的關聯性，這樣的關聯性是如何產生出的，正是本書要研究的對象之一。想要了解日本社會的政治、經濟等諸多方面存在的等級制度，就首先需要了解他們的家庭家族結構，以及他們是如何從家庭中學習，從而獲得這種習慣的。

等級思想對日本人的階級關係的影響一樣強烈。從歷史上來說，日本一直都是個等級森嚴的階級社會。一個等級制度延續了幾個世紀的民族，有其長處，也有其重大的不足。自有文字記載以來，等級制一直都是日本社會生活的準則，甚至可以追溯到西元七世紀。那時日本從無等級的中國社會學習生活方式，並使其適應自身的等級制文化。在西元七到八世紀，日本的天皇與宮廷已決定用當時的中國擁有的那種讓日本使節驚歎的文明，來著手改造、充實日本社會。他們以無與倫比的專注與精力開展這項事業。而在那之前，日本社會連文字都還沒有。七世紀時，日本採用中國的表意文字來記錄自己那種跟漢語完全不同的語言。在那之前的日本有自己的宗教，四萬個神祇鎮守著山川、村莊，爲人們賜福。這種民間宗教歷經了無數次的變革，至今延續，成了現代的「神道教」。也正是在七世紀，日本從中國引入佛教，並作爲「保護國家的至善」宗教。[③]而之前無論是在官方還是民間，日本都還沒有大規模的永久性建築。當時的天皇就是仿照中國的長安建造的奈良城。當時的日本各地也仿照中國的建築，建造了很多壯麗的佛教伽藍（寺廟）和僧院。天皇還學習中國的政治體制，確定了官階品位與律令。一個自主的民族，能如此成功地有計畫大規模學習其他文明建立自己的社會文化，這在世界歷史上非常罕見。

③ 引自奈良時代編年史。日文原文是：聖武天皇在陸奧國，黃金出，乃下詔曰：「聞佛言，護國者必勝。」

不過，從一開始日本就沒有複製中國那種無等級的社會結構。日本所採納的官階品位制度，在中國是授給那些透過科舉考試獲得功名的行政官員的，而在日本卻授給了那些世襲貴族和封建領主。這就形成了日本等級制的重要組成部分。日本在歷史上不斷分裂為一個個半獨立的藩國，領主之間不斷相互爭鬥，並且很多社會習俗也跟領主、家臣、侍從相關。也就是說無論日本如何努力從中國引入文化，也始終沒能取代自己的等級制生活方式，例如中國的官僚制度和把各種身分、職業的人凝聚起來的宗族制。日本人也沒有接受中國人那種世俗皇帝的觀念。日語中將皇室的人稱為「雲上人」，其意為只有這個皇室家族的人，才能繼承皇位。中國經常改朝換代，但日本卻從來沒有。天皇神聖不可侵犯，他的臣民也是神聖的。當初日本天皇及其大臣們把中國文化引入日本的時候，肯定無法想像中國人在這些方面做了哪些安排，也想像不到他們做了哪些改動。

儘管日本從中國引入了各種文化，但這種新的文明只不過為那之後數百年的世襲領主與家臣之間的爭鬥，以及對最高權力的爭奪開闢了先河。八世紀末，貴族藤原氏取得了統治地位，剝奪了天皇的實權。後來，封建領主們紛紛反對藤原氏的統治，整個國家陷入內戰之中。最終著名的源賴朝擊敗所有對手，以「將軍」這個古老的頭銜成為全日本實際上的統治者。「將軍」的全稱是「征夷大將軍」。如同所有慣例一樣，只要源賴朝的後代對其他封建領主擁有控制權，源氏家族就能夠世襲這個稱號，而天皇成為一個形同虛設的角色，但將軍必須依賴他的象徵性封賜才能正當進行統治。天皇不擁有任何實際的權利，全部行政權都掌握在幕府手中。爲了維護幕府的統治，必須依靠武力來征服那些不肯服從的領主。每個封建領主即所謂「大名」，都有自己的武裝家臣——即武士。這些武士隨時準備對敵對的大名或最高統治者將軍的「地位」發起挑戰。

西元十六世紀內亂不斷。經過幾十年的內戰，偉大的武將德川家康擊敗了所有的對手，在一六〇三年成爲德川家族的第一位將軍。自此開始，德川家族世襲了將軍職位長達二百六十多年。一八六八年，天皇與將軍的「雙重統治」才被廢除，日本進入了近代時期，德川政權宣告結束。漫長的德川時代往往被視爲日本歷史上最重要的時期之一。因爲它給日本國帶來了一種武力維持的和平，直到最後崩潰，有效實行了爲德川氏的政治目的服務的中央集權制度。

德川家康曾面臨一個非常棘手的問題，並且從未找到解決的辦法。在內戰中，一些最強大藩國的藩主曾經是他的敵手，直到最後慘敗才俯首稱臣。他們就是所謂的「外樣」（即旁系大名）。德川家康允許這些大名繼續控制自己的領地和家臣。但這些大名們卻不能享有德川家臣的榮譽，不能擔任幕府的任何重要的職務。所有重要的職務一律保留給「譜代」（嫡系大名），也就是那些曾在內戰中擁護德川的人。爲了維持這一困難的政治局面，德川家康的策略是防止各個藩主們積蓄力量，並預防任何形成聯合力量的傾向。德川家族沒有廢除封建體制，反而爲了維持日本的和平和德川氏家族的統治強化了這一體制，使它更加鞏固。

日本的封建社會對社會階層的劃分極爲複雜，每個人的地位都透過世襲的方式固定下來。德川氏進一步鞏固了這一制度，並且爲各個階層的人的日常具體行爲制定了詳細的規則。每戶的家長必須在門口張貼表明自己階層地位和世襲身分的標識。他的衣著、食物以及合法居住的房舍，都要遵循世襲等級規定。在皇室和宮廷貴族之下，日本還有四個世襲等級，其順序依次是士（武士）、農（農民）、工（工人）、商（商人），其次還有一個賤民階級。這些賤民最爲人知的是所謂的「穢多」，即從事各種被人們所忌諱的職業的人，包括清道夫、掩埋死囚者、剝取死獸皮及製革者等。他們是日本社會中的「不可接觸者」（untouchables），確切說，這類根本不算是人，他們所居住的部落區域的道路都不會被計入里程，似乎這片土地和居住群體根本不存在。這個群體的人生活極其貧困，儘管允許從事批准的職業，卻被排斥在正常社會之外。

商人的地位僅比賤民好一些，也許美國人對這種現象實在無法理解，但這在封建社會中卻是客觀事實。一般來說，商人階級總是對封建制度造成破壞。因爲當商人一旦受到尊重，商業一旦繁榮起來，封建制度就會衰敗。十七世紀時德川幕府實施閉關鎖國政策，頒布世界上任何國家都未曾有過的嚴峻的鎖國令，從根基上剷除了商業的存在基礎。日本曾在中國和朝鮮的整個沿海地區進行過海外貿易，商人階層隨之獲得發展。爲了阻止這種趨勢，德川氏規定：對於建造或駕駛超過一定噸位船隻的人，都要處以極刑。被准許建造或駕駛的小船，既不能航行到大陸，也不能運載商品。國內貿易也受到嚴格管制，各藩國之間均設立關卡，嚴格限制商品的進出。還有一些法律確立了商人階級的社會地位的低下。《奢侈取締令》中規定了商人的穿戴、雨傘、籌辦婚喪禮時的花費限額。商人們不能跟武士住在同一區域內。法律並不保護商人們免受特權階層——武士之刀的欺凌。德川家族企圖把商人永遠置於低人一等的地位，這在貨幣經濟下無疑是要失敗的，但德川卻試圖這樣去做。

德川幕府依靠的主要力量是武士和農民這兩個階層，而德川幕府固化了這兩個階層。在德川家康平定天下之前，偉大的將領豐臣秀吉就已經完成對武士和農民這兩個階級的分隔。他收繳農民的武器，並嚴格規定只有武士才有資格佩帶刀。但即使是最低一級的武士也不能從事任何經濟活動，成為徹底的寄生階級，每年從農民的賦稅中抽取一定數量的年貢米作為俸祿。主要由各大名把徵收來的谷米按規定份額分發給武士家臣。武士不需要考慮生活來源，完全仰仗領主。在早期歷史上，日本封建大名跟自己手下的武士之間的牢固紐帶是透過戰爭結成的，但在德川時代，這種紐帶被經濟性因素取代。日本武士跟中世紀歐洲的騎士不同，他們不能擁有領地和農奴，也不是有錢的士兵。他們是食俸祿者，依附在領主身上。德川初年就按照「家格」確定了俸祿的高低，俸祿並不充裕，據日本學者估計，所有武士的平均俸祿與農民的收入相當，只夠維持生活。而要是一個武士家族裡有好幾位繼承人，那麼就更讓人頭痛。為此武士不得不限制自己家族的規模，對他們來說最難堪的是一個人的威望取決於他擁有的財富和外表，因此他們就有了這樣的信條：節儉是最高的美德。

武士與農民、工人、商人這三個階級之間還有一條巨大的鴻溝。後三個階級被稱為「庶民」，但武士不屬於「庶民」。武士的佩刀不僅是一種裝飾，而且還是權利與社會地位的標誌。他們擁有對平民使用佩刀的權利，這在德川時代前就已經形成傳統。德川家康頒布的法令中也規定：「對武士無禮，或對貴族行為不端的庶民，應立刻被斬首。」這僅僅是對舊的傳統的確認。但德川完全沒有考慮到要在庶民與武士之間建立依存關係，他的政策只是建立在嚴格的等級制度之上。庶民階級和武士階級服從大名的統治，接受他的直接統率。這兩個階級各處在不同的社會階層，從上到下，每個階層各有自己的法律、法規、統治以及相互間的權利和義務。兩個階層之間有不可逾越的界限。當形勢出現變化時，兩個階級之間需要反覆建立聯繫的橋梁，但這種橋梁並非這種制度固有的。

在德川時代，武士不僅僅依靠舞刀弄劍，他們還日益成為藩主的理財專家和精通古典戲劇、茶道等各種高雅藝術的專家。他們進行各種外交活動，並透過巧妙的手腕來實現藩主的謀略。在兩百年漫長的和平歲月裡，個人幾乎沒有什麼機會使用武力。就像商人不顧嚴格的等級規定，發展出高雅舒適的城市生活方式一樣，武士雖然時刻準備浴血奮戰，但也像商人們一樣，發展各種高雅藝術。

至於農民階層，儘管法律沒有明文規定他們有不受武士階層欺凌的權利，同時要承擔沉重的年貢以及受到各種人身限制，但基本保障還是有的。例如農民對土地的所有權就受到了保護，在日本，土地就意味著威望。在德川統治時期，禁止永久性轉讓土地。跟歐洲社會不同，這條法律並不是為保護封建領主而設立的，而是為了保障耕作者的權利。農民擁有一種他所珍惜的永久性權利，才會在耕作土地時，就像他們的後裔在稻田裡一樣不辭辛勞。但農民依然還是那個養活著上層寄生階級的阿特拉斯。④他們需要養活大約二百萬的寄生階級，包括將軍府的政府、大名府的機構、武士俸祿等。他們要交納實物稅，也就是一定比例的收穫。同樣是出產水稻的國家，泰國的傳統賦稅是一成，而德川時代的日本則是四成，而實際交納的還要高。在有些藩國中的比例高達八成。此外，還經常會出現強迫勞役和工作的情況，這消耗了農民的精力和時間。與武士一樣，農民自己也限制家庭的規模。在整個德川時代，日本全國人口基本沒有變化。對一個亞洲國家而言，人口能夠在一個相當長的和平時期內保持不變，足以說明那個時期的統治狀況。不論對寄生階級還是勞動階級，政府都實行斯巴達式的限制。但在下屬與上級之間則存在著相對的依賴性。人們都很清楚自己的義務、特權及地位。如果這些原則受到侵犯，連最貧困的人都要進行反抗。

即使處於極度的貧困狀態，農民也起來反抗過封建領主和幕府當局。在德川氏統治的二百五六十年間，至少爆發過一千次的農民反抗。其主要原因並不是由於「四公六民」的傳統重賦，而是抗議額外的賦稅。如果實在忍無可忍，他們就會成群結隊湧向藩主，但請願和裁決過程卻是井然有序的。農民們寫好要求重新調整賦稅的正式請願書，然後遞交給藩主的

④ 希臘神話中肩扛天空的泰坦神。

管家。如果請願書被管家扣壓，或者藩主不予理睬的，他們就派代表去江戶（東京），把書面控訴呈給幕府的將軍。在一些有名的案件當中，都是農民在江戶城內的大街上攔截幕府高官的轎子，直接將請願書呈給高官。儘管農民在請願當中要冒很大風險，但幕府當局會立刻進行調查，其中約有一半的判決是對農民有利。

然而，幕府當局對農民請願所做的裁決，並不能滿足日本對法律和秩序的要求。農民的抱怨很可能是正當的，國家對他們的尊重也是明智的，但農民領袖們已公然違反了嚴峻的等級制。儘管最後判決結果對農民有利，可有一點是不容忽視的：農民起義領導者的行爲已經破壞了「必須效忠」這一基本法律。因此，不管他們的出發點如何正確，他們也應被處以死刑。甚至那些農民自己也認爲這是不可避免的。被判處死刑的人被農民視爲英雄，人們聚集刑場，目睹請願的領導者被投入油鍋、砍頭或是被釘上木架，但在場的農民們卻沒有進行暴動，這就是法律、這就是秩序。人們可以在事後給那些被判死刑的人建祠，並將他們尊奉爲殉難烈士，但他們必須受到懲處，因爲這是他們所賴以生存的等級制的核心。

簡單說，整個德川幕府時代、幕府政府都在竭力維護藩的等級結構，以便使每一個階級都依靠封建領主。在每個藩中，大名高居等級制度的頂端，因而他對屬下可以行使特權。將軍最主要的行政任務就是有效控制各個大名，他必須採取各種手段來防止大名之間結盟或者實施侵略計畫。各藩邊界都設有哨所關卡，嚴禁「出女入炮」，以防止大名販運婦女出境或走私武器入境。⑤在沒有將軍許可的情況下，大名不能聯姻，以防止形成任何形式的政治聯盟。藩與藩之間不能進行自由通商，甚至彼此之間不能架設橋梁。另外，將軍還會派出大量密探隨時掌握各地大名的財政狀況，一旦發現哪個藩主的財力充沛，將軍就會要求他承擔耗資巨大的公共工程，並使其財力降到原有的水準。其中有一項規定最爲出名，那就是一年當中，大名必須在江戶住上半年。當自己返回領地時，必須把妻子留在江戶作爲將軍手中的人質。正是透過這些處心積慮的手段，幕府確保了自己的權勢，並強化了自己在等級制中的統治地位。

當然，將軍還不是這一等級結構的基石，形式上將軍是奉天皇之命來管理天下。在幕府這種政治結構中，天皇和他的世襲貴族（公卿）們大都被迫隱居在京都，並沒有實際的權力。天皇的財政來源甚至還不如一些地位低下的大名，皇宮中的一切儀式也受到幕府規定的嚴格限制。但是，即便是最有權力的德川將軍，也從沒採取措施來廢除這種由天皇和實際統治者構建的雙重統治的局面。雙重統治在日本並不是什麼新鮮事物。從十二世紀起，大元帥（將軍）就經常剝奪天皇的實權，自己以天皇的名義來統治這個國家。曾有一個時期，這種

---

⑤ 諾曼（Herbet Norman）的《日本近代國家的誕生》一書注，所謂禁止「出女入炮」指的是大名妻妾出江戶、私運武器入江戶。

雙重統治的現象極其突出，以致作為傀儡的天皇把實權託付給一位世襲的世俗首領，而這個權力又由首領世襲的政治顧問來行使。經常會發生這種權力委託再委託的現象。在德川幕府末年即將崩潰時，佩里（Mattew Perry）將軍也沒有料到將軍背後還有天皇。一八五八年，美國的第一任駐日本使節哈里斯（Townsend Harris）在和日本進行第一個通商條約的談判時，也只能靠自己發現還有一位天皇。

實際上，日本人的天皇概念，在太平洋各島上一再被發現。天皇是神聖的首領，可以參與政治，也可以不參與。在一些太平洋島嶼上，皇帝自己行使權力；而在另一些島嶼上，皇帝則將權力委託下去。但皇帝本身是神聖的。紐西蘭各部落中，神聖的首領是如此神聖，以致不能親自進食，而必須由專人奉食，連奉食的湯勺都不許碰到他的牙齒。外出必須要由人抬著，因為據說神聖的雙腳接觸過的土地都會自然變成聖地，從而歸神聖的首領擁有。尤其是頭部最為神聖，任何人都不許觸摸。他說的話能傳到部落的神那裡。在某些太平洋島上，如薩摩亞島、東加島，神聖首領與世俗生活完全脫離。世俗的首領掌管一切政務。十八世紀末到過東太平洋東加島的詹姆斯·威爾遜（James Wilson）是這樣描寫那裡的政府的：它「與日本政府最為相似，在那裡，神聖首領是軍事將領的某種政治犯」。東加島的神聖首領不參與政治事務，但主持宗教儀式。他會在果園裡接受採摘下來的第一枚果實，並率領舉行宗教儀式，然後人們才可以吃這些果實。當神聖首領去世後，訃告會用「天堂空了」這樣的詞句，在下葬到巨大的陵墓時，要舉行莊嚴的儀式。但他不干涉政治。

即使在政治上沒有任何權力，即使是所謂的「軍事將領的政治犯」，按照日本人的定義，天皇在等級制中占有著一個「恰如其分」的地位。對於日本人，天皇是否積極參與世俗政治，不是衡量天皇身分的尺度。在長達幾個世紀的征夷大將軍統治的年代裡，日本人始終珍視天皇在京都的宮廷。只是按照西方人的看法天皇才是多餘的。而早已習慣扮演嚴格等級制中角色的日本人，卻有不同觀點。

從天皇到賤民，近代日本深受封建時期極其明確的等級制度的影響。畢竟從法律層面宣布封建等級制的結束才過去七十五年。而根深蒂固的民族傳統，是不可能在一個人的一生中清除掉的。在下一章中我們將看到，就算是國家的目標已經發生很大改變，近代日本的政治家們也是在精心審慎地計畫運作以便保存這一制度。與其他獨立自主的民族相比，日本民族更加受到這樣一個世界的制約，在這樣一個世界裡，行爲的規範一直深入到具體細節，每一種社會地位都是明確固定的。而且在長達兩百多年時間內，這個世界是依靠鐵腕般的專制強力維持著。也是在這個時期裡，日本人接受並習慣了把這種縝密煩瑣的等級制等同於安全穩定。只要他們還生活在這個熟悉的社會裡，只要他們還繼續履行著已知的義務，他們就能信賴這個世界。那段時期盜賊被控制住了，大名之間沒完沒了的戰爭也受到制止。普通臣民如果能證明他人侵犯自己的權利，他們也可以像農民受到剝削時一樣提出請願。雖然這樣做個人可能要面臨一定危險，但這種做法卻是得到公認的。在幕府統治時期，最開明的將軍甚至設立了「訴願箱」（控訴箱），而且只有將軍擁有這個箱子的鑰匙，任何一個公民都可以將自己的抗議信投入箱中。在日本，只要出現與現存行爲規範相悖的行爲，這種行爲就能保證得到糾正。人們都信任這種規範，因爲只要遵守，就一定能獲得安全。一個人的勇氣與完美，體現在與這種規範保持一致的程度上，而不是反抗或者對這些規範的修正上。在這種規範涵括的範圍內的世界是明確可知的，因此在日本人眼裡，這個世界是可信的。它的規則不是如同摩西十誡那種更抽象的道德原則，而是具體到這種場合應該如何做，那種場合又該怎樣；武士該做什麼，平民又該做什麼；兄長該怎麼做，弟弟又該怎麼做；諸如此類。

在這種制度下，日本民族卻並沒有像其他一些生活在強大的等級制下的民族那樣變得溫順。你不得不承認，在日本社會，每個階層都得到了相應的保護和保障。即使是賤民，也一樣得到了保障，讓他們能專營屬於自己的特定職業，而且他們的自治團體也得到官方的認可。這是一個任何階層都受到極大限制，但卻井然有序的社會。

相對於印度等社會，日本的等級制擁有某種靈活性。在日本的習俗當中，你可以在不破壞公認的常規情況下，採用一些手段來調節制度。一個人可以透過好幾種方式來改變自己的等級地位。在貨幣經濟下，高利貸主和商人必然會富裕起來。之後，他們就會使用各種傳統的方法來躋身於上流社會。比如他們可以利用典押和地租而變成「地主」。的確，農民的土地不允許轉讓，但是由於日本的地租很高，所以讓農民繼續留在土地上是對地主有利。高利貸主可以住在那塊土地上收取地租。在日本，這種土地「所有權」既有利又能帶來權勢。而且商人的子女還可以透過聯姻方式躋身貴族階層。

另外還有一種傳統的變通方式，那就是過繼和收養。這種方式提供了一種「購買」武士身分的方法。儘管德川幕府對商業嚴加限制，卻並沒有能阻止商人富裕。富裕後的商人階層就想方設法讓自己的兒子過繼給武士做養子。在日本，人們更多是招女婿而不是收養。入贅的女婿被稱爲「婿養子」，他們可以成爲岳父的繼承人，但付出的代價也很大。他的姓氏會被從生父家的戶籍中刪除，然後轉入妻子家的戶籍，姓妻子家的姓氏並要和岳父母一起生活。代價儘管很高，但獲益卻不少。當富有商人的後代成爲武士後，原先貧窮的武士家庭實際上就與財富建立了聯繫。這樣的結果是等級制並沒有受到破壞，而富有者能躋身上層等級。

因此，日本的等級制並不要求只能在同一等級內部通婚。有好幾種被公開認可的方式能保證不同等級之間的通婚。這些方法使富裕的商人逐漸滲入到下層武士群體，而這種情況在與西歐社會對比時就顯得格外顯著。在歐洲，封建制度的崩潰主要是因爲一個日漸強大的中產階級的興起，這個階級控制了現代工業時代的到來。但在日本則沒有這樣一個強大的中產階級的出現。那些從事商業與高利貸的階層，透過社會認可的方式「購買」了更高一級等級的身分。這樣的結果最終是武士與商人結爲同盟。當歐洲與日本的封建制度都處於苟延殘喘狀態下時，在日本竟然能允許更大的階級間的流動，這一點很讓人吃驚，在日本的貴族與市民階級之間，你幾乎看不到任何的階級鬥爭存在，這種現象就是上述情況最令人信服的證據。

要說這兩個階級擁有著共同的目標這很容易。不過類似的情況在法國也出現過；西歐另外一些國家也有過類似的例子；但階級的固化程度在歐洲卻非常大。在法國，階級之間的衝突導致貴族被剝奪財產；在日本，兩個階級卻彼此靠近。摧毀德川幕府的那個聯盟就是由商人、金融階層和下級武士構成的。日本到了近代還保持著貴族制度，要是不存在社會階級相互間的流動，這樣的情形很難想像。

日本人喜歡並信任他們那套複雜的行爲規範，是有他們自己的理由的。主要是這種規範給了人們安全的保障；這種制度允許對非法侵犯的抗議，並承認調節的必要性。它強調等級之間相互需要履行的義務。在德川幕府於十九世紀後半葉崩潰時，日本沒有任何集團主張廢除這些規範。那裡沒有發生「法國大革命」，也沒有發生「一八四八年式的革命」（指「二月革命」）。然而，形勢急轉直下，從一般平民直到幕府將軍，每個階級都欠商人和高利貸者的債。社會已經無法維持人數眾多的非生產階級和巨額的財政支出。身陷財務危機的大名已無力支付自己武士侍從的定額俸祿，整個封建紐帶形成的社會網絡只能遭到人們的嘲弄。在這種狀況下，大名們企圖對農民增加課收原本已經極度沉重的賦稅來避免沉淪，結果是寅吃卯糧，長年預徵，導致農民無法生存下去。幕府的統治一樣瀕臨破產難以爲繼。當佩里將軍一八五三年率領艦隊到達日本時，那裡的危機已是一觸即發。他強行進入日本，並於一八五八年簽訂《美日修好通商條約》，當時日本已無力反抗。

當時日本舉國上下喊出的口號是「一新」，即「恢弘往昔」、「王政復古」。這與革命是對立的，甚至是落後的。另外一個與「尊王」這個口號聯繫在一起的就是「排夷」。國民支持重新施行閉關鎖國的黃金時代那些政治綱領，而極少數懂得這種方式行不通的領導人雖然努力奮鬥，卻紛紛被暗殺。這個不喜歡革命的國家似乎不會改弦易轍去順應西方模式，更看不出任何可以在五十年內能與西方國家進行競爭的跡象。但這一切就是發生了，日本發揮自己的長處，這與西歐各國完全不同，完成了高層人士和一般輿論都沒有要求過的目標。在一八六〇年代，如果能從水晶球裡看到未來，沒有一個西方人會相信日本會有後來發生的改變。因爲地平線上並沒有看到任何一小塊預示二十年後會有一場橫掃日本列島變革風暴的烏雲。但不可能的事發生了。日本落後、受等級制度束縛的民眾急驟轉向了一條新的道路，並堅持不懈走下去。

第四章　明治維新

「日本人不懂得不能以自己的標準和要求去要求別的國家的人民。他們最大的錯誤就在於他們認為能夠這樣。」

「尊王攘夷」，即所謂的「王政復古，驅逐夷狄」，正是宣告近代日本到來的戰鬥口號。它的核心目的就是在於使得日本免遭西方列國的欺辱，恢復天皇與將軍的「雙重統治」前的黃金時代。京都的天皇朝廷最爲保守。在支持天皇的人看來，天皇的勝利就意味著讓外國人屈服，並把他們驅逐出去；就是要在日本重新恢復傳統的生活方式，剝奪「改革派」在所有事務上的發言權。其中，強大的外樣大名充當了倒幕派的先鋒，他們試圖透過「王政復古」來取代德川氏家族對日本的統治。農民們希望能多保留一些自己的收穫，卻一點都不喜歡「變革」。武士們既想繼續保持俸祿，又希望能揮刀上陣建功立業。而那些在財政上支持王政復古的商人們，雖然希望能推行重商主義，卻從未指責過封建制度。

一八六八年，倒幕勢力取得勝利，王政得以恢復，日本結束了漫長的「雙重統治」時代。當時，從西方的標準看，勝利者將推行一種極爲保守的孤立主義政策。然而，新政府從一開始就採取了完全相反的方針。在它成立後不到一年時間裡，就廢除了大名在各藩徵稅的權力。另外，它收回了「版籍」，把原本按照「四公六民」分成中將大名分得的「四成」收歸國有。但這種剝奪並非是無償的，政府因此發給每個大名相當於其正常收入的一半左右的俸祿，同時免除大名對武士的供養，以及公共建設的付出。武士也一樣從政府那裡領取俸祿。在那之後的五年時間裡，又從法律上廢除等級之間的不平等以及作爲等級、社會地位的服飾以及外在標誌，甚至下達「散發令」。①賤民被解放了。廢除了禁止土地轉讓的法令。各藩間的關卡被撤除，取消了佛教的國教地位。到一八七六年，政府又把大名及武士的俸祿折合成償還期爲五到十五年的秩祿公債一次性合併發放。②數額則按每人在德川時代所領取的固定俸祿核定。這筆錢足夠讓他們開辦非封建性的企業。「這是對早在德川時代就已經昭著了的商人、金融巨頭和封建土地貴族間的特殊結合的最終確認。」③

最初，明治政府的這些重大改革措施並沒有得到人們的支持。那時候，全日本都被一八七一年至一八七三年對朝鮮的侵略（「征韓」）吸引。然而明治政府不但沒有動搖自己徹底改革的信心，並且否決了侵略朝鮮的計畫。那時候政府的政策與絕大多數爲建立明治政府奮鬥過的人的願望對立，導致了一八七七年這些反對者在西鄉隆盛的領導下，發起了大規模的反政府叛亂。西鄉隆盛的軍隊代表了前封建年代保皇派的所有願望，而明治政府卻在復辟後的第一年就背叛這種願望。隨後，政府招募來一支由普通平民組成的義勇軍，擊敗了西

---

① 指的是「散發脫刀令」，一八七一年頒布。准許自由剪髮、廢除佩刀，破除陋習，文明開化。

② 應該是「一次性發給相當於五至十四年的俸祿額的秩祿公債」。從第六年開始每年以抽籤的方式還本息，三十年內全部付清。

③ 摘自諾曼的《日本近代國家的誕生》。

鄉隆盛的武士。不過，叛亂本身就說明了日本民眾對當時政府所實行的改革政策的不滿程度。

農民對新政的不滿也同樣強烈。從一八六八年到一八七八年，日本至少爆發了一百九十多起農民起義。直到一八七七年，新政府才開始緩慢地減輕農民身上的沉重稅收負擔。所以，也難怪農民們感到新政府完全忽視了自己的存在。另外，農民們還反對建立學校、徵兵制、丈量土地、散發令、給賤民法律上的平等、極端限制佛教、改用陽曆，以及其他改變他們早已習慣的生活方式的措施。

那麼，是什麼力量導致政府採取如此激烈、不得人心的變革？是下層武士和商人之間那種在封建時代某些特殊習俗下培養起來的「特殊聯合體」。一些武士曾是大名們的心腹家臣，由此磨練出自己的政治才能，並經營著屬於各藩的帶有壟斷性質的，如礦山、紡織、造紙等企業；而一些商人購買了武士身分，同時也在武士階層中普及各種經商和工業生產技術。正是這種聯盟把那些信心十足、幹練的人才推到了前臺，成了明治政府主要的出謀劃策和具體實施者。但問題的關鍵並非在於出身的階級，而在於他們爲什麼能如此精明能幹並敢於實踐。十九世紀後半葉的日本才剛剛由中世紀進入近代，它的國力與今日的泰國一樣衰弱，在這種情況下，卻能產生出這樣一批審時度勢，具有高度洞察力的領導人，正是這些人成功推動了一個需要高超政治手腕的宏大事業，導致超過大多數民族曾經嘗試過的努力的結果。這些領導人無論是其長處還是其不足，都源自日本民族所特有的民族性，這本書的主題就是討論這種民族性的過去、現在與未來。在此，我們只能暫時先來了解一下明治政治家們，看看他們是如何完成這一事業的。

最主要的是，這些人根本就沒有把自己所要完成的任務看作是某種意識形態的事業。他們的目標就是要使日本成爲一個在世界上舉足輕重的國家。他們不是偶像崇拜者，既沒有辱罵封建階級，也沒有剝奪其財產，而是採取利誘的手段，使之轉而支持政府。最終他們改善了農民的待遇。這一條的實施之所以會晚十年時間，與其說是出於階級立場，還不如說是出於實際的困難，因爲明治初期日本國庫非常空虛。

不過，明治政府中那些精明強幹的政治家，卻都反對廢除日本的等級制度。透過「王政復古」將天皇的權威置於最高位置，廢除將軍、簡化等級制。這些政治家廢除藩主和忠於國家之間的矛盾不復存在。這些變化並沒有從根本上否定等級制度的習俗，只是賦予一個新的位置。爲了向人民推銷自己的政治綱領，那些被稱爲「閣下」的新領導人甚至加強了中央集權的統治。他們交替使用強權和恩惠的胡蘿蔔加大棒手段，來貫徹改革計畫。但他們卻從未因爲遇到公眾壓力就退縮，照樣按部就班推行例如陽曆、建立公共學校、廢除針對賤民的不平等歧視等等。

最著名的自上而下的恩惠之一，就是一八八九年天皇頒布的《大日本帝國憲法》。它明確規定了人民在國家中所處的地位，並建立了議會。這部憲法是「閣下」們在對西方各國憲法進行了認眞研究之後，精心起草出來的。在起草的過程中，憲法起草者們採取了「一切預防措施，以防止公眾的干涉以及輿論的影響」，④負責起草憲法的機構⑤隸屬於宮內省下屬的一個局，因此就變得神聖不可侵犯。

明治政府的政治家們非常清楚自己的目標。一八八〇年，憲法的草擬者伊藤博文公爵派遣木戶（孝允）⑥侯爵前往英國，就日本當時遇到的問題聽取史賓賽（Herbert Spencer）⑦的意見。經過漫長的深入交談，史賓賽將自己的意見以書面形式寄給了伊藤。在提到等級制時，史賓賽這樣寫道：日本在其傳統習俗中，存在一個無與倫比的、國家福利的基礎，應當加以維護和培育。他還說，對長輩的傳統義務，尤其是對天皇的傳統效忠義務，是日本的一大優點。日本將會在「長輩」的領導下穩步前進，並能克服很多以個人主義爲中心的國家難以避免的困難。這封信驗證了那些明治政治家的信念，使他們非常滿意。他們的目的就是力

---

④ 金子堅太郎子爵所說，見諾曼的《日本近代國家的誕生》一書。

⑤ 這裡指的是制度取調局。

⑥ 伊藤博文一行是在一八八二年赴歐的。此之前五年，也就是一八七七年，木戶孝允已經去世，因此，木戶不可能擔任赴英職務。這裡應該是金子堅太郎之誤。金子堅太郎受命率領中橋德五郎、木內重四郎、水上浩躬、太田奉三郎等於一八八九年攜帶著英文版本的日本憲法草案赴英，徵求各方專家意見，並會見了史賓賽。

⑦ 史賓賽（Herbert Spencer, 1820-1903），英國著名進化論社會學家，著有《社會學原理》一書。

圖保住日本在世界上的「適得其所」這一優點。他們不想打破傳統的等級制度。

不論是在政治領域，還是在宗教和經濟領域，明治政府都對國家和人民的義務做了明確劃分，要求「各安其分」。這種安排與美國和英國完全不同，因而我們很容易忽視那些最基本的要點。當然，日本的統治階級進行著強有力的統治，不必受公眾輿論左右。政府掌握在等級制最上層的一群人手中，不需要考慮選舉因素。在此，日本的普通人民沒有任何發言權。在一九四〇年，政府的最高層人物都是一些可以隨時「謁見」天皇的人，他們是重臣、是天皇身邊的顧問，以及由天皇親自任命的官員，這些官員包括內閣大臣、地方官員、法官、各局局長以及其他官員。由選舉產生的官員是無法達到最高等級的。那些經由選舉產生的議員們，雖然有一定的權利對政府高官提出批評和質詢，但在人事任免、決策、財政預算等方面沒有真正的發言權，也不能提出立法要求。眾議院還要受到不經選舉產生的參議院制約。參議院中的議員一半是貴族，另有四分之一是經天皇特別任命的。在法律批准問題上，參議院和眾議院擁有相等的權利，這又是一種等級性的制約。

透過這種方式，保證了日本政府的高級職位掌握在「閣下」們手中。但這並不意味著在「各安其分」的體制下沒有自治。在所有亞洲國家中，不管採取何種政治體制，權力總是從上往下延伸，在中途發生與地方自治權的碰撞。國家之間的差別在於民主的範圍達到了什麼程度，責任的大小，地方領導人是不是能對地方的共同體負責，或者是否會被地方勢力所壟斷，以致損害公眾利益。德川時代的日本像中國一樣，最小的單位包括五至十戶人家，這種組織後來被稱爲「鄰組」，這是居民中最小的責任單位。「鄰組」的組長對組內的一切事務具有領導權。他要確保其成員行爲端正，負責向上報告可疑的行爲，發現逃犯要立即交給政府。明治政治家們最初廢除這種體制，但後來又恢復了。在市鎮中，政府有時甚至積極培植這樣的組織。但在今天的農村中「鄰組」已經不起什麼作用。比較起來更爲重要的單位是「部落」。但部落既沒有被廢除，也沒有被納入到政府的行政單位體系裡。那是一個國家權力還沒有涉入的領域。這是一種由十五戶人家組成的單位，直到今天，每年都還在更換部落長，並繼續發揮基層組織的效能。部落長的主要任務是：「管理部落財產；監督部落對遇到喪事的家庭或遭受火災的村民的援助情況；安排耕作、建造房屋、修築道路等公共事業的日程；防止火災的報警；休息日的敲鐘打更。」與其他亞洲國家不同的是，日本的部落首領們不能在社區範圍內徵收賦稅。因而，他們的地位很明確，是在民主的職責範圍內行使職責。

近代開始，日本的行政機構正式承認市、町和村的地方行政構成。由選舉的「長者」推選出一人，代表本地區與中央政府或府縣政府交涉辦理事務。在鄉村，這個人必須是村裡的老住戶，是擁有自己土地的農民家族成員。承擔這一職務後，多少會有一些經濟上的損失，但能獲得相當大的權威。他與長者們共同負責村裡的財政、公共衛生和學校，特別是要對財產和個人檔案進行登記。村委會工作相當繁忙。它負責管理由國家提供的小學教育的補助費；徵集數額遠遠高於國家補助的、由本村負擔的額外的教育經費，還要監督這些資金的使用情況；管理村子的公共財產的使用和租賃情況；負責土地改良，並進行植樹造林，以及記錄所有財產的交易情況，而村委會正式對交易進行登記後才具有法律效力。另外，對本村的正式居民，村委會還負責登記他們的住址、婚姻、子女出生、過繼和收養資訊，個人有無犯罪記錄等資料。每戶家庭也要保留同樣的記錄。在日本的任何地方，個人的資料可以從原居住地遷到他新的戶口所在地，並且記入他的檔案。但一個人申請就業、接受審判以及其他原因需要身分證明時，可以寫信給他的原居住地所在的市、町和村公所，或者自己親自去辦理一份本人資料的副本，交給有關機構。因而人們不會輕易冒險給自己和自己的家庭留下什麼不良記錄的。

因此，市、町、村等承擔有巨大的責任，而且這是一種團體的責任。在一九二〇年代，日本出現了全國性政黨。對任何國家而言，這都意味著會出現權力在「執政黨」與「在野黨」交替的情況。但即使在這種情況下，日本的地方行政機構絲毫沒有受到影響，仍然主要由長者們來擔任，其服務對象還是所在共同體。不過，地方行政機構在以下三個領域沒有自治權：法官由國家任命，警官和教師屬於國家雇員。由於民事案件在日本幾乎一直是透過調停或仲裁來解決，所以法院在地方行政中的作用很小。反倒是員警起著更重要的作用，每逢有臨時集會，他們都必須到場。但這類任務並不是經常都有，他們的大多數工作就是記錄轄區內居民的身分及財產。警官經常會被從一個地方調換到另一個地方，目的是保持其作爲局外人的身分，避免出現過強的地區性現象。學校的教員也會經常發生類似的調動。對學校的規定非常嚴格。和法國一樣，日本的每一所學校都使用同一種教材，上同樣的課，每天早上所有的學校都會在統一規定的時間、同樣的廣播曲下做同樣的早操。市、町、村等共同體不能對學校、員警和法院行使自治權。

上述日本政府機構和美國政府機構的設置大相徑庭。在美國，選舉產生的代表能夠行使最高的立法權和行政權，地方的管理則主要由地方所屬的員警和法院來實施。不過從形式上日本政府機構跟荷蘭、比利時等西歐國家有很多相似之處。例如荷蘭由女王的內閣負責起草法律，國會實際上從未有過立法。在荷蘭，根據法律規定，甚至鎮長、市長也需要由女王來任免，因此女王形式上的權力甚至可以直接影響到地方政府，超過一九四〇年以前的日本。雖然女王通常總是會認可地方的提名，但必須由女王任命才能生效。荷蘭的員警和法院也是直接對君王負責。區別在於荷蘭的任何宗派組織都可以自由創辦學校，而日本的學校制度則沿襲了法國的模式。在荷蘭，運河的開鑿、圍海造田及地方開發事業等基本屬於地方自治體的官員們的管轄範圍，而不是政治選舉產生的市長或官員們的任務。

日本政府機構和西歐各國之間的眞正差異並不在於形式，而在於職能。日本人在漫長的歷史過程裡，養成了恭順服從的習慣，並受到道德與禮儀體系的約束。國家完全不需要擔心那些「閣下」們的權威，只要他們身在其位，謹守職責，尊重並非來源於他們的政策，而是來源於日本的傳統，這個傳統確定了越權就是在犯錯。對政策的高層「公眾輿論」是沒有什麼作用的。政府只是要求「公眾的支持」。但同樣，當中央政府越俎代庖地方事務時，它們的裁決也會獲得尊重。對內實施全面管理的中央政府，在美國人眼裡通常是不必要甚至是麻煩；但在日本人心裡則不同，他們認爲國家幾乎是無所不能的。

另外，日本政府還非常在意滿足國民意志的「各得其所」訴求。在合法的公眾輿論領域，即使是爲了民眾的利益，政府還是會努力尋求民眾的支持，這種說法絕不誇張。例如在負責農業振興的官員爲了改良舊式的耕作方式時，就跟他們的愛達荷州同行一樣，很少利用權力強行推行。爲了鼓勵建立起由國家擔保的農民信用社和農村供銷社，政府官員採取的方法都是先與地方名流討論交流，並眞誠接受這些名流的意見。地方事務必須由地方解決。就生活方式來說，權力的恰當分配和行使範圍的明確，構成典型的日本社會特點。日本人對「上級」要比西方人更爲尊重——因此也使得「上級」獲得了更大的行動自由，但前提是這些「上級」必須嚴格遵守自己的本分。日本人的格言就是：「萬物各有其所，各安其分。」

明治時代的那些政治家相對於他們在政治領域，在宗教領域很奇怪地制定了許多古怪的制度。但這也一樣是在實踐日本人的這條格言。國家把宗教信仰置於自己的管轄之下，將其視爲民族統一與優越性的特定的象徵，而其他信仰則給予更多的個人自由。在日本，受到國家管理的宗教就是神道。就如同美國人對國旗特殊的崇敬一樣，神道也因爲被賦予民族的象徵，而得到特殊的尊敬。因此，日本政府認爲國家神道不是宗教。這樣，就像美國政府要求凡是美國人都必須對星條旗敬禮一樣，日本政府要求全體國民都信奉神道教，但他們卻並不認爲這違反西方的宗教信仰自由原則。他們認爲這只是一種忠貞的象徵。因爲「不是宗教」，日本可以在學校講授神道教，而無須擔心西方國家的批評。在學校裡，國家神道成了神代以來的日本歷史，是對「萬世一系」的天皇的崇拜。神道教得到國家的支援，受到國家的管理。而對其他宗教信仰，不論是佛教、基督教，甚至是其他教派的神道或祭禮神道，日本政府都讓日本公民自己決定，這點幾乎和美國是一樣的。在行政上甚至是在財政上，宗教中的這兩個不同領域是分開的：國家神道受內務部神祇局管理，它的神職人員、祭祀以及神社等的費用均納入國家預算；一般其他的祭祀活動、佛教、督教各派均由文部省宗教局管理，經費主要依賴教徒的捐贈。

因爲日本政府在這個問題上的官方立場，所以人們很難說神道教是個龐大的「國家教會」，只可以說它是個龐大的組織機構。它擁有超過十一萬座遍布全國的神社，從專門祭祀天照大神的伊勢主神社，到一些只有在特別祭奠時才由祭神官進行清掃的地方小神社。日本神職人員的體系與政府的體系並列，從最底層的神職人員到各郡、市和府、縣的神職人員，直到最高層被尊爲「閣下」的神祇官。與其說是他們領導民眾進行祭祀，還不如說是代替民眾舉行儀式。國家神道教與我們所熟悉的去教堂做禮拜毫無相似之處，因爲它不是宗教，所以法律禁止國家神道的神職人員宣講教義，因而也就不可能有西方人所理解的那些宗教儀式了。相反，在頻繁舉行的祭祀日子裡，各個地方的正式代表都來參拜神社。他們都站在神官面前，神官舉起一根扎著麻繩和紙條的「幣帛」短杖，在他們頭頂來回舞動，爲他們驅邪。隨後，神官打開神廟的內門，尖叫著召喚眾神降臨享用供品。神官開始祈禱，參拜的人們按照身分等級排列，恭敬地奉上從古代就被視爲神聖的小樹枝，樹枝上垂著幾根細長的紙條。緊接著神官再次開始尖聲喊叫，送走眾神，然後關閉神龕內門。在大祭祀的日子裡，天皇要親自爲國民代祭，而政府的各機構都放假休息。這種祭祀日和地方神社的祭祀日以及佛教的祭祀日不同，它不屬於民眾的祭祀節日。與國家神道祭祀相比，後者屬於民眾的「自由」範疇，不在國家管理之列。

在這個自由領域，日本人根據自己的意願進行各種祭祀活動。佛教在日本擁有眾多信徒，至今也是日本絕大多數國民的宗教，其中各個教派有不同的教義和開山祖師，宗教活動異常活躍。即便是神道，也有不少獨立於國家神道的教派存在。早在一九三〇年代日本政府還沒有推行國家主義時，有些神道教派已成爲國家主義的堡壘。還有一些教派屬於一種精神治療，常常被拿來與「基督教科學」類比。有些信奉儒家教義，有一些則專門從事顯靈或者參拜山神社之類的活動。大多數民間祭祀並不屬於國家神道。在這種祭祀日子裡，老百姓蜂擁至神社。每個人都漱口驅邪，然後打鈴、擊掌召喚神靈的降臨。接著，他們向神靈鞠躬表示敬意，之後再次打鈴、擊掌送回眾神。然後再進行這一天最主要的活動，在小攤販處購買各種小擺設和美味的食品，看相撲、驅魔術以及有小丑逗樂的神樂舞。人們通常非常喜歡這樣的聚會。一位曾在日本居住過的英國人說自己每逢日本的祭祀節日，就會想起詩人威廉·布萊克的一節詩：

如果教堂賜我們幾杯啤酒，
和那溫暖靈魂的歡樂之火，
我們將終日歌唱祈禱，
絕不會想要離經叛道。⑧

在日本，除極少數獻身宗教的人以外，宗教絕不會讓人覺得是非常嚴肅的事。日本人還熱衷於參拜遠方的神山廟宇，其實這也是一種愉快的休息。

因此，明治政府對於國家在政治中的職權範圍，以及國家神道在宗教領域的職能範圍進行謹慎的劃定。只有對那些被認爲與國家有直接關係的，作爲新等級制度下的最高官員才會將其嚴格控制在自己手中，除此之外的領域則交給民眾自己。在創建陸、海軍時，他們也存在著類似的現象。像其他領域一樣，明治政府在軍隊中也廢除了舊式的等級制，而且比在民眾領域中廢除得更加徹底。在軍隊中他們甚至廢除日本人習慣了的敬語，雖然一些舊的習慣實際上還是存在。另外，軍官的晉升不再單純看家庭出身，而是看個人的能力，這種政策執

---

⑧ 摘自威廉・布萊克（William Blake）的《純眞之歌》（*Songs of Experience*）組詩中的「The Little Vagabond」一節。

行的徹底程度在其他領域是少見的。正因爲如此，軍隊在日本人中才享有極高的聲譽，而且當之無愧。這確實是一種使新軍隊贏得民心的最好辦法，再加上軍隊基層單位的士兵大多是由同一地區的鄉親構成，和平時期服兵役的地方也離家不遠，這不僅意味著士兵與地方政府保持著聯繫，更爲重要的是它表明在軍隊服役的兩年期間，軍官和士兵的關係、老兵和新兵的關係取代了傳統的武士與農民、窮人與富人的關係。這在很大程度上促進了軍隊在許多方面的民主的發展，是眞正的人民軍隊。在大多數國家中，軍隊往往都是維持現狀的力量，而在日本則不同。在日本，軍隊對小農階級有著天然的感情，這種感情一再導致軍隊向大金融家和企業家發起抗議。

日本政治家並不見得樂見一支這樣的人民軍隊，因爲它帶來了一些後果。他們不認爲在現有的等級體制中，確保軍隊占據最高位置是合適的。爲了達到這種目的，他們在最高層級採取了一定措施。這些措施並沒有寫入憲法中，但卻保留了軍隊首腦對政府的獨立性慣例。例如，與外務及內政各省大臣不同，陸、海軍大臣有權直接謁見天皇，可以不用通告文官內閣成員並與之協商，直接以天皇的名義強制推行一些措施。對自己不信任的內閣，他們可以拒絕委派陸、海軍將領進入，以阻止內閣的成立。按規定，缺少高級的現役軍官擔任陸、海軍大臣，任何內閣都無法組成，因爲按規定文官或退役軍官是不能擔任這些職務的。同樣，如果軍部對於內閣的任何行動感到不滿，只需召回他們在內閣中的代表，就能迫使內閣解散。在決策的最高層，軍部首腦是絕不容忍任何干涉的。如果還需要更多的保證，那麼憲法中有一條規定，即「如果議會否決了所提交的財政預算，將自動執行前一年度的預算方案」。最明顯的一個例子就是雖然外務省一再反對，但關東軍還是以武力占領了中國東北。這是在內閣意見還不一致時，軍部首腦支持當地指揮官的一個典型的事例。對待軍部跟在所有別的領域一樣，日本人傾向於支援等級特權，並樂於接受因此造成的一切後果。這並不是因為他們贊成某項政策，而是由於他們不贊同對特權等級的任何僭越。

在工業方面，日本走的是一條任何西方國家都無法與之比擬的道路。這也是由「閣下」們全權策劃與安排的。「閣下」們不僅制定發展計畫，而且還經由政府來創辦並用財政補貼幫助他們認可的企業。這些企業由政府官方的官員組織、管理。他們從國外聘請技術專家，同時委派自己的人員出國學習。一旦他們認為這些企業「已經組織完備，業務發展正常」後，就會把它們轉賣給私人企業。這類官辦的企業大多是以「荒唐的低廉價格」⑨被賣給挑選出來的金融巨頭，比如三井、三菱這類的壟斷財閥。日本的政治家有著這樣的共識，那就是工業的發展關係著日本民族的生死存亡，是不能依靠市場原則的供求關係的。不過要把這種政策與社會主義信條加以區別，正是那些財閥們獲取了暴利，以最小的代價和資源的浪費，來發展最需要的企業，這是日本明治政府所完成了的事業。

⑨ 摘自諾曼的《日本近代國家的誕生》一書。

透過這些方法，日本修改了「資本主義生產階段的出發點和正常順序」。日本的工業發展策略不是從日用消費品和輕工產品起步；相反，它從一開始就興辦關鍵的重工業。優先發展兵工廠、造船廠、煉鋼廠、鐵路等基礎產業，以很快的速度達到了很高的技術水準，效率極高。有一些企業並沒有被轉讓，而是仍然控制在政府手中，並繼續接受政府財政的補助，其中最典型的當屬幾家龐大的軍工企業。

在國家給予優先扶植的產業領域，小工、商業者和非官方的企業是無法享受「應有的地位」的。只有國家和由於國家信任而在政治上獲得特權的大財閥，才能進入這些特許的產業領域。不過跟日本人在生活中的其他一些領域裡一樣，產業領域中有某些部分也是自由的。這些領域是那些所需資本投入少，而且能最大限度利用廉價勞動力的各類「過剩」行業。主要出現在輕工業領域，因爲很多輕工業行業不需要先進技術也一樣能生存，直至今日這也是一樣。在美國，這類企業被稱爲「血汗家庭工廠」。通常是一個小本的製造商購進原材料後，貸給家庭作坊進行加工，這類家庭作坊通常只有四到五名員工，然後製造商再回收產品；就這樣貸出收回，周而復始，最終產品進入市場。在一九三〇年代裡，日本的工業產業雇傭的人員有53%是在不超過五名員工的小工廠或家庭作坊工作。這類員工大多受到傳統的學徒制下的家長式控制與庇護，大城市裡的很多家庭中，都能看到身背嬰兒的母親做著計件零工的身影。

工業領域的雙重性與宗教領域的雙重性，在日本社會中一樣有著巨大意義。這似乎是在展現，當日本的政治家們覺得需要在工商業領域有一個類似在其他領域裡的等級制時，他們就會創造出一批戰略性企業，並挑選出一些在政治上享有特權的商人，讓他們跟其他等級建立關係，從而獲得「適當的地位」。日本政治家們的計畫中，從來也沒有過想要削弱政府與這些保護政策下獲利財閥寡頭間聯繫的企圖，不僅給予他們高額的利潤，同時也給予他們政治上很高的地位。按照傳統習俗，在日本，財閥貴族總是難以避免受到民眾的指責與攻擊的，而政府則一直都在努力按照傳統認可的等級制觀念，保護和扶植這類金融貴族。不過，這樣的努力並非總是能成功，原因主要是這類財閥不斷受到所謂少壯派軍官團體，還有農民階層的攻擊。但事實的眞相是，日本輿論所攻擊的主要對象並不是財閥，而是「成金」大戶。所謂「成金」，就是人們通常說的「暴發戶」（nouveau riche），但這個詞並不能準確表達日本人的感情。在美國，nouveau riche這個詞嚴格來說是「新來者」的意思。人們之所以嘲笑他們，主要是因爲他們不善交際，沒有時間提高自己的修養。然而，人們的這種偏見卻被他們的成功故事所抵消。因爲他們是從破木屋中起家，有些是從趕騾子變成石油行業的百萬富翁。而日語中「成金」一詞起源於日本象棋，意思是說一個棋子從一名小卒一躍而成了女王。它像「大人物」一樣橫衝直撞，但從等級上來說，它卻沒有這樣的權利。同時人們抨擊「暴發戶」，還因爲認爲它主要是靠詐騙、剝削他人而斂財得來的。日本人對投機者的批評與美國人對「白手起家」的讚揚形成鮮明對比。日本在等級制度中給財富留下「一席之地」，並與它建立聯盟。但如果這種財富不是透過這個領域獲取的，那就會遭到輿論的猛烈抨擊。

總之，日本在構建自己的世界秩序時，會不斷參考等級制。在家庭生活和人際關係中，年齡、輩分、性別、階層都被規定了嚴格的行爲準則。在政治、宗教、軍隊、實業等領域，也都無一例外劃分出了嚴格的等級。無論是上層還是下層，一旦超出自己的權利範圍，都將受到嚴厲的懲罰。只要保持著「各得其所，悉安其業」，日本人就能心滿意足地生活，就會擁有安全感。當然，就他們最高幸福得到保護這層含義來說，他們經常會感到不「安全」。能給予他們安全感的是明確的等級制度。這是日本人的生活觀的特點，就跟把平等與自由看作依靠是美國人的特點一樣。

但當日本試圖向外輸出這種「安全」公式時，他們遇到阻礙並受到懲罰。在日本，等級制符合民眾的思想意識，因爲是等級制度塑造這種思想意識。人的野心只能是他所屬的那個世界的產物。但等級制絕對不是能夠輸出的東西。日本人的那種大言不慚的主張，在其他國家人的眼裡簡直就是狂妄，甚至比狂妄還要可惡，能讓人難以遏制地憤怒。而那些日本官兵每占領一個國家，發現當地的民眾根本不歡迎自己時，他們同樣感到吃驚和不解。日本不是給了他們相應的地位嗎？儘管很低，但總還是屬於整個體制中的一個位置；即使是對處在低端位置上的人，不也一樣在等級制中擁有一個屬於自己的位置嗎？日軍軍部多次拍攝描述中國人熱愛日本的戰爭影片，影片中展示一些淪落風塵、痛苦不堪的中國姑娘因爲成爲日本士兵或工程師的愛人而得到幸福。這與納粹的征服論調比起來，的確有一定差距，但最終一樣遭到失敗。日本人不懂得不能以自己的標準和要求來要求別的國家的人民。他們最大的錯誤就在於他們認爲能夠這樣。他們完全意識不到自己心甘情願接受並滿足的「各安其分」的道德準則，是根本不應該拿來要求其他國家人民的。其他國家並不存在這樣的道德觀念，這僅僅是日本自己的產物，而日本作家把這種倫理體系理解爲理所當然，因此他們也不會加以論述。我們需要了解日本人，就必須先了解他們的倫理體系。

第五章　歷史與社會的負恩者

「對於日本人來說，所有的『恩』中最高、最大的那份，就是『皇恩』，這裡的『恩』是在無條件忠誠的意義上被使用的。」

在英語體系中，我們經常說我們是heirs of the ages（歷史的繼承者）。雖然兩次世界大戰和大規模經濟危機或多或少減弱說這句話的自信與力度，但這並沒有增加我們對過去的負恩感。這一點是跟東方各民族相反的，東方人總是認爲自己有負於歷史。在那些被西方文化稱之爲祖先崇拜的行爲裡，他們大多數人並非眞正是在崇拜，也不完全是針對自己祖先的，而是一種儀式化的產物，用來表示人們承認對過去欠下了巨大債務。而且，他們不僅認爲自己虧欠歷史的恩惠，在當下、在日常與人交往中，也在不斷增加這種負債。東方各民族的意志與行爲，無不出自報恩目的。儘管社會通常都給予很多的照顧，包括教育、生活的幸福，甚至包括他的出生，但西方人卻極度輕蔑這種對社會的報恩願望。因此，日本人覺得我們的所作所爲動機不純。在日本，所謂的「義」，指的就是確定自己在人與人之間相互報恩這一巨大網絡中所處的位置，這種報恩的對象包括了祖先與同時代的人。

東西方社會的差異是巨大的，說起來容易，但想要眞正了解這種差異給實際生活造成的後果卻非常困難。而我們必須要了解這種差異在日本的具體情況，不然我們就無法了解日本人的那種在我們看來毫無必要的易怒態度，正是負恩感使得他們易怒。日本人證明了這一點，它也同時使得日本人承受了巨大的責任壓力。

中文和日文都有許多包含有obligation（義務）含義的詞語。但這些詞不是同義詞，它們含義上的特定差異也無法譯成英文，因爲它們所表達的觀念對西方人來說是陌生的。日文中相當於obligation含義的詞語，主要用來表示一人所負的債務或恩情。當譯成英文時，就變成了一連串的詞，從obligation（義務）、loyalty（忠誠）直到kindness（關切）、love（愛）等，但都無法準確表達原意。如果「恩」的含義的確是「愛」或者「義務」，那麼日本人就可以說「受孩子的恩」了，但這個詞在日語中是不可能這麼用的。「恩」也不是忠誠的意思。在日語中，忠誠是用其他的詞來表示的，那些詞不是「恩」的同義詞。「恩」這個詞的用法有很多，其中最主要的就是用來表示一個人承受的負擔、債務、壓力。人們一般是從長輩或上級那裡受恩，如果不是從他們那或者至少是從同輩那裡受恩，這就容易使人產生一種不快的自卑感。當日本人說「我受某人之恩」時，意思實際是說「我對某人負有很多義務」，因而他們把這位債主、施恩人稱作「恩人」。

「記恩」實際也可以是一種真誠相待的情感流露。日本小學二年級的教科書中有這樣一個小故事，題目叫《不忘恩情》，就是表達了這個意思。這個小故事是日本修身課中的一段故事：

> 哈齊是一條可愛的小狗，一出生就被一個陌生人帶走。那人像疼愛自己的小孩一樣疼愛牠。因此，牠那弱小的身體逐漸強壯起來。主人每天早晨去上班時，牠總陪伴主人到車站，傍晚下班回家時，牠又去車站迎接。
>
> 後來主人去世了。哈齊很可能不清楚，牠還是每天等待主人。牠每天都去那

個車站，每當電車到站時，就仔細注視人群，搜尋自己的主人。歲月荏苒。一年過去了，兩年過去了，三年過去了，甚至十年過去了，但人們每天仍能看到那已經長大、開始衰老的哈齊在車站前尋找著自己的主人。①

這個小故事的道德含義是：愛的另一種說法就是忠誠。一個對母親關懷備至的兒子可以說不忘母恩，等於是在說他像哈齊對主人那樣一片赤誠。「恩」這個詞不單純指一個人對母親的愛，而是指母親為他所做的一切，包括在襁褓期母親的哺乳和照料，兒童期母親為他的成長所付出的犧牲，成年後母親給予的關愛與照料，總而言之，這裡的「恩」指的是母親在世時為他所做的一切。「報恩」意味著人們對所欠下的恩情的回報，因此也有了愛的含義，但本義還是欠債。在美國人則認為愛是不受義務約束的，是一種自由的給予。

對於日本人來說，所有的「恩」中最高、最大的那份，就是「皇恩」，這裡的「恩」是在無條件忠誠的意義上被使用的。這是天皇的恩情，是每個人必須感受，並恭敬接受的。日本人認為，自己有幸生在這個國家，能安居樂業、平安和睦，完全是因為天皇的恩德所賜，整個日本的歷史，一個人一生中最大的恩主就是那個他所生活在其中的圈子裡最高等級

---

① 昭和年間日本小學修身課本第二冊。

的天皇。這個最高統治人物在不同的時代有不同的代表，可以是各地的封建君主、可以是封建領主或將軍，現在則是天皇。幾百年來「牢記恩情」這種習性在日本人的習俗中占有首要位置，因此，誰處在最高等級上似乎並不重要。近代日本使用一切手段將這種感情集中於天皇。日本人為自己喜歡的生活方式增加了對「皇恩」的感恩因素。戰爭期間，以天皇名義分發給前線部隊的每一支香菸都被強調是「皇恩」。出征前士兵所領的每一口酒就更加是一種「皇恩」。在他們看來，神風敢死隊自殺式的攻擊行為就是在報答皇恩；所有為守衛太平洋島嶼而捐軀的士兵，也是在報答浩蕩的皇恩。

一般人也從身分比天皇低的人們那裡受恩。這當然也包括父母之恩，這正是基於父母對孩子的支配權的東方孝道文化的基礎。其原因是，孩子欠父母的恩，必須努力償還。所以，子女完全服從父母。而這一點與德國不同，儘管德國也是一個父母對子女擁有絕對支配權的國家，但通常是家長強迫子女服從。日本人對這一東方文明中孝道的解釋是非常現實的。關於父母的恩情，他們有一句格言：養兒方知父母恩。這也就是說，父母的恩情是實在的，是父母日常對兒女的照顧和操心。日本人對祖先的崇拜只限於對父母及一些記憶中的先輩，因而他們非常重視那些在年幼時照料過自己的人。當然，所有的文化都是一樣，人在幼年時都不可能離開雙親的照料，都必須由父母供給衣、食、住，然後才能長大成人。日本人認為美國人忘掉了這一點，因此對之十分鄙夷。一位作者這樣寫道：「在美國，牢記父母的養育之恩只是對父母好而已。」當然，沒有人會讓自己的孩子背上「報恩」的壓力。但悉心照料自己的孩子就等於是對自己小時候受父母養育之恩的一種回報，人們像自己的父母當年那樣照顧自己的孩子，甚至是更加精心，這就部分報答了父母的恩情。對子女的義務只不過是包含於「父母養育之恩」之中。

日本人覺得對老師、上司負有特殊的恩情。他們是幫助自己一路成長的人，他們對自己有照顧之恩。將來當他們有困難時，人們應對他們有求必應，或在他們去世後，對他們的親屬給予特別照顧。人們必須竭盡所能履行這種義務，而且這種恩情並不隨時間而減少，而是時間愈久，恩情也就愈重，因爲它形成了一種利息。對任何人而言，受人之恩都是一件嚴肅的事情，就像日本人常說的那樣：「對於他人的恩情，我們往往是連它的萬分之一都難以報答。」這是一個沉重的負擔，因而，「恩情的力量」常常會超過受恩者的個人偏愛。

這種報恩的理論能否被順利地運用，取決於人們能否把自己當成是負恩者，在履行義務時毫無怨言。之前我們已經了解到等級制度在日本是如何被徹底組織，認知、遵守等級制度的習慣，使日本人在道德上對報恩的認知高度達到了西方人無法理解的程度。如果把上級都看作施祝福者，那麼這種報恩比較容易實現。在日語中有一個有趣的現象，證明上級在下屬的眼中是「充滿愛意」的。日語中的「愛」相當於英文中的love。在十九世紀，傳教士在翻譯love時，認爲日語中只有「愛」能夠表達這個意思。他們在翻譯聖經時也用這個詞表達上帝對人類的愛以及人類對上帝的愛。但「愛」這個詞在日文中特指上級對下屬的「愛」。西方人也許會覺得這種「愛」實際上是「庇護」（paternalism）的意思，但在日語中它的意思要廣泛得多，不僅是「庇護」，也用來表述親愛之情。不過在當代日本，「愛」這個詞主要還是用來表達上級對下級的呵護。也許是受到基督教的影響，官方的努力也發揮了一定作用，現在這個詞也開始用在同輩之間。

雖然因爲文化的特殊性，導致日本人更容易接受報恩思想，但在日本，毫無壓力接受他人的恩賜仍然不是一種平常現象。日本人不喜歡隨便受人恩惠從而背上人情債。他們常常提到「使人受恩」從而欠下人情，翻譯成英文含義最接近的詞應該是imposing upon another。在美國，imposing卻有強制的含義。在日本，「讓人受恩」則表示給別人一些東西或者幫助別人。對日本人而言，隨便接受陌生人的好意是令人討厭的，因爲他們深知在與近鄰和舊的等級關係的交往中，接受他人恩惠會帶來什麼麻煩。如果對方是熟人或與自己關係親密的同輩，他們會更不情願。總之，日本人寧願不接受幫助，以免捲入由此帶來的麻煩裡。日本人通常都對街道上發生的事不大關心，這並不僅是缺乏主動性，而是他們認爲，任何非官方的干預都會使對方背上恩惠的包袱。明治維新前有一條著名的法令就是：「遇有爭端，無關者不得插手。」在這種情況下，如果沒有明確授權，對他人的幫助就會被懷疑是意圖獲得不當利益。既然知道幫助別人會使他人有負於你，因而人們通常都不主動干預，而是採取謹慎的態度。特別是在「非正式」場合，日本人對自己的行爲非常謹慎，以免捲入恩情當中。即使是一支香菸，如果遞香菸的人跟自己並不存在交往，那也會讓人感到不舒服。在這種情況下，最禮貌又不失委婉的說法是：「眞是過意不去。」（日語是「気の毒」，本意是難爲情、難受。）有一個日本朋友告訴我：「在這種情況下，直接表示你感到很爲難更好，因爲你從未想過要爲對方做點什麼，因而接受他的恩惠會讓你感到羞恥。」「気の毒」這句話有時譯成Thank you（謝謝了，謝謝您的香菸），也有時譯成I am sorry（非常抱歉、很遺憾），要不就譯成I feel like a heel（承蒙您看得起，實在不好意思）。但這些譯法都不能做到完全準確。

在日語裡有很多類似Thank you的說法，用來表達一個人受到他人恩惠時的不安。其中意思最清楚，並被現代大型百貨公司廣泛採用的是「謝謝」（ありがとう），這句話的眞實含義是「眞是太難得了」（Oh, this difficult thing）。這句被日本人時常掛在嘴邊的話所表達的含義是說，顧客因爲前來購物，給商店帶來了很大且難得的恩惠，這是一種恭維方式。在很多別的場合以及接受他人禮物時常用到，還有幾種表示感謝的用語更類似「気の毒」（眞過意不去），是用來表達難以接受恩惠的意思的。那些小店主們經常掛在嘴邊的用語是「すみません」，這句話的本意是：「這怎麼可以呢？」也就是說：「我受到您的恩惠了。但在目前情況下，我很難償還，感到非常遺憾。」在英語中這句話被對應爲Thank you或者是I apologize（非常抱歉）。舉個例子，假如你在大街上被一陣風吹走了帽子，有人撿到還給你，這種場合使用這句話最合適。在對方把帽子遞給你的時候，爲表示感激，在接帽子時你應該表達自己內心很不安：「一個陌生人現在對我有了恩惠，我卻不知道如何回報，因此感到非常內疚。我只能深切表示道歉；『すみません』（這怎麼可以呢）也許是日語表示謝意的用語中最普遍的。這樣等於是承認：『我受到了你的恩惠，接過帽子並不等於這段恩惠就此爲止，但我實在想不出如何報答，因爲我倆萍水相逢。』」

在日本人看來，另外還有一句更強烈表達負於恩惠的用語，那就是「かたじはない」（誠惶誠恐）。這個詞的漢字寫法是「辱（な）い」「忝（な）い」，②同時有「受辱」與「感激」的意思。在日文詞典裡對這個詞的解釋是：當你因受到了他人恩惠而感到羞愧與恥辱，因爲你覺得自己不配受到這樣的恩惠。使用這個詞來明確表示自己有愧於這種恩惠，從而感到羞愧。說到羞愧（恥），在下一章裡我們會專門講到，對此日本人格外敏感。那些老派的店員在向顧客表示謝意時，至今還是使用「かたじはない」（誠惶誠恐），而當顧客需要賒購時，也會使用「かたじはない」。在明治前那些小說裡，這句用語經常出現。那些身分很低的女孩被領主選中做妾，會這樣對領主說「かたじはない」，意思是說：「我非常羞愧，因爲我配不上這樣的恩寵，您的仁慈讓我感到難以承受。」同樣，那些因爲決鬥而被當局赦免的武士，也會使用「かたじはない」來表達謝恩，同時也表達自己內心的羞愧之情。「我不應該這樣做，對此我感到非常悔恨，並向您表達深深的謝意。」

以上種種說法詳細而生動地說明了「恩的力量」，要比其他任何總結性的結論更能說明

---

② 這裡的漢字「忝」、「辱」含義是受恩者的自謙，意思是「辱沒關照」、「愧不敢當」。

問題。人們在接受恩惠時的心情往往充滿矛盾，在公認的社會關係中，虧欠恩惠的感覺推動著每個日本人都陷入報恩的處境裡。當然，欠恩也讓人們感到壓抑難受，因此也很容易對恩惠產生反感。對這種心態，日本著名的小說家夏目漱石在他的代表作《哥兒》中有生動的描寫。小說主人公哥兒是一位自幼在東京長大的青年，他起初在一個小鎮上教書，但很快就對很多同事感到厭惡。但其中一位年輕的教師和他相處融洽，有次兩人一起外出，一位被戲稱爲「豪豬」的新朋友請他喝了一杯冰水，價格是一錢五厘，大約相當於零點二美分。

不久後，有位教師告訴哥兒，說「豪豬」在背後講他的壞話。哥兒相信了，因爲他想起了那杯冰水：

> 雖然只是喝了杯冰水，但接受這種虛情假意的人的恩惠，實在是丟人。雖然只是讓他破費了一錢五厘，但一厘錢也是錢，不小心接受了這種虛僞的人的恩惠，我死也不能安心……接受別人的恩惠，我不吭聲那是表明我尊重對方，看得起他的人品。我自己沒有堅持要爲那杯冰水付帳，而是接受了他的「恩惠」並表示感謝，這種感激是用再多的金錢也買不到的。我雖無權無勢，但我也有獨立的人格。要我去接受別人的恩情，還不如讓我償還他一百萬日元！

「豪豬」爲我破費了一錢五厘，我覺得我對他的感謝至少値一百萬日元。

在第二天，哥兒把一錢五厘扔到「豪豬」的桌上。原因是如果不算清這杯冰水的恩情，兩人之間的問題就沒法處理，這個問題就是「豪豬」在背後說了他的壞話。不論接下去會發生什麼，即使是打起來了，這筆恩惠也必須先了結，因爲這已經不再是朋友間的相互饋贈。

對這些雞毛蒜皮的小事如此敏感、如此容易受到傷害，在美國人中，只有在那些青少年幫派的不良記錄或精神病患者的病歷中才能看到。但在日本卻被視爲一種美德。哥兒這種行爲，也許在很多日本人看起來也過於極端。但這是因爲大多數日本人都不是那麼較眞。日本的評論家在評論《哥兒》時，說哥兒是「一個性情耿直、純似水晶、爲正義不惜戰鬥到底的人」。實際上，作者自己曾說過，「哥兒」是自己的化身，評論家們也覺得是這樣。這是一個關於崇高美德的故事——受人之恩者，只有把自己的感謝當作價値「百萬日元」的東西，並相應採取行動，才能擺脫負恩者的處境。並且，只能從「體面的人」那裡接受恩惠。哥兒在憤怒中，將自己得到的「豪豬」的恩情與長久以來一直關心自己的老奶媽的恩情進行了對比。這位老奶媽對他十分偏愛，總感覺家裡人都不喜歡他，於是經常私下給他些糖果、彩色鉛筆等小禮物，有一次還給了他三塊錢。「她對我始終如此關懷，讓我非常內疚。」當從老奶媽手裡接過那三塊錢時，他感到非常「難爲情」，把這三塊錢當作是借款。可幾年過去了，他也沒還。爲什麼沒還呢？在與「豪豬」的恩情比較後，哥兒自言自語說那是因爲「我把她看成是自己的一部分了」。這句話使我們可以更充分的理解日本人對恩情的反應。這就是說，不論感情多麼錯綜複雜，只要「恩人」實際上是在自己或者說「我的」等級範圍內的，或是像被風刮走了帽子然後幫人撿起來這類自己也能做的事，要不就是因爲崇敬，那樣才能心安理得。否則，「恩情」就會成爲一種負擔，一種讓人難堪的行爲。不論這種「恩情」多微不足道，也應該對此感到難過，這是一種美德。

日本人都知道，在任何情況下，過多的恩情都會帶來麻煩。這一點可以從近期的雜誌的「諮詢專欄」中找到明顯的例證，它有點像「失戀者信箱」，是《東京精神分析雜誌》的專欄。它的答疑毫無佛洛伊德精神分析的色彩，完全是日本式的。一位上了年紀的男性在徵求意見時這樣寫道：

> 我是一個有三個兒子和一個女兒的父親。我的老伴十六年前去世了。爲了兒女考量，我沒再婚，孩子們也一直認爲這是我的一種美德。現在，我的孩子都結婚成家了。八年前兒子結婚時，我退居到離家幾個街區遠的一幢房子。有件難堪的事，三年來，我一直和一個夜度娘（被人賣到酒吧當妓女的人）在一起並發生了關係。我聽了她的身世後十分同情，就花了一小筆錢替她贖

身，並把她帶回家，教她禮儀，讓她在我家做傭人。她責任心很強，而且生活節儉。但是，我兒子、兒媳、女兒、女婿都因此看不起我，把我當外人。我並不責備他們，這是我的過錯。

那女子的父母似乎並不了解這一切。由於她已到了結婚年齡，所以她父母來信希望她能夠早日回家。我與她的父母見過面，並說明具體情況。她的父母雖很窮，但並不是唯利是圖的人。他們同意讓她女兒留下來，就當她已經死了。那女子自己也願意留在我身邊，直到我去世。但是，我倆年齡的差異就跟父女一樣。因此，我也想過送她回家。我的兒女們都認為她對我的財產有所企圖。

我長年生病，也只能活一、兩年了。我究竟該怎麼辦呢？如果您能給我提些建議，我將不勝感激。最後我還要說明一點，雖然那女子以前為生活所迫成了「風塵女子」，但她品行端正，她父母也不是唯利是圖的人。

負責為這個病人解答的醫生認為，這個事例明顯說明了這位老人把子女欠的恩情看得太重。他說：

你說的事情很常見……

在正式解答前，我必須說明，你似乎希望透過來信從我這得到想要的答案，這使我有些不快。當然，對你長期鰥居我深表同情。可你卻試圖利用這點意圖讓子女們對你感恩，並使自己目前的行爲正當化，我無法同意你這種想法。我並不是說你是個虛僞的人，但你卻是一個懦弱的人。如果你必須找一個女人，並且不想讓你的子女們因爲你獨身而對你感恩，那我建議你最好向子女們說清你必須和那個女人共同生活。當然，你過分強調自己對他們的養育之恩，他們自然會反對你。不過，所有的人都有性欲。但人應該嘗試戰勝欲望。你的孩子們也希望你如此，因爲他們仍認爲你是一位他們心目中理想的父親。然而，你讓他們失望了。我理解他們的感受，雖然他們也自私，但我很理解他們的心情。你會有這樣的想法很正常，子女們都結了婚，在性欲上能得到滿足，卻拒絕接受自己父親也有同樣的要求。你的孩子們可能有不同想法（像我前面所說的），你們這兩種想法自然會發生衝突。

你說那女子和她的父母都很善良，我認爲這只不過是你個人的想法罷了。眾所周知，人心的善惡是由環境、條件決定的。不能因爲他們當下沒有追求什麼利益，就說他們是「善良」的。哪個父母願意讓自己女兒嫁給一個老朽的人做妾？這種想法很愚蠢。如果他們打算讓女兒做別人的小老婆，一定是想獲得好處。如果你不這樣認爲，那就是你在幻想。

你的子女擔心那女子的父母對你的財產有所企圖，我對此一點都不覺得奇怪。我確實也這樣認爲。那女子也許不存在這樣的念頭，但她的父母則一定會有。

現在你有兩條道路可選擇：

做一個「完人」（毫無私欲並無所不能），與那女子徹底斷絕關係。你也許做不到，因爲你的感情不允許你這麼做。

重新做一個「凡人」（拋棄所有的虛僞），徹底毀掉你在子女們心目中理想父親的形象。

至於財產，你應儘快另立一份遺囑，規定子女們和那女子的份額各是多少。

最後，請不要忘記你不是一個年輕人了，這一點從你的筆跡上我可以看出來，但你已經變得相當孩子氣。你的想法與其說是理性的，還不如說是感情用事。你說自己想讓那女子脫離下層生活，但我覺得你實際上想用她來代替母親。我們都知道嬰兒沒有母親是不能生存的。因此，我建議你選擇第二條道路。

這封信中提到了很多有關恩的觀念。一個人如果選擇了讓別人（甚至是自己的子女）感受自己所施的恩，那麼他首先要明白，自己必須改變行爲方式，必須準備好爲此做出犧牲。而且，不管他在給予兒女恩情時做出過多大犧牲，日後他也不應居功邀賞，利用這種施予的恩惠來「爲自己目前的行爲開脫」。孩子們對此感到不滿是「自然的」，因爲他們的父親未能堅持自己的初衷，他們有種「被出賣」的感覺。如果父親認爲，自己在孩子們需要照顧的時候，已做出了很大犧牲，而當子女們成人後，就應該加倍關心照顧自己的話，那他就太荒謬了。孩子們不但不會跟他想的一樣，反而會因爲意識到所欠的恩情，而「自然反對你」。

對此美國人的反應完全不同。美國人認爲：在妻子去世後，一個人把孩子撫養成人的父親是偉大的，晚年受到孩子們的感激是理所當然的事，而不會認爲孩子們因故反對他是「很自然的」。爲了像日本人那樣對待這件事，不妨看作是錢財上的關係，因爲在錢財問題上，我們美國人的態度也嚴厲。如果是父親把金錢借給了孩子們，並要求其償付利息，我們則可以說：「孩子們反對你是自然的。」從這個意義上我們很容易理解，日本人在接受了他人香菸後不直接說聲「謝謝」表示感謝，而是說「慚愧」。必須要記住日本人面對他人對自己施恩是會感到討厭的。也就是說我們至少能理解爲什麼「哥兒」會把一杯冰水的恩情看得那麼重大。不過美國人不會用金錢來衡量這類事，那不過是冷飲店裡的一次請客。父親對早年喪母的孩子們做出的是長期犧牲，還有義犬「哈齊」那樣的忠誠，日本人把這類情感看得很重。而美國人看重的是愛、關懷和慷慨的價值，這種價值愈是無條件就愈是高，之所以會成爲此類行爲的對象而感覺欠下他人恩情，是因爲在日本總是被附加了某些前提，就像那句日本諺語說的：「天性慷慨，才能受人之恩。」

第六章　報恩於萬一

「事實上，在日本，『仁』是被排斥在倫理體系外的一種道德標準，根本不具備在中國的倫理體系裡那種崇高的地位。」

「恩」是債務，是必須償還的。不過在日本，「報恩」被視爲與「恩」完全不同的範疇。在我們的倫理觀念裡，這兩個卻是屬於同一個範疇，由此形成了中性的詞語如obligation（義務、恩惠）跟duty（義務、任務）。對此日本人感到奇怪，無法理解。如同我們對某些部落有關金錢往來的詞語不區分「借方」與「貸方」感到奇怪一樣。對日本人來說，「恩」是一種一旦產生就具有永久性的債務；但「報恩」不一樣，「報恩」是主動積極的行爲，而那些緊急到刻不容緩的償還，則是用另外一系列的概念來表述。欠下恩惠不屬於德行，報恩則是。爲了報答恩情不惜獻身的時候，就是德行開始的時候。

作爲美國人，想要理解日本人的這種德行，最有效的辦法就是把它拿來與金錢交易比較，並看到拒絕償還後將會受到的制裁是怎樣的。在經濟交往中，我們美國人認爲一個人有義務履行契約，如果他占有了並不屬於自己的東西，我們是不會拿客觀情況去爲其開脫的，對於巧取豪奪的行爲，我們不會寬容。欠債人不僅要還本，還要付息。對此我們的看法不同於我們對愛國、愛家的看法，很不一樣。對我們來說，愛是一種發自人心靈的情感，是一種自由的產物，而只有這樣產生的愛才是高尚的。愛國心意味著我們把國家利益置於一切之上，在這個意義上，除非美國遭到他國的武裝侵略，愛國心跟幻想或者凡人都有缺點的人性是不相容的。我們美國人沒有日本人的那種觀念，認爲一個人從出生之日起，就自然背負了巨大債務。我們認爲一個人應該幫助和同情其貧苦的雙親，不能毆打妻兒，必須撫養子女。但這無法像金錢事物一樣量化計算，並且也無法像生意一樣獲得回報。而在日本，這些被看作是跟美國人眼中的金錢債務一樣，其背後存在著一股強大的約束力，如同美國人必須償付帳單或抵押貸款的利息一樣。這種觀點不僅僅是在特殊時期（諸如宣戰、父母病危等）才需要注意，而是時時刻刻都如影隨形，就像一位紐約農民時刻擔心著自己的抵押債務，華爾街的金融家買空賣空需要隨時盯著行情一樣。

在日本，他們把「恩」分成具有各自不同規則的範疇：一種是在報答與量上具有持續性和無上限的，一種是跟所受的恩等量，並存在特定的償還期限的。日本人把需要無限報答的恩稱作「義務」，也就是說「無法報答所受之恩的萬分之一」。一個人的義務分爲兩大類：父母之恩的「孝」，天皇之恩的「忠」。這是必須履行的兩種義務，是與生俱來的。日本的初等教育被稱爲「義務教育」，沒有別的概念能比這個更恰當的了，因爲這個詞表明了「必修」的含義。

人生中發生的偶然事件可能會改變義務的細節，但無法改變義務是自動加於人身並超越一切的這點。

日本人的義務及相關事物條列說明如下：

一、恩情：恩情是指被動發生的義務。我們往往說一個人「受恩」「身受恩寵」，這些都是從被動角度而產生的義務。

1. 皇恩——從天皇那得到的恩情。

2. 親恩——從父母那得到的恩情。

3. 主恩——從上司那得到的恩情。

4. 師恩——從師長那得到的恩情。

5. 在人的一生當中，會在各種人際交往過程中得到恩情（注：所有對自己施恩的人都是「恩人」）。

二、恩情的相應義務：每個人都必須「償還」這些債務，每個人都必須向「恩人」「回報這些義務」。也就是說，這些義務是從主動償還的角度而言的。

1. 義務：無論如何努力，無論經過多久，都無法償還這些義務。

(1) 忠——對天皇、對法律、對日本國的義務。

(2) 孝——對雙親、對祖先（包括子孫後代）的義務。

(3) 敬業——對自己工作的責任。

2. 情義：以下的債務必須根據所接受的利益量償還，並且有時間限制。

(1) 對社會的情義：

① 對君主的義務。

② 對近親的義務。

③ 對那些施與自己恩惠的人的義務——他們與自己沒有親戚關係。比如接受了他們的金錢、善意，以及工作上的幫助（如工作互助）等。

④ 對非近親（如伯父、伯母、表兄妹、堂兄妹等）的義務——並不指從這些人身

上得到什麼恩情，只是大家共有一個祖先。

(2)對自己名譽的情義，相當於德語中die Ehre（名聲）：

①當一個人受到侮辱或遭到失敗時，有爲自己「洗刷」汙名的義務，例如，報復或復仇（注：這裡的反擊、報復行動不應被看作是對他人的侵犯）。

②不承認自己（在專業上）失敗和無知的義務。

③遵守日本禮節的義務，即遵守一切禮儀規範、注意自己的身分和地位、在不如意的時候克制自己的感情等。

以上兩種「義務」都是無條件的。日本人把這類德行絕對化，從而背離中國文化關於對國家的義務與忠孝理念。從七世紀以來，日本不斷吸收中國的倫理體制。但「忠」跟「孝」這類漢語詞語，在中國文化裡都不是無條件的。中國文化把「德」設定爲置於所有之上的前提條件，這個「德」即所謂「仁」，一般被譯爲benevolence（慈善、博愛），它幾乎可以代表西方文化所指的任何良好的人際關係。父母必須是仁的，統治者如果不仁，人民就有權推翻他。在這裡，「仁」是忠義的前提條件。天子之所以能成爲天子，是因爲他施行仁政。文武百官也是一樣。在中國，倫理體系把「仁」當作衡量所有人際關係的標準。

但自始至終日本人都沒有接受中國的這種倫理學理念。著名的日本學者朝河貫一在論及中世紀日中兩國的差異時這樣寫道：「在日本，這類觀念顯然是不容於天皇制的，因此，即使是作爲學術理論，也從未被完全接受過。」①事實上，在日本，「仁」是被排斥在倫理體系外的一種道德標準，根本不具備在中國的倫理體系裡的那種崇高地位。在日文中，「仁」的發音是jin（書面文字跟漢語是同一個字），「行仁」或「行仁義」，是最高權力擁有者也不一定需要具備的道德素質。由於「仁」完全被排斥在日本的倫理道德體系之外，使它具有了不屬於法律範疇之內的屬性，它或許只是值得讚揚的行爲，比如從事慈善事業以使名聲遠揚，以及赦免犯人等等。但這些都是職責以外的事情，並不要求每個人都必須如此。

「行仁義」還有另外一種「法律範圍外」的意思，通常成爲幫派流行的道德標準。比如在德川時代，那些殺人越貨的單刀強盜（武士們是佩帶雙刀，強盜們只佩單刀），就是如此「行仁義」。如果一個歹徒請求另一個幫派的壞蛋幫助自己，後者如果爲了防備前者的同夥尋仇，把他藏起來，這也是「行仁義」。在現代社會，「行仁義」行爲的社會認同度進一步下降，經常被看作是一種違背社會秩序的不良行爲而受到法律的懲罰。正像日本媒體所披露的那樣：「現在，那些地位低下的勞工們仍然相信仁義。對此，必須加以嚴懲。警方應該嚴

① 摘自《入來院文書》。這是一本日本鹿兒島薩摩郡入來舊城主的關係文書。由美國耶魯大學教授朝河貫一編輯出版，是作爲一般武家法制性質及其變遷的證明。

格加以取締，禁止那些至今仍在日本社會各個角落盛行的仁義風氣。」毫無疑問這裡所指的就是那些流氓、黑社會秉持的「盜亦有道」道德觀。這樣的道德觀尤其流行於那些小的工頭之間，跟十九世紀末二十世紀初的美國碼頭上的義大利籍工頭padrone類似，他們跟一些熟練工人簽訂非法的契約合同，承包工程然後從中賺取非法利潤。而這樣的行為在日本被稱為「行仁義」。原本出自中國的「仁」的概念，因此被貶抑成了反社會的行為。②

日本人就是這樣完全篡改並貶抑中國倫理體系的「德」的內涵，而且沒有發展出其他足以代替「仁」來作為「義務」的約定物。因而孝道在日本就成為必須履行的義務，即使對父母的惡行也要寬恕。只有當「孝」與對天皇的「忠」發生衝突時，人們才可以放棄孝道；但是當父母道德敗壞或者他們破壞了兒女的幸福時，作為兒女也必須履行孝道的義務。

有一部日本近代的電影講的是這樣一個故事：有位母親經營一家規模相當不錯的餐館致富了。她的兒子已經成家立業，是一名鄉村教師。一年遇到了大災，有一對農民夫婦為了救一家人，想要把正在上學的女兒賣到妓院去。這位教師為了幫助自己的這名學生，向村裡的人募集一筆錢為女孩贖身，可是教師的母親卻把募集來的錢偷走了，當兒子知道錢是母親偷

② 日本人在使用「知仁」一詞時，跟中國傳統的用法較為接近。佛教勸人「知仁」，其意思就是慈悲。但日本辭典裡則說：「知仁，與其說是指行為，不如說是指的一種理想。」

走後，他自己承擔了責任，並接受懲罰。他的妻子發現眞相，寫下遺書把丟錢的責任自己全部攬下，然後抱著嬰兒投河自盡。事情被曝光後，作爲母親的餐館老闆娘在這齣悲劇中應該承擔的責任無人問津。兒子在盡到孝道後，一個人去了北海道，修煉自己的意志品質，以求將來能堅強地經受類似的考驗，這位兒子成了品德高尚的英雄。對此，作爲美國人的我，認爲悲劇的所有責任都在那位偷錢的母親身上，但我的日本朋友卻強烈反對我這種美式的判斷，他說，孝道常常會與其他道德觀發生衝突，如果片中的主人公足夠聰明，他能找到一條無損面子的折中辦法；但是，如果爲此而譴責母親，哪怕只是在心裡譴責，這對那位教師的自尊心來講也是不可能的。

不論是在小說中還是在現實生活裡，都有很多故事講述年輕人在完婚後也必須履行沉重的孝道義務。除了少數特別現代的家庭外，人們對於父母透過媒人來爲兒子選擇妻子這種現象，仍然認爲是理所當然的。對於這件事，關心程度最高的不是當事人而是家庭。這不僅涉及金錢交易，更是因爲媳婦也將被記入家譜、生育男孩爲這個家族傳遞香火。一般情況下，媒人會安排一次看似偶然的見面，雙方的家長也都參加，但男女雙方並不交談。有時父母會爲兒子安排一樁有利益關係的婚姻，女方的家庭可以獲得經濟收益，或者男方可以與富貴人家結親。有時父母也會給自己的兒子挑一個人品好的女子。兒子出於對父母的養育之恩的感激，是不會對父母的決定提出質疑的。即使婚後，也要繼續報答父母恩情。特別是長子，他以後要和父母生活在一起，因而對家長們來說挑選兒媳婦非常重要。眾所周知，婆婆通常都不喜歡兒媳婦，總要挑兒媳婦的毛病，就算兒子和媳婦非常恩愛，非常願意共同生活，婆婆也可以把媳婦趕出家門，解除他們的婚姻關係。日本的小說和個人自傳都傾向於描寫丈夫和妻子的苦難。當然，丈夫總是爲了「盡孝」而被迫結束婚姻的。

一位比較「現代」的日本婦女現住在美國，她在東京時曾收留過一個被婆婆趕出來的年輕孕婦，她被迫離開傷心的丈夫。當時，她疾病纏身、悲痛異常，卻從不責怪自己的丈夫，她逐漸把希望都傾注到即將出生的嬰兒身上。但誰知孩子一出生，婆婆就帶著自己順從的兒子來要小孩。當然，這小孩是屬於男方家庭的，但婆婆把小孩帶走後，隨後就送進了孤兒院。

上述的這些例子裡的行爲都屬於孝道範疇，都是子女必須償還父母的恩情債務。而在美國，這些都會被看作是外部對個人合法幸福的干涉。日本人之所以不把這看作是「外部」的干涉，是因爲他們把欠恩看作是一個大前提。這類故事如同美國的故事中描寫的那些誠實正直的人，無論經歷多少艱難困苦也要還清欠債一樣，是在歌頌眞正品德高尚的日本人，敘述他們如何贏得自尊，並證明他們的意志堅強，能忍受巨大磨難。但是，無論這種挫折表面上顯得是如何的崇高，其結果都是令人厭惡與難以接受的。一個值得人們注意的現象就是亞洲那些關於「可恨事物」的諺語：在緬甸是「火災、洪水、小偷、官吏和壞人」；在日本則是「地震、打雷、老人（一家之長、父親）」。

日本的孝道跟中國的孝道不同，日本人的「盡孝」時間上不會追溯到幾個世紀前，範圍也不會包括同一祖先繁衍的龐大家族。日本人的祖先崇拜只限於近祖。那些近祖墓碑上的碑文每年都會更新，但如果是記憶中已經模糊的祖先，他們的墓碑就不會再有人在意，家中的佛龕上也不會供奉這些祖先的靈位。日本人重視的那些「盡孝」的對象，只限於記憶中的祖先，他們很注重現世。許多關於日本民族的專著都認爲，日本人缺乏抽象思辨和構想非現時形象的興趣，與中國人比，日本人的孝道觀恰好證明了這一點。然而，他們這種觀點最重要的現實意義在於，孝道義務被限制在當下。

不論在中國還是日本，孝道不僅僅是對父母和先人的尊重和服從。對於子女的照料對西方人來說主要源於母親的本能和父親的責任感，而東方人則認爲源自孝道。日本人對這一點非常明確，他們認爲，回報祖先的恩惠，也就是把自己所接受的恩惠傳遞給自己的兒女。在日語中沒有專指「對子女的義務」的詞語，因爲所有這類義務都是包括在對父母以及祖父母的盡孝行爲裡。對家長而言，孝道要求他們履行下列義務：撫養子女、讓兒子接受教育、管理財產、保護那些需要保護的親戚，另外還有那些與此有關的日常義務。日本家庭對此有制度化的嚴格限制，但同時也限制具有這類義務的人的數量。按照孝道義務的要求，兒子死後，父母有撫養兒子遺孀和留下的兒女的義務。如果女兒不幸喪夫，做父母的也有義務撫養女兒的兒女。但喪偶的外甥女或侄女就不在「義務」範圍內，如果收養，那也是在履行另一種完全不同的義務。撫養和教育自己的子女是「義務」，而想要教育自己的侄子和外甥，習慣上是把他們合法收爲養子，否則就不是「義務」。

孝道也不要求對貧困的直系親屬給予援助，援助是出於尊重和仁慈。被收留的年輕寡婦經常被稱為「冷飯親屬」，因為她們吃的都是殘羹剩飯；而且，家庭中的所有人誰都可以對她呼來喚去，而她則必須對別人所做的有關她的決定保持絕對服從，她和她的子女不過是窮親戚。在一些特殊情況下，她們會得到較好的待遇，但這並不是家長有「義務」這樣做；同樣，兄弟之間也沒有義務要履行，當兄弟兩人水火不相容時，如果哥哥履行對弟弟的義務，那麼往往能獲得別人的讚賞。

婆媳之間矛盾最激烈。媳婦是以外人身分進入家庭的，她必須熟悉婆婆的脾氣與喜好，並學習對婆婆的順服來與之相處，但在很多情況下，婆婆都會毫不客氣宣稱自己不喜歡這個媳婦，說她根本配不上自己的兒子。據我們推測，這其中很大因素是婆婆對媳婦的妒忌，但正如日本諺語說的那樣，「可惡的媳婦也能生出可愛的孫子」，為此婆媳間也存在孝道。表面上媳婦在婆婆面前總是無比溫柔，只是隨著時間的流逝，溫柔順服的媳婦也最終會變得苛刻、嘮叨和喜歡吹毛求疵，也就是所謂的多年媳婦熬成婆。在她們年輕時她們沒法任性，只能忍氣吞聲；但到了晚年，她們就會像是積鬱多年的怨氣找到了出口，全部傾瀉到媳婦身上。在今天的日本，女性已經開始公開談論最好嫁給一位不需要繼承家業的男人，以避免與霸道的婆婆一起生活。

「盡孝」並不一定能在家庭裡得到慈愛。在一些文化中，這種慈愛是維持大家族的基石，但在日本則不然。一位日本作家深刻指出這點：「日本人高度重視家庭，也許正因為如此，他們不太重視家庭中的具體成員，以及成員之間的家族紐帶。」當然，實際情況不一定相同，但大致情形的確如此。這裡的關鍵在於承擔義務和恩債關係。年長者的責任更大，其中之一就是對晚輩的監督，要求他們做出必要犧牲，即使晚輩們不情願，也必須服從長輩的決定。否則，他們就是沒有履行「義務」。

日本孝道中還有一個特點，就是家庭成員間會存在明顯的怨恨。這種現象在與孝道同等重要的「義務」上很難看到，例如對天皇的盡忠。天皇被日本政治家們視為是神聖所在，完全把天皇與普通人隔離開。這樣的安排非常巧妙，因為只有這樣，天皇才能成為國家統一、全民一心的核心。單單認為天皇是國父是不夠的，因為父親在一個家庭中儘管可以是權力的擁有者，可以對子女提出並監督其盡義務，卻很可能是「不受尊重的人」。而天皇必須要超越世俗父親角色成為聖父才行。於是對天皇的盡忠就有道德上的高度，成為幻想中的一塵不染、「至善至愛」的存在。明治初期，一些政治家在考察過西方社會後這樣寫道：西方那些國家的歷史，無不都是統治者與人民之間矛盾衝突的歷史，這不符合日本的精神。回國後，這些政治家在新的憲法中明確寫明了天皇的「神聖不可侵犯」，強調天皇對國家官員們的任何行為都不負有責任。因此，作為日本國家統一的象徵，日本天皇並非是一個負有政治責任的元首。同時，在近七百年的歷史中，天皇從來也沒有作為實際統治者發揮過作用，這就使得讓天皇充當幕後主角變得容易。因此，對明治政治家來說，要做的唯一工作就是努力讓全體國民在情感與思想上對天皇效忠，把他確立為最高的道德存在。在封建時代的日本，人們的「盡忠」對象主要是世俗首領——將軍。這一漫長的歷史警告明治時期的政治家，在新的規定下要想實現他們的目標——日本的精神統一——需要做些什麼。在過去的幾個世紀裡，將軍既是大元帥又是最高行政首領，其屬下雖然也對他順從，但陰謀推翻其統治以至謀殺他們的事屢見不鮮。對將軍的忠誠常常會與對封建主君的忠誠相衝突，而且對封建主君的忠誠往往要比對將軍的忠誠顯得更有強制性。因爲對主君的忠誠是建立在直接的聯繫上的。相形之下，對將軍的忠誠度就難免要低很多。在動亂頻發的時期，武士們更是經常逼迫將軍退位，以便擁戴自己的主君。那些明治維新的先驅以及他們的領袖們，高呼著「忠於天皇」的口號，和德川幕府進行長達百年之久的鬥爭。而在這個時代裡，天皇被軟禁在皇宮內，因此每個人都可以按照自己的願望塑造出一個天皇形象。正是由於以「尊王」爲口號的明治維新把「忠」的對象由具體存在的將軍換成了虛幻的象徵「天皇」，一八六八年的事變最有理由被稱之爲「王政復古」。那之後天皇繼續高高在上，隱居在幕後，是由他賦予「閣下」們權利，而不是親自管理國家，同時也不參與政策的制定，因此明治維新後的日本，仍然是由一些顧問——他們是經過精心挑選出來的——執掌政權。眞正的變化是在精神領域裡，因爲這之後日本人所要效忠的完全變成了對神聖領袖——最高主祭和日本統一與永恆的象徵——的報恩。

之所以效忠的對象能如此輕易轉移到天皇身上，這其中古老傳統毫無疑問起了很大作用，這個傳統就是傳說天皇是天照大神的後裔。不過這一傳說的神學意義並不像西方人所想像的那麼重要。那些徹底否定這種神學觀的日本知識分子，並未因這種否認就對天皇作爲效忠的對象產生疑問，這就是最好的證明。甚至大多數接受天皇是神的傳人這一觀念的普通群眾，他們對這一傳說的理解也跟西方人不一樣。「神」（かみ）在英文中被譯作god，但詞義上卻應該是「至高無上」，也就是最高的等級。在日本，神、人之間並不存在像西方社會那樣巨大的鴻溝。一般說來，每個日本人在死後都會變成神。在封建時代，「忠」的對象是非神格的等級制下的主君。而在「忠」的對象轉移到「天皇」這個過程中，有一個非常重要的因素，那就是日本的歷史上只有一個皇室，是萬世一系的。就算是西方人認爲這種萬世一系的說法是荒唐的欺人之談，而且皇位繼承也跟比如英國、德國不一樣，但事實是這樣的指責毫無意義。日本的規則就是日本的規則，根據這一規則，皇統的確就是「萬世不墜」的。中國的歷史歷經三十六個王朝的更替，日本則沒有。日本社會雖然也經歷了大大小小很多次的變遷，但社會的組織結構一直保持不變。明治前的一百年時間中，那些反德川幕府的勢力所利用的正是「萬世一系」的論據，而不是天皇神裔的傳說。他們強調，既然「忠」的對象應該是等級制的最高等級，那麼這個對象就只能是天皇。天皇因此被拔高到國民最高主祭地位上。

近代日本經過種種努力，終於使得「忠」的對象人格化，並特指向天皇本人。明治維新後的第一個天皇就是一位傑出、威嚴的人，同時加上他的長期在位，也使得他很自然成了日本人心中的國體象徵。這位天皇很少直接面對人民，僅有的幾次也都是在隆重的儀式下出現。民眾匍匐在他面前，整個場面鴉雀無聲，更沒有人敢於抬起頭來正視。二樓以上的所有窗戶全部緊閉，以保證沒有任何人能俯瞰天皇。他接見高級顧問也具有強烈等級制色彩。在日本，沒有天皇召見執政官員一說，而是極少數擁有特權的「閣下」、「受賜拜謁陛下」。天皇也從不會對具有爭議的政治問題發布詔書。天皇所發布的所有詔書都是有關道德、節儉或者某項具體問題得到解決後對民心的安撫。當他駕崩後，整個日本就會變成一座巨大的寺廟，所有的民眾都會爲他祈禱。

透過這些方式，天皇成了超越國內一切政治紛爭的象徵。就像美國人對星條旗的忠誠超越了一切政黨政治一樣，因此天皇是「神聖不可侵犯」的。我們對國旗有嚴格的儀式，這種儀式不針對任何普通人實施。然而，日本卻充分利用天皇作爲最高象徵的價值。人民可以敬愛天皇，天皇也可做出回應。民眾聽說天皇「關心他們」時，會欣喜若狂，感動得熱淚盈眶。「爲了使陛下放心」，他們甚至可以獻出自己的生命。日本的文化是建立在人際關係基礎上的，在這樣的文化中，天皇作爲忠誠的象徵，其意義要遠超過國旗。如果一個正在受訓的教師說人的最高義務就是愛國，那麼他將受到指責，因爲必須說是要報答天皇。

「忠」建立了一種臣民與天皇的雙重體系。一方面臣民直接向天皇效忠，沒有任何中間環節，人們用自己的行動來使「陛下安心」；另一方面，民眾又是透過各種媒介，經過層層傳遞才聽到天皇的各種敕令。「天皇御旨」就足以喚起人們的「忠」，它的強制力是任何一個現代國家都無法擁有的。羅里（H. Lory）曾描述過這麼一個故事：在一次常規軍事演習中，帶隊軍官下令，若沒有命令任何人都不能喝水壺裡的水。日本的軍隊訓練非常強調在極困難條件下連續行軍五、六十英里。在那天的訓練中，有二十多個士兵由於口渴和疲勞而倒下，五人死亡。最後檢查水壺時，發現裡面的水一滴未少。「在那種情況下，那位軍官的命令就是天皇的命令。」

「忠」也強烈影響著民政管理，從喪葬一直到稅收。臣民正是透過稅務官員、員警、地方徵兵官員這樣的中介向天皇盡忠。在日本人看來，遵守法律就是對最高恩情——「皇恩」的最好回報。這一點與美國的社會習俗形成強烈對比。在美國人看來，任何新的法律——從汽車的尾燈信號到個人所得稅，都是對個人處理自身事務自由的干涉，都會在全國激起民憤。由於聯邦法律會實際上構成對各州立法權的干涉，它受到雙重懷疑，認為它是華盛頓官僚集團強加於國民的。為了滿足自己的自尊心，人們會竭力反對這些法律。因此，在日本人眼中美國人都是無法無天的，而美國人則認為日本人唯唯諾諾，毫無民主觀念。更切實際的說法是，兩國民眾對自尊有不同的理解。在美國，自尊與處理自己的事的權利有關；在日本，自尊則是與回報施恩者相關聯。這兩種風俗各有難處：美國的難處在於，即使頒布對整個國家都有利的法規，也很難被民眾廣泛接受；而日本人的難處在於，人的一生都將處在一種負恩的陰影之下。也許每個日本人都能在某些場合找到既不違反法律，又能規避嚴苛的辦法。與美國人不同，日本人甚至還能讚賞某類暴力行為、直接行動和私人的復仇。然而，儘管有這些保留條件以及別的可以列舉出來的保留條件，「忠」對日本人的支配力量還是毋庸置疑的。

一九四五年八月，當日本宣布投降時，「忠」在全世界顯示出令人難以置信的威力。許多對日本有過直接體驗或較為了解日本的西方人士都認為日本不可能投降。他們說，幻想散落在亞洲和太平洋諸島上的日軍會毫無反抗放下武器，簡直是天眞的想法。日軍的許多武裝部隊從未在局部性的戰役中失敗過，並確信這場戰爭的正義性。在日本本土各島，到處都是誓死抵抗的頑固分子。占領軍——其先頭部隊只會是小部隊——只要進入日本艦炮的射程範圍，就有被屠殺的危險。在整個戰爭中，日本人無所畏懼，他們是一個好戰的民族。然而，得出這樣結論的美國分析家卻沒有考慮到「忠」的作用，只要天皇說了話，戰爭就結束。在天皇前往廣播電臺發表講話之前，頑強的反對者們包圍皇宮，試圖阻止天皇發布停戰詔書。但一旦宣布了，這些人也毫無條件服從。不論是滿洲、爪哇等地的前線司令官，還是本土上的「東條」們，沒有一個人反對。我們的軍隊在機場著陸後，受到了禮貌的歡迎。外國記者中有人這樣寫道：「早晨著陸時自己還是手不離槍，中午時他們就把槍收起來了，傍晚就上街悠閒地開始採購小商品。」日本人現在是在用遵守陛下要求的和平，來讓「陛下安心」，而在一個星期前，他們還誓死要奮不顧身用竹槍擊退蠻夷。

這樣的截然不同並沒有什麼不可思議，除非是不承認人的情緒是會發生變化的西方人。一些人聲稱，日本民族除了滅亡將別無他路；而另一些人聲稱，只有日本的自由主義者奪取政權，推翻現任政府，他們才能挽救自己。這兩種分析，對全力以赴、獲得全民支持進行總體戰的西方國家而言是可以理解的。但如果認為日本的行動方針是和西方國家一樣，那可就大錯特錯了。甚至在和平占領日本幾個月後，有些西方預言家還在預言，任何機會都已喪失，因為在日本並沒有發生西方式的革命，或者因為「日本人不懂得已經戰敗了」。這是西方的社會哲學，它建立在西方的善惡標準上。但是，日本與西方國家不同，它沒有採用西方各國的那種最後的手段——革命，也沒有用消極破壞的方法來與占領軍對抗，他們採用了自己傳統所固有的力量，也就是在戰鬥力被徹底消滅前，就把無條件投降這一需要付出巨大代價的目標，當成是自己「忠」的對象。在他們看來，這種代價儘管巨大，但是是值得的，他們因此得到最值得珍視的東西，因為他們有權這樣說：這是天皇的命令，哪怕是投降的命令。這也就是說，即使是投降，但最高的律法與目標仍然是「忠」。

第七章　情義是最難承受的

「一個日本人常常為了『情義』而無視正義。為此他們的理由是：『為了情義，我無法堅持正義。』」

日本人總說「情義是最難承受的」。①一個人必須要像履行義務一樣報答情義。但「情義」所要求的義務跟「義務」所要求的義務是完全分屬不同體系的。在英文裡沒有一個詞與「情義」對等。人類學家發現世界上每種文化的道德義務都會有一些是奇特的，但日本文化中的「情義」最爲奇特，它爲日本所特有。「忠」與「孝」是日本和中國共有的道德範疇，儘管日本對這兩個概念進行了一些修改，但仍舊與東方其他國家的道德有著淵源相關性。而「情義」既跟中國儒教無關，也跟來自東方的佛教無關。它是日本所獨有的範疇，不了解情義就不能了解日本人的行爲方式。日本人在談及動機、名譽以及個人在日本國內遇到的任何麻煩，都經常需要涉及「情義」。

對西方人而言，「日本人的情義」是一種含義很複雜的義務（參閱本書第六章的敘述）：從報答舊恩到復仇。難怪日本人不願向西方人解釋「情義」的含義，就連他們自己的辭典也很難對這個詞下定義。有一本日語辭典是這樣解釋的（根據我的翻譯）：「正道，人應遵循的規則；爲了免遭非議而做自己不情願做的事。」這當然無法使西方人理解這個詞的主要意思，但「不情願」這個詞語卻指明了情義與義務的差別。不論義務對個人提出的要求是如何艱巨，至少是個人對他最親密的家庭成員或者對代表他的祖國、他的生活方式以及愛

---

① 原文作「義理」（giri），該詞在日語中有情義、人情、情理的含義。

國精神的統治者的一系列責任。這種責任和義務之所以如此牢固，是因爲它們是日本人與生俱來的，是必須履行的。不論人們在履行義務時有多少「不情願」的行爲，儘管義務的一些特定行爲也會招致人的「不情願」。但對「情義」的報答總是充滿了內心的不快。在「情義」的領域裡，欠情者所面臨的難處是難以想像的。

「情義」從類型上來看，明顯可以劃分爲兩種不同的類別。一種被我稱爲「對社會的情義」，字面的意思就是「報答情義」，也就是群體內的報恩義務；另一類我把它稱爲「對名譽的情義」，類似於德國人的「名譽」，也就是對自己名譽的維護義務。第一類大體可以描述爲對契約性關係的履約，跟「義務」的不同在於它是履行對生而具有的親屬關係的責任。就此而言，「情義」包含對所有姻親家人應負的義務，而「義務」則主要指的是對直接親屬應負的所有義務。岳父、公婆一般稱爲「情義」上的父母，姻親兄弟姊妹則是「情義」上的兄弟姊妹。這種稱謂既適用於針對配偶的親屬，也適用於針對親屬的配偶。當然，在日本，婚姻也是家庭之間的契約。終生爲配偶的家庭履行這些契約性質的責任就是在「履行情義」。在履行這種契約性質的責任時，最沉重的恐怕是報答安排婚姻的父母雙親的情義。尤其是年輕的兒媳婦對婆婆的「情義」是最爲沉重的，因爲正如日本人所說的那樣，兒媳婦住的是別人的家。丈夫對岳父母的責任可能要不同一些，但也很可怕，因爲當岳父母有困難時，女婿必須借錢給他們，同時還要履行其他一些契約性的責任。一位日本人說：「兒子成人後照顧自己的親生母親，這是母子情，不能稱爲情義。」凡是發自內心的行動都不能說成「情義」。然而，對待姻親的義務卻絲毫也不能含糊，不論代價多大都必須嚴格履行，否則他將會被譴責爲「不懂情義的人」，而這種譴責是很可怕的。

日本人的這種姻親家屬義務，在「入贅養子」展現得最清晰。入贅者就跟女人嫁入夫家一樣。一般來說，如果一個家庭沒有兒子，就會爲其中一位女兒選擇一個女婿入贅過來，以便延續「家名」，也就是家族的姓氏。入贅到妻子家後，他在「情義」上就從屬於岳父母，死後也會葬到岳父家的墓地。所有一切待遇都跟女人出嫁後一樣。之所以要爲女兒擇婿入贅，也許不僅僅只是因爲自家沒有男孩，更多情況是雙方家庭出於利益考慮，也就是所謂的「政治聯姻」。有時女方家雖然很窮，但「門第」很高，男方帶錢入贅則可以提高自己在等級制體系中的地位。或者說女方家庭富裕，有能力讓女婿接受更好的教育，男方付出的代價就是放棄自己的家庭，入贅到女方家庭；有時是女方父親希望透過此舉獲得理想的公司合作者，不管哪種情況，入贅的養子所要承受的「情義」都會非常沉重。因爲在日本，入戶其他家庭是一件很嚴重的事情，如果是在封建時代，這意味著養子必須要爲養父參加戰爭，就算是受令殺的對象是自己的親生父親也無法回避，因爲只有這樣才能證明他成爲新的家族的一員。而在近代日本，靠入贅構成的「政治聯姻」會形成強大的「情義」上的約束，把一個人捆綁在岳父的事業或者養父家的命運上。在明治時代，這種聯姻很可能對雙方都有好處。但日本社會有著強烈的對入贅與養子的歧視。日本人有句諺語很能說明問題：「有米三合，絕不入贅。」對日本人來說，這樣的厭惡感也一樣是出於「情義」的關係。如果換成是在美國，美國人會這樣表述對這種關係的厭惡之情：「男子漢絕不幹這種事！」總而言之，對日本人來說，「情義」的履行是一件讓人爲難的事，是很不情願爲之的。「爲了情義」這句話對日本人來說，是最能表明人際關係的沉重負擔的。

對姻親的義務是「情義」，對伯父、伯母以及外甥、侄兒、侄女的義務也一樣屬於「情義」範疇。這類對近親的義務不被納入到孝行，這是中、日家族關係最大的差異。因爲在中國，和親屬，甚至是和那些血緣關係疏遠的親屬分享資源也是屬於孝行範疇。但在日本，這類關係則歸屬「情義」範疇，也就是一種契約關係。對日本人來說，幫助這類親屬並非因爲恩情，而是爲了報答他們共同的祖先。儘管撫養自己的孩子也有著同樣的動機，但卻是一種自然義務；而遠親不一樣，遠親雖然同樣來自同一個先祖，但卻被納入到「情義」範疇。當日本人不得不幫助這類親屬時，他們會像對待姻親一樣，會說：「我是爲了『情義』才這樣做的。」

相較於姻親之類的情義關係，日本人更看重那些傳統的「情義」，比如武士與主君的關係。這樣的關係是基於名譽以及對上司與同輩的效忠。這類「情義」性質的義務被大量的傳統文化作品所謳歌，被看作是武士的德行。在德川氏統一日本前，這種德行的重大性在日本人的內心是遠超過「忠」的，也就是對將軍的義務。十二世紀時，源氏將軍曾要求一位大名引渡一個他庇護的敵對領主，這個大名的回信至今還保存著。在信中這位大名表達自己強烈的憤慨，他對自己的「情義」受到非難非常不滿，他堅決拒絕將軍要求自己以忠的名義背叛情義。他這樣寫道：「對於公務，在下無能爲力，但武士重名譽，武士間的情義乃永遠也不能放棄的眞義。」這種超越一切的武士德行，在古代日本受到人們的傳頌，進入文學藝術作品裡，被加以潤色，能樂、歌舞伎以及神樂舞中比比皆是。

流傳至今的故事中，最爲著名的當屬講述一位十二世紀力大無窮的浪人（指那些沒有主君，完全依靠自己謀生的武士）弁慶。除了一身神力，這位浪人一無所有，他寄身寺院，但讓那些和尚害怕；他斬殺過往的武士，蒐集刀劍以籌措武士必需的行裝。最後，他向一位看似武藝平平的年輕領主挑戰，沒想到卻遇到了對手。後來，他發現這位青年原來是源氏的後代，正籌劃恢復家族的將軍地位。這位青年實際上就是日本人極其崇拜的英雄源義經。弁慶立即向源義經表示熱忱的情義，並在戰場上爲義經立下無數功勛。在最後一次戰鬥中，敵眾我寡，他們被迫率領家臣逃跑。他們將自己化裝成爲建立寺院而在日本全國化緣的僧人。爲了免生懷疑，弁慶裝扮成領隊，而源義經也穿著同樣的服裝混在一行人裡。沿途遇到敵方的檢查，弁慶就拿出編造好的一卷寺院募捐名冊誦讀來欺騙敵人。然而，在最後時刻，儘管源義經衣著普通，但卻無法掩飾其高貴氣質，由此引起了敵人的懷疑。他們立即召集所有人，弁慶略施小計，藉口一點小事打了義經耳光，敵人因此消除了對義經的懷疑。理由是如果這位和尚眞是義經，家臣是絕不敢對他動手的，因爲這嚴重違背傳統的「情義」規則。但正是弁慶的不敬拯救了一行人的性命，在到了安全的地方後，弁慶即刻下跪，請求義經賜死，但作爲主君的義經赦免了他。

這些歷史故事中所描述的「情義」都是發自內心的，是發生在一個沒有受到厭惡之念汙染的時代，從而成爲近代日本夢想中的黃金時代。透過這類故事我們可以看出，在那個時代裡，「情義」並不被厭棄。那時代如果「情義」與「忠」發生衝突，人們可以堂堂正正選擇堅持「情義」。在這個傳說中的時代裡，「情義」是日本人珍視的人際關係，同時也具備對封建制度的美化作用。一般說來，「懂得情義」的含義就是對主君的終身忠誠，主君並因此給予回報，所謂的「報答情義」，就是把自己的生命獻給深受其恩的主君。

這自然是一種幻想。在日本的封建歷史中，有很多武士被敵方大名收買的例子。並且最重要的是，就像我將會在下一章裡敘述的，如果主君羞辱自己的家臣，家臣就可以按照規則離去，甚至勾結敵人。對復仇和盡忠捐軀行爲，日本人一樣大加讚揚，二者都屬於「情義」範疇，盡忠是對主君恩惠的「情義」，但對他人的羞辱的復仇，則是屬於自身的「情義」，這在日本就是一塊盾牌的正反兩面。

不過，那些描述忠誠的古老故事，對當今的日本人來說只是令人高興的夢想。現在人們所說的報答情義，已經不再是指對自己合法主君的忠誠，而是要履行對各種各樣的人的義務。今天當人們談到情義時，往往帶著強烈的厭惡和不滿，強調是迫於輿論壓力而違背自己本意不得不履行情義。日本人常說「完全是出於情義才安排這樁婚姻」、「錄用那個人，我完全是出於情義」、「我必須見他，僅僅是出於情義」等等。他們還常說「受到情義的糾纏」，辭典把這句話譯成I am obliged to it（我被迫這樣做）。對此日本人會說「他用情義來強迫我」、「他用情義來逼我」。這一類習慣用語的意思是說，有些人會憑藉過往曾經施與的恩惠要脅，迫使說話人做不願意做的事。在鄉村那些小商店裡進行的很多交易中、在那些高層財閥的社會關係裡，包括在日本的內閣中，人們大都是受到了「情義的強迫」。一個人甚至可以憑藉兩家之間的傳統關係，要求某人做自己的岳父；也有不少人用同樣的手段奪取農民的土地。而遇到這樣的情況，那些受到「情義」脅迫的人，也不得不接受。他會這樣說：「要是我不幫助他，人們就會說我無情。」這樣一系列的說法都包含有不得已、僅僅是爲了「情面」的意思，正如辭典的解釋一樣：for mere decency's sake。

「情義」是必須要予以報答的，這種硬性的規則不像摩西十誡是一組道德準則。一個日本人常常爲了「情義」而無視正義。爲此他們的理由是：「爲了情義，我無法堅持正義。」同時「情義」的準則跟「愛鄰如己」完全是兩回事。它沒有要求一個人應該眞心對人寬容，它只是說，一個人必須履行情義的義務，否則，人們就會認爲他無情無義，他因此會在世人面前蒙羞。這就是人們迫於社會輿論而不得不遵守「情義」的規則。實際上「對社會的情義」在英語裡常被譯爲conformity to public opinion（服從公眾的輿論）。在辭典中還把「我只好這樣，因爲這是對社會的『情義』」譯作People will not accept any other course of action（世人不會承認別的辦法）。

如果把日本人在「情義領域」中的規則，跟美國人有關債務償還的規則作比較，就能更充分理解日本人的表現。在美國人看來，收到他人的信件、禮物或者接受勸告之類屬於情分範疇的好意時，沒有必要像對待銀行帳單那樣嚴格。在金錢交易中，美國人對待無法償還債務的人的處理方式就是宣布人格的破產，而對於美國人來說，這是非常嚴酷的懲罰；但日本人則把無視情義的人視爲人格的破產，而實際上生活中的一言一行都會涉及「情義」。這意味著美國人可以完全無視、不會聯想到涉及義務的那些細微言行，在日本人則必須謹慎對待；這也使得日本人長年累月陷入複雜的生活環境中，時時刻刻都要謹言慎行。

日本人對「社會的情義」的觀念，與美國人的債務意識之間有另一個相似，那就是「報答情義」在思想意識上也要等量對待。在這一點上「情義」跟「義務」是完全不同的，「義務」沒有完結的時候，不可能徹底得到報答，但「情義」則並非無止境的。在美國人眼裡，日本人對恩情的態度就是滴水之恩當湧泉相報，但日本人自己卻不這樣認爲。我們對日本人的饋贈習俗也覺得好奇，例如，每年有兩次，每個家庭都要包一些禮品來作爲六個月前接受過的禮物的回禮；女傭人的家裡也會年年寄出禮物來感謝雇主的雇傭。但有一點是需要注意的，那就是日本人十分忌諱回禮價值超過所接受禮物的價值，即所謂的「賺禮」，這被認爲是不名譽的行爲，會被人說是「小蝦釣大魚」，對「情義」的報答也一樣。

在可能的前提下，人們會盡可能對彼此間的往來進行記錄，不論是勞務還是物品。在農村，這些記錄有些由村長保管，有些由組②的一個人保管，有些則由家庭或個人保管。送葬時人們習慣帶去「奠儀」。另外，親戚們還會送各種顏色的布料，供製作送葬時使用的幡。所有的近鄰都會來幫忙，女人下廚，男人製作棺材、挖掘墓穴。在須惠村，那裡的村長有一本帳本記錄下這些事情。這對死者家庭是一份十分珍貴的記錄，因爲它記錄了鄰居們送來的禮物，幫過哪些的忙，這份名單也是將來在其他家庭出現喪葬時還禮的依據。上述是一種長期性的禮尚往來。另外在鄉村裡還有葬禮的短期性禮尚往來，以及一些慶宴。葬禮的主人需要請製作棺材的人吃飯，那些幫忙的人也需要爲喪家送來大米，村長也會記錄這些大米。在多數宴會上，客人們也要自帶一些米酒作爲宴會的飲料。無論是生還是死，或是插秧、蓋房、聚會，情義的交往都被仔細記錄下來，作爲以後回報的依據。

日本的情義習俗還有一點是與西方的債務關係類似的，那就是如果歸還延期的話，利息就會自然增長。埃克斯坦（G. Eckstein）博士講述自己與一位日本製造商交往的故事。這位商人資助埃克斯坦博士去日本旅遊，讓他去蒐集野口英世自傳的資料。回到美國後，博士就開始著手撰寫這部傳記，之後把手稿寄給了那位商人。但他既沒有收到回執，也沒有收

② 原文是「work-party」，可能是日文的「結」，專指農村有關插秧、蓋房、婚喪等繁忙時的換工互助之類的互助團體。

到任何回信。對此博士的擔心是很自然的，他害怕書中的某些內容冒犯了這位日本人，於是他寫了幾封信過去，但依然沒收到回音。幾年後，這位製造商打電話給博士，說他正在美國，不久後他就前來拜訪博士，並帶給他幾十棵日本的櫻花樹。這份禮物非常厚重，之所以會送這樣重的禮，正是因爲拖延了很長時間。這位日本人對埃克斯坦博士說：「當然，您也不想讓我那麼早就回報您吧！」

「關注情義」的人往往被迫回報那些因時間而增加的恩惠。例如，某人向一位小商人求助，而這人恰好就是這個小商販啓蒙老師的侄子。這位商人由於在年輕時沒能報答老師的情義，這種情義就隨著時間的流逝逐漸增加。現在，這位商人別無選擇，只好伸出援助之手，以報答老師當年的恩情，「以免遭人非議」。

第八章　名譽的維護

「日本的教師會說：『為了保全教師的名譽，不允許我對學生說不知道。』意思是，即使他不知道青蛙屬於哪類動物，他也必須裝作知道。」

對名譽的「情義」就是維護人的名譽不受玷汙。這類「情義」是由一系列具體的德行構成的，儘管在西方人看來，很多是相互矛盾的，但在日本人心中則是一致的。因爲不屬於報恩範疇，並不涉及受恩他人，僅僅涉及個人名譽。因此，其主要內容包括：遵守「各得其所，悉安其業」規則的各種繁文縟節，忍受痛苦，從而在專業以及技能上維護自己的名聲。對於這種來自名譽的「情義」，日本文化並沒有一個單獨的詞語表示，只是把它劃分到報恩的範圍外。對此應該在這個基礎上對待，而不應該根據下述現象分類：對社會的「情義」來自對善意的回報義務，而對名譽的「情義」則是一種復仇行爲。在西方文化中，上述兩者被直接看作是對立的兩個方面，也就是感激與報復，日本人則完全不這樣認爲。爲什麼一種德行既包括對他人善意的反應，又同時包括對他人的惡意以及輕視的反應呢？

這就是日本人的認知。一個正派人對恩情和侮辱都要做出同樣強烈的反應，要全力加以回報。跟西方人不同，日本人把這二者是分開來的，一種被稱之爲侵犯，一種則不屬於侵犯。在一個日本人看來，只有「情義」範圍外的行爲才是侵犯行爲。而只要是屬於對「情義」的遵守，對名譽的維護，就不能看作是侵犯，他不過是在清算舊帳。日本人認爲，凡是自己受到的羞辱、誹謗導致的失敗沒能得到報復，沒能得到昭雪，「世界就不會平穩」。作爲正派的人，需要努力維護世界的和諧，這是做人的美德，而絕非惡的人性。歐洲歷史上曾經有過一些時期，對名譽的「情義」就像日語中那樣，把感激與忠誠結合在一起表達。文藝復興時期，尤其是在義大利這種表達方式曾經十分流行。這跟古典時期的西班牙的el valor

Español（西班牙式的勇敢），還有德意志的die Ehre（名譽）十分類似，甚至在潛意識中類似於一百多年前在歐洲流行的決鬥行爲。無論是在日本還是歐洲，凡是這類看重名譽昭雪的道德觀占優勢的地方，道德的核心一般都超越物質利益。一個人如果是因爲爲了維護自己的名譽而犧牲了財產、家庭甚至自己的生命，就能得到人們的認可，被看作是道德高尚的人。也就是說對名譽的維護成了道德的一部分，構成這類國家提倡的「精神」價值的基礎。正是在這一點上，與充斥美國人生活的激烈競爭與公開對抗形成鮮明對比。在美國的某些政治與經濟交往活動中，對保有並沒有限制，但獲取與保持獲取物一定是一場戰爭。像肯塔基山中那些居民之間的械鬥僅僅是例外，在那一帶盛行的名譽觀念，就屬於「對名譽的情義」範疇。

但「對名譽的情義」以及隨之產生的敵意與報復行爲，絕不是亞洲大陸上的道德特點。它並沒有任何東方氣質。中國人沒有這種特點，泰國人、印度人也沒有。對他人的侮辱與誹謗，中國人會看作是「小人」行爲，也就是道德低下，也就是說並沒有把對名譽的敏感看作是高尚理想的組成部分。中國的倫理道德認爲，一個人突然開始使用暴力，對自己遇到的侮辱與誹謗進行報復，是錯誤的行爲。對這樣的神經質，他們會覺得很可笑，也不會決心用各種善良或了不起的行爲來證明誹謗是錯誤的。而泰國人根本不會在意這類侮辱。他們跟中國人一樣，寧願讓誹謗者感到尷尬，也不會因此認爲自己的名譽受到損害。他們認爲：「容忍退讓是暴露對手卑鄙最好的武器。」

想要理解這種「對名譽的情義」概念，就得全面考慮到日本的各類非侵犯性的道德標準。復仇只是在特定場合所要求的此類德行的一種，另外還有沉靜、克制等。一個穩重成熟的日本人要懂得堅韌與自我克制，這也是他「對名譽的情義」的一部分。女性分娩時可以大聲喊叫，男人則不能在痛苦和危險時如此，他必須保持不爲所動。在遭遇洪水時，每個日本男人都需要準備好必需品，然後尋找到躲避洪水的位置，絕不能亂喊亂動，顯得驚慌失措。這樣的克制在秋分時節颱風來臨時，看得最清楚。這樣的行爲屬於日本人自尊的一部分，即使是不能完全做到。在日本人眼裡，美國人的自尊不要求自我克制，這種自我克制在日本人心中還具有地位愈高，責任愈重的意思。在封建時代，對武士的要求是規定，對平民的要求只是一種生活的準則。這也就是說，武士要求能忍受極端的肉體痛苦，而平民則要忍受武士的侵害。

日本歷史上有很多講述武士的堅韌不拔的故事。作爲武士，必須要能吃苦耐勞，首先是要能忍饑挨餓，這是最基本的要求之一。當一名武士受命要他即使是快餓死了也要裝作剛吃完飯的樣子時，他會口含牙籤慢慢剔牙。俗語說：「雛鳥爲求食而鳴，武士因饑餓而口含牙籤。」在這次戰爭中，這成了日本士兵的格言。他們不能向痛苦屈服。就像那位少年回答拿破崙一樣：「受傷了嗎？」「不，報告陛下，我被打死了！」一名武士在臨死前不能流露出絲毫的害怕與痛苦。一八九九年去世的勝伯爵①說過，他雖然出身武士之家，但家境貧寒，小時候被狗咬傷睪丸，當醫生爲他做手術時，他父親把刀尖頂在他的鼻尖上對他說：「不許哭！要是哭，我就殺死你，你要不愧於一名武士。」

「對名譽的情義」還要求一個人的生活與他的身分相符，否則就會喪失自尊。德川時期的取締奢侈令對人們的穿著進行分類，並對財產、生活用品都做詳細的規定。接受這類規定的前提就是按照各自身分生活，這也被看作是一個人的尊嚴的表現。對此類來自等級制的法律，美國人感到非常吃驚，在美國，自尊始終是與提高自己的社會地位緊密相關的。那種一成不變的諸如取締奢侈令之類的法令，恰恰是在對美國社會基礎的否定。日本的德川時代某一等級的農民可以給他的孩子買某一種洋娃娃，而另一等級的農民則只能給他的小孩買另外一種娃娃，對此，美國人感到不寒而慄。然而在美國，憑藉不同的規則，也能得到同樣的結果。我們理所當然地認爲：工廠主的孩子可以有一列電動火車，而佃農的孩子有一個用玉米棒做的娃娃就該心滿意足了。我們承認收入的差異，並認爲這是合情合理的。美國自尊自重的一個重要部分就是要不斷提高自己的收入。布娃娃的好壞只是由收入的高低決定的，它並

① 勝海舟（一八二三—一八九九）；幕府末年、明治初期的日本政治家、軍事家。歷任幕府陸軍總裁、明治政府外務大臣、兵部大臣以及海軍卿等。

不違背我們的道德價值觀。有錢的人理所當然可以給孩子買高級布娃娃。而在日本，有錢會使人產生困惑，安分守己才是讓人放心的。即使在今天的日本，不論窮人還是富人，只有在遵守現有的等級制規定的基礎上，才有可能保持住自尊，對此美國人完全無法理解。法國人托克維爾（Tocqueville）在一八三〇年前文被引用過的那部著作中指出了這點。雖然十九世紀的托克維爾對美國的平等制給予高度的評價，但他仍然只對貴族生活情有獨鍾。他認爲雖然美國有很多特有的美德，但卻缺乏眞正的尊嚴。他說：「眞正的尊嚴就在於各安其分，不卑不亢。上至王子，下至農夫，皆應如此以自許。」對日本人的態度，托克維爾一定能理解，那就是階級差別本身並不是不體面的。

今天，在對各種文化進行了客觀研究時，人們發現不同的民族對「眞正的尊嚴」有不同的定義，就像各自對屈辱會做出不一樣的解釋。有些美國人叫嚷，只有由我們在日本推行這種美國式的平等原則，日本人才可能獲得眞正的自尊，而他們這是犯了民族自我中心的錯誤，如果這些美國人眞的如所說的那樣，希望有一個自尊的日本，那麼首先他們就必須搞清楚什麼是日本人的自尊的基礎。和托克維爾一樣，我們也認識到以前的那種貴族制度的「眞正尊嚴」正從近代世界中消逝，我們相信，另一種更加優越的尊嚴正在慢慢形成並取而代之。但今天的日本只能依靠在自身基礎上的重建來獲取新的自尊，而不是在我們的基礎上重建，只有這樣，它才能獲得提升。

「對名譽的情義」，除了要求每個人要搞清楚自己的身分外，它還要求履行其他各種義務。借款人在借錢時可以把自己「對名譽的情義」抵押給債主。直到二、三十年前，借款人都要向債主表示：「如果還不了債，我願在大庭廣眾面前受人恥笑。」實際上，即使沒還清債他也不會眞的受到公開羞辱，因爲日本沒有當眾揭醜的慣例。但是，在新年來臨之際，借款人必須還清所有債務。否則他只能自殺，以此來「洗刷汙名」，至今，仍有一些人會選擇在除夕之夜自殺挽回名譽。

所有職業性的責任都與「對名譽的情義」相關。在特定情況下，當一個人成爲眾矢之的，備受責難時，日本人的要求往往非常奇特。比如，很多學校的校長因爲學校遭受火災而引咎自盡。實際上這些校長對火災的發生沒有任何責任，僅僅是因爲火災使得懸掛的天皇御照受驚。還有一些教師爲搶救天皇御像，衝入火中被活活燒死。他們的死，證明他們是多麼珍視「名譽的情義」，證明他們對天皇是多麼的「忠誠」。有一些這樣的流傳，有些人在莊嚴捧讀天皇教育敕語或軍人敕諭時，因爲一時口誤而讀錯，竟以自殺來洗刷汙名。在當今天皇的統治下，也有人因一時不愼，誤把自己小孩也起名爲「裕仁」，於是殺死自己的兒子並自殺謝罪。

在日本，一個專業工作者對其專業名譽的「情義」要求是十分嚴格的。但這種嚴格卻不一定是美國人所理解的那種要保持技術水準上的高度專業水準。日本的教師會說：「爲了保全教師的名譽，不允許我對學生說不知道。」意思是，即使他不知道青蛙屬於哪類動物，他也必須裝作知道；即使一個英語老師只在學校學了幾年的基礎英語，他也不能容忍別人來訂正他的錯誤。對「教師名譽的情義」指的正是這種對自己所從事的職業的自我防禦性；實業家也是如此，「實業家名譽的情義」決定了他不能向任何人透露公司的資金運轉不良，也不能向外界宣布公司的某項計畫已經失敗；外交家出於「情義」也不能承認自己某項外交方針的失敗。所有有關「情義」的定義，都把一個人跟他的工作高度畫上等號，任何對某人行為或能力的批評，自然變成對他本人的批評。

日本人這種對失敗和無能之類不名譽的反應，在美國也一樣不斷出現。比如有些人一聽到誹謗就會氣得發狂，但美國人很少會像日本人那樣高度自我防禦。如果一位教師不知道青蛙的種屬，他會覺得老實承認自己的無知要比硬裝知道好得多，雖然在剛開始他也很可能想掩飾自己的無知。如果實業家對自己設計的方案不滿意，他會考慮再進行另外一種新的設計，他不會固執地認爲，要保持自尊就必須堅持自己的一貫正確，而一旦承認自己錯誤，就必須辭職或退休。然而在日本，這種自我防禦是根深蒂固的，不在太多人面前承認自己的過錯，既是一種禮節，也是一種智慧。

這樣的敏感性在一個人與他人競爭失敗時，表現得格外顯著。比如，就業面試時錄用其他應聘者，或者自己在激烈的競爭考試中被淘汰，失敗者會因失敗而感到「羞恥」。這種羞恥感有時會激發起發憤圖強的勇氣，但更多時候則是帶來危險的沮喪。他要麼喪失自信，憂鬱不振，要麼勃然大怒，或者兼而有之。他覺得自己的努力受到挫敗，一切都是沒用的。對美國人來說，最重要的是要認識到，競爭在日本並不會發揮像在美國那樣積極的作用。在美國，人們把競爭看作是一件好事，並對它高度依賴。心理測試的結果也證明，競爭可以刺激人們更出色地完成工作。在競爭的刺激下，人們的工作效率更高。事實上，當我們獨自一人工作時，就無法達到在競爭者在場時的效率；而在日本，心理測驗的結果卻正好相反。這種現象在人們的少年時期表現得尤爲顯著，因爲日本的兒童把競爭看作是遊戲，對它並不怎麼在意。而對青年和成年人來說，一有競爭他們的工作效率就會降低。在日本，人們單獨工作時很少犯錯，因而速度也相應提高，一旦有了競爭在場，就容易分散注意力，因而也就容易犯錯誤，工作效率也就下降。當日本人用自己的成績來衡量自己的進步時，他們做得很好，但如果是和他人對照測試，結果就會相反。幾位日本的實驗者對競爭狀態下的不良表現的原因認眞分析，他們的結論是：如果一件工作採取競爭的方式，被測試者的思想就會集中到擔心失敗上，從而造成工作效率的下降；他們對競爭對手格外敏感，覺得自己受到了侵犯，因而注意力轉移到了侵犯者身上，無法專心工作。②

測試顯示，接受這種測試的學生，大多數擔心失敗並因此蒙羞，心理上受到很大影響。正如教師、實業家各自要保持自己專業上的「名分的情義」，學生們也十分重視自己的「名譽的情義」。在學生組競賽中輸的一隊會因爲受到恥辱感的驅使，採取非常行動。賽艇

② 測試報告，見Ladislas Farago, *The Japanese: Character and Morale.*

運動員會撲在船上號啕大哭；輸了的壘球隊員會聚在一起失聲痛哭。在美國，我們會說這幫傢伙氣量太小，美國人的禮節是，坦然面對失敗向獲勝者表示祝賀；無論多麼不喜歡比賽，我們也會看不起那些輸不起並情緒衝動的人。

日本人會時常想方設法規避競爭，他們的小學幾乎看不到競爭，這讓我們感到很奇怪。日本的教師被命令要讓每一個學生都獲得進步，不能提供機會讓學生跟其他同學比較。在日本，不存在留級重讀的制度，一起入學的學生必須一起畢業。在小學生成績單上，記錄的是學生的操守品行，而不是學習成績。當競爭難以避免，例如中學入學考試時，緊張程度可想而知，每個老師都知道一些學生因爲考試失敗而自殺的故事。

這種儘量避免競爭的行爲，幾乎貫穿一個日本人的一生。美國人的最高標準是在同行中透過競爭獲得優異成績，而以「恩」作爲基礎的倫理，則容納競爭的空間很小。日本社會的等級制體系制定有十分細緻煩瑣的規定，把競爭限制在最低程度。同時，家族制也限制了競爭，因爲這種制度本身就不可能允許存在像在美國那樣的父子之間的競爭，他們很可能相互抵觸排斥，但不會競爭。看到在美國一個家庭裡父子之間爲汽車的使用以及對母親、妻子的照料上相互競爭，日本人感到非常吃驚，他們會對此表示自己的費解。

在日本，中介人無處不在，這種習俗也是爲了防止競爭者面對面。當某個人因爲競爭而遭到失敗時，中介人就會立刻介入。在相親、找工作、退職以及其他無數的日常事務中，中介人都發揮著當事者雙方溝通橋梁的作用。在結婚之類的重要事件中，雙方也都各自先找中介人做細緻的溝通，然後再分別向對方傳達另一方的意見。以這樣的方式進行交流，避免當事人直接接觸，不至於在交流中面對難免會聽到的傷害言語，從而造成對「名譽情義」的損害。中介人也會因爲他自己的成功斡旋博得好感與尊敬；由於中介人的介入和斡旋，事情順利進展並取得期望結果的概率也就隨之增加。另外，中介人還以同樣手段來幫助求職者打探雇主的招工意圖，或將雇員的辭職意圖轉告給雇主。

爲了盡可能避免造成羞辱，從而引起有關名譽的情義問題，日本社會制定各種禮節禮儀，以便把矛盾控制在最小範圍內。日本人認爲，主人在迎接客人時必須換上新衣並按一定的禮節來接待。因此，如果去拜訪農民時發現他還穿著工作服，拜訪者就必須先在外面稍待，在換上適當衣服並安排好適當禮節前，那個農民是不能出來迎接客人的。甚至主人就在客人所在的同一間屋裡更衣，在沒有打扮齊整前主人不和客人搭腔，彷彿客人根本不在場。在農村，有一種年輕男子在夜深人靜，女子已經就寢時，前去拜訪的習俗，對年輕男子的求愛，女子可以接受也可以拒絕。但年輕男子要用毛巾蒙上自己的頭，這種裝扮並不是爲了怕女子認出，而是一種鴕鳥式的小技巧，是爲了遭到拒絕後不至於感到羞恥，日後再見面時他也不必承認。另外，日本人還有一種禮節性要求，那就是除非有足夠成功的把握，對任何計畫都盡可能不聞不問。比如在談婚論嫁時，媒人重要的任務之一是要在雙方沒有確立婚期前，使盡手段讓未來的新娘、新郎以一種特別偶然的方式會面。因爲如果在這個階段就公開意圖，萬一後來雙方談不妥，就勢必會損害一方或雙方家庭的名譽。在相親時年輕的男女都要分別由自己的父、母，或雙親陪同，這時媒人就扮演主人（或女主人）的角色。最一般的做法就是安排男女雙方去參觀每年一次的菊展或櫻展，或者去比較著名的公園或遊樂園等等，這樣雙方就可以裝作是「偶然」「碰」到的。

透過以上的種種方法，日本人避免因失敗而引起的恥辱。雖然強調在受辱後有義務要洗刷汙名，但在實際生活中，同樣是這種義務，使得他們在處理事務時儘量小心，避免受到羞辱。這點與太平洋諸島上其他部族在洗刷汙名時的做法，有著顯著的區別。

在新幾內亞及美拉尼西亞等地從事園藝的原始民族中，人們遇到羞辱就會憤怒，這成爲部族介入個人行爲的契機。他們在舉行部族宴會時，必定會讓一個村子的人議論另一個村子。說那個村子的人太窮，窮得連十個客人也招待不起；還特別吝嗇，把芋頭和椰子都藏了起來；那個村子的首領們都是些蠢貨，蠢得連宴會都組織不起來等等。爲了迎接挑戰，另外那個村子就會開始炫耀自己的豪奢和大方，他們就大辦特辦一場宴會，請來眾多賓客，讓來的客人都驚訝，從而洗刷汙名。提親和經濟交易也是如此，雙方交戰時，敵我雙方在眞槍實彈動武前，必定會先對一大堆雞毛蒜皮的事互相謾罵一番，不管是多麼瑣細的事情，他們也會拚個你死我活，這能成爲行動的一大動力。這些部落通常都極有活力，但不會有人認爲這些部落是崇尚禮儀的。

與此相反，日本人卻是崇尚禮儀的模範。而且，正是由於這些禮儀的存在，才表現出他們如何極力限制那些可能引發對名譽的損害的行爲出現。雖然日本人也會把受到的侮辱轉化爲成功的動力，但他們總是在用一切方法限制受辱情景的出現。只有在特定場合或傳統手段不能奏效時，受辱才會發生。這種受辱的鞭策，對日本在遠東取得統治地位起了一定作用，並使得他們在十年內成功推行對英美戰爭的戰略。然而，西方人在談到日本人對受辱的敏感度，以及他們對復仇的熱衷時往往會說：那種在新幾內亞部落中知恥而後勇的例子，才最適合日本人。西方人在預測日本戰敗後的反應時之所以會不切實際，就是因爲他們沒意識到，日本人在提到對名譽的「情義」時，其實往往還加有很多特定的限制。

我們不能因爲日本人崇尚禮儀，就想當然去評判他們對誹謗的敏感度。美國人時常把隨意對他人加以評論視同遊戲。因此我們很難理解爲什麼日本人會把一些輕微的批評都當作是不得了的大事。日本畫家牧野義雄在自己的英文自傳中，繪聲繪色地描述了一個日本人對他所說的「嘲弄」會做出的反應。寫這部自傳時，牧野義雄在歐美已經度過他的大部分成年時代，但那樣的感受依然強烈，就好像他仍然是生活在自己的故鄉——日本愛知縣的鄉下。他出生於一個很有地位的地主之家，是家中的幼子，從小就受到家人的寵愛，但就在他的童年即將結束時，他的母親不幸去世，那之後不久，父親也遭遇了破產，爲了償還債務，變賣全部家產。從此家道中落，牧野也一下子身無分文，沒法去實現自己的那些理想，其中一個就是學習英語，爲了學習英語，他不得不到離家不遠的一所教會學校當門房。十八歲前，他最遠也未超過家鄉周邊的幾個鄉鎮。但那時他已下決心要去美國。

我去拜訪了一位我最信賴的傳教士，向他表明了自己想去美國的願望，希望他能給予我一些相關知識上的幫助。但我非常失望，這位傳教士竟然喊道：「什麼？你想去美國？」當時傳教士的夫人也在場，兩人一起嘲笑我！就在那一瞬間裡，我感覺到血液全都流到了腳下，我在那默默站了兩、三秒鐘，連聲「再見」也沒說就返回自己的房間。我自言自語道：「一切都完了！」第二天一大早我就離開了。現在我要說一說我會有那種反應的原因。那之前我一直都堅信，世界上最大的罪惡就是對人不誠懇，而嘲笑他人就是最大的不誠懇。

人們時常會對我發脾氣，但對此我從不生氣，因爲人總是會有生氣的時候；人們向我撒謊時，我一般也能原諒，因爲我知道人性是很脆弱的，在面對困難時經常因爲不夠堅強而害怕說眞話；對於那些流言蜚語我也能原諒，因爲人在聽別人說閒話時，很難避免不參與。

甚至對殺人犯，我一樣可以體諒。但對於嘲笑，我卻無法原諒。因爲人只有在自己待人不眞誠時，才會嘲笑無辜者。

在這裡，請允許我說說自己對兩個詞的認識。殺人犯：傷害他人肉體的人；嘲笑者：傷害他人心靈的人。

> 心靈遠比肉體寶貴，因此嘲笑別人才是最嚴重的犯罪。事實上，那對傳教士夫婦是在傷害我的心靈，我的心因此遭到劇創，它在吶喊：「爲什麼你們要……？！」③

就是出於這樣的原因，牧野才會第二天一大早就收拾行裝離去。

他感到自己被嚴重傷害，僅僅只是因爲一個鄉村少年，想要去美國學畫畫，就遭到那位傳教士夫婦的嘲笑。他覺得自己的名譽受到侮辱，而只有實現自己的夢想，才能洗刷掉這種侮辱。對於傳教士的嘲笑，他認爲自己唯一能做的就是離開，然後證明自己有能力去美國。他指責傳教士時所用的英文單詞是insincerity（不眞誠、不誠懇）。這讓我們感到很難理解，因爲在我們看來，那位傳教士對他的要求的驚訝是符合sincere（誠實、正直）的詞義的。而牧野先生是按日本人的理解在看待這個詞語。日本人認爲甚至都不屑和別人爭吵的人是因爲蔑視對方，是不誠實、不正直的表現。對一個日本人來說，這種嘲弄的態度是非常放肆、無禮的。

牧野說：「甚至對殺人犯，我一樣可以體諒。但對於嘲笑，我卻無法原諒。」既然「原

---

③ 摘自牧野義雄（Yoshio Makino）《我的童年》（*When I was a Child*）一書。

諒」不是對嘲笑的正確態度，那麼唯一可行的就是報仇。牧野到了美國，也就等於是洗刷受到羞辱的名譽。在日本文化中，如果遭到別人的羞辱，那麼「報仇」就變成一件「好事」，在日本傳統中這種行爲享有很高地位。那些透過寫書向西方人傳播日本文化的日本作家，常常使用生動的比喻來描寫日本人對待復仇的態度。富有博愛思想的日本作家新渡戶稻造在他一九〇〇年所著的一本書中這樣寫道：「復仇具有某種能滿足正義感的東西，我們的生活就像數學中的方程式那樣，只有復仇才能使方程成爲等式。否則，我們的內心會總感到壓抑。」④

岡倉由三郎在《日本的生活與思想》一書中，在把復仇與日本一種獨特的行爲習慣作比較後寫道：「所謂日本人的心理特異性，很大一部分是來自日本人喜愛潔淨、討厭汙穢的緣故。否則很難解釋這種現象。我們從小就被訓練成（實際情況就是如此）一旦遇到對家庭名譽的羞辱或是對國家榮譽的羞辱，就會看作是遭到猶如疥瘡似的侮辱，必須要加以申辯洗刷，否則就難以恢復清潔與健康一樣。對那些在日本社會公私生活裡常見的復仇現象，完全可以看作是一個喜歡潔淨的民族所進行的晨浴。」⑤

---

④ Nitobe, Inazo, *The Soul of Japan.* 新渡戶稻造：《日本的靈魂》。

⑤ Okakura, Yoshisaburo, *The Life and Thought of Japan.* 岡倉由三郎：《日本的生活與思想》。

他接著說，「日本人過著清淨無塵的生活，猶如盛開的櫻花，美麗而安靜。」換言之，「晨浴」就是洗淨別人向你投來的汙泥，只要你身上沾上了一點，就會有不貞潔存在。日本人是沒有這樣的倫理觀的，也就是一個人只要自己不覺得受辱，就不能算是受辱了；他們也不會有「人必自侮而後人侮之」的信念。

日本的傳統文化公開宣導這種「晨浴」式的復仇理想。對此，有很多事例與家喻戶曉的英雄傳說，其中最膾炙人口的莫過於《四十七士物語》。這些故事被編入教科書、編成戲劇、拍成電影、印成通俗讀物，成爲日本文化的一部分。

這些故事有很多是描寫人們對偶然失敗的敏感。例如，有一位大名讓他的三個家臣一起來猜猜他的名刀是誰打造的。這三人各自說出一個名字，在專家做出鑑定後，只有名古屋山三準確說出刀是出自「村正」，另外兩位家臣覺得自己受到羞辱，就想要找機會殺掉山三，其中一人趁山三熟睡時用山三自己的刀刺殺山三，但山三並未被刺死。那兩人不甘心，一直尋機復仇，最終把山三殺了，實現了所謂的「情義」。

還有一些故事是有關家臣對自己的主君實施復仇的。按照日本的倫理觀，「情義」意味著家臣對自己的主君的終生效忠，但這同時也意味著，當家臣感到受到侮辱，也必定會向主君復仇。有關德川家康的一個故事就是很好的例子。家康的一位家臣聽說，家康曾在背後說他是個「會被魚骨頭卡死的傢伙」、「會是一個死相很難看的人」，這對武士來說是莫大的侮辱，於是這位家臣發誓，至死也不能忘記這等羞辱。當時，德川家康剛剛定都江戶，開始著手全國的統一，於是，這位家臣暗中勾結敵對諸侯，策劃內應，縱火燒毀江戶。在這位家臣看來，他這是在行使自己的「情義」向德川家康報仇。之所以很多西方人關於日本人的忠誠的看法不切實際，正是因爲他們不了解日本人的「情義」觀除了忠誠外，也包括特定條件下的背叛，正如日本人自己說的那樣，「挨打後會成爲叛徒」，當然受到羞辱後也會。

日本歷史故事中的兩個主題是：一個是犯錯者向沒有犯錯人的報復；還有一個是受到了羞辱，不論羞辱自己的是誰，都必定要加以報復。這兩個主題在日本文學作品中屢見不鮮，情節也多種多樣。但認眞考察一下當今日本人的身世、小說及實際記錄，眞實的情況就會漸漸清晰。儘管古代日本社會崇尚復仇，但在當今的現實生活裡，跟西方社會一樣很少見到復仇行爲，甚至比起西方還要少，但這並非意味著日本人的名譽觀發生改變，或者看淡個人名譽，而是他們對失敗和羞辱的反應日趨自衛性而非主動攻擊性。今天的日本人依然對恥辱敏感，僅僅是處理方式愈來愈多採取自我麻痺。明治之前，日本是一個缺少法律的社會，直接攻擊方式的報復可能性更大。進入近代後，社會的各種法律法規日趨健全，同時報復所帶來的經濟上的損失也愈來愈難以承受，因此復仇的行爲更多變成了隱蔽的行爲，要不就採取自虐形式。人們開始採用計謀施加報復，同時避免被對象發覺，這多少有些類似古典故事中，主人把糞便藏在食物中請仇人享用的意味。這樣做的目的就是要讓對手不知道自己受到報復。如今連這類隱蔽的攻擊行為也很少見，人們更多是採取自虐手段。這裡有兩種選擇：把羞辱看成是鞭策，是激勵自己的手段，讓自己完成「不可能完成的事」；再就是讓這種羞辱傷害自己的心靈。

由於日本人對失敗、誹謗或排斥等很敏感，因而很容易恨自己、怪自己沒用，而不是去恨別人。日本小說最近幾十年來一再描寫那些有教養的人如何在極端憤怒與抑鬱之間輾轉。小說的主人公厭煩一切、厭煩日常生活、厭煩家庭、厭煩城市、厭煩鄉村；他們的厭倦感並不是由於未達到理想，也就是說與理想的宏偉目標比起來，自己的一切努力都顯得微不足道，這種厭倦感不是來自現實與理想的對立。要知道日本人一旦有使命感，不論這個目標有多遙遠，厭倦情緒就會馬上消失。其實，日本人這種特有的厭倦情緒來自他們性格裡的敏感與感傷，他們把被摒棄的恐懼導入自己的內心，失去前進的方向。一般來說，日本小說裡的厭倦心理，跟我們所熟悉的俄國小說不一樣，在俄國小說中，現實與理想的對立是小說人物所有苦悶體驗的基礎。喬治．桑塞姆爵士（Sir George Sansom）曾說過，日本人缺乏這種現實與理想的對立感。他這樣說，不是為了說明日本人容易厭倦的根由，而是為了解釋日本人的哲學觀的形成，還有他們對人生的態度。的確，這種不同於西方的基本觀念，超出本書討論的特定範疇，但卻與日本人容易憂鬱這點有著特殊的關聯。日本人跟俄國人一樣，喜歡在小說中描寫厭倦與憂鬱，這跟美國形成鮮明的對比，美國小說大多數不會涉及這類題材。美國小說往往把書中人物的不幸歸咎於性格缺陷或社會的冷酷，但很少單純描寫厭煩。描寫一個人與環境不協調總有一個原因，作者總是讓讀者從道義上責備主人公的性格缺陷或社會秩序中存在的弊端。日本也有無產者小說，譴責城市中可悲的經濟狀況以及漁船上的恐怖事件。但正如一位作家說的，日本的小說所暴露的是這樣一種社會，在這個社會裡，人們的情緒就像有毒氣體在彌漫。不論小說的主人公還是作者都不認爲有必要解析環境或經歷，以便弄清陰霾從何而來，這種情緒說來就來，然後又悄然而去，感傷似乎就是人們與生俱來的。與古代英雄慣於向敵人發起攻擊比，現代日本人則把這種攻擊轉向自己。在他們看來，憂鬱不需要理由，雖然人們有時也找些事當作原因，但更多情況下這些事只不過是一種象徵。

自殺是現代日本人採取的最極端攻擊自己的行爲。他們覺得用比較得體的方法來自殺，可以洗刷汙名並給世人留下一個好的印象。美國人譴責自殺，認爲自殺不過是人因徹底絕望而屈服後，試圖自我毀滅的手段。日本人則認爲自殺是一種光榮的、有意義的行爲，是值得尊重的，在特定情況下，從「對名譽的情義」角度來看，自殺是一種最體面的方式。年關時還不了欠債、因爲事故引咎的官員、殉情的戀人、以死抗議政府不願發動對中國的戰爭的所謂愛國志士等等，無不跟那些因考試不及格或者不願當俘虜的士兵一樣，把自己變成自己暴力的最後對象。有些日本權威說，這種自殺傾向是最近才在日本出現的，但很難判斷這是否是事實。統計數字顯示，分析人士們過分渲染了日本最近自殺率的上升。按自殺比率來說，其實十九世紀的丹麥和納粹德國的自殺率要比日本任何時代都高，但可以確定的一點是，日本人偏愛自殺這個主題，這就如同美國人對犯罪行為的大肆張揚一樣。跟殺人相比，日本人更喜歡談論自殺，把自殺當成某種愜意的「刺激性事件」（flagrant case）。用培根（Bacon）的話來說，就是對自殺的討論，能讓他們從中獲得別的話題無法給予的心理滿足。

與封建時代歷史故事中的自殺相比，近代日本社會中的自殺事件更富自虐性。歷史故事中武士之所以選擇自殺，很大程度上是為了免遭死刑的羞辱，按照朝廷的命令自殺，這就像西方士兵為了不受絞刑或者不致被敵軍俘獲遭受酷刑而寧願被槍殺。日本武士被批准選擇切腹，和普魯士軍官被允許祕密自殺是一樣的。因為犯罪的普魯士軍官知道除了一死外，沒有任何其他辦法挽回名譽，他的上級會在他臥室的桌上放上一瓶威士忌酒和一把手槍。日本的武士也是一樣，死是必然的，只不過選擇死亡的方式不同。在封建時代，自殺行為是最終展現一個人的勇敢與決斷，今天則是選擇自我主動毀滅。在最近的幾十年時間裡，日本人只要感到「世界混亂」、「方程式等號的兩邊不對等」，需要「晨浴」清潔自己，就會更多選擇毀滅自己，而放棄對他者的攻擊。

把自殺當作是最後的論據來證明自己，儘管任何時代都存在，但在現代則有所變化。在日本有這樣一個著名的故事，在德川時代，幕府一位德高望重的顧問擔任將軍監護人的職務，在一次推薦將軍人選的事情中，他曾經在其他顧問官和將軍代理人面前袒腹抽刀，威脅說如果不採納他的意見，他就要以切腹來表明自己的忠心，最後這種威脅手段奏效了，他推薦的人順利繼承了將軍職位。這位將軍監護人既達到了自己的目的，也不用再自殺了。西方對此的說法是，這位監護人是在用「切腹」脅迫反對者；而在現代，這種抗議性的自殺行為已不再是一種談判手段，它最多也只能算是為主義殉身。因為當時的多數情況是他所提主張未被採納，或他自己反對的某些條約已經簽字生效了（如倫敦海軍裁軍條約）。在這種情況下，為了表達自己的反對意見並影響輿論，他只有選擇眞的自殺，而不是擺擺架勢嚇唬人能奏效的。

現在一種趨勢是人們在自己「名譽的情義」受到威脅時，傾向於把攻擊的矛頭對準自己，不過並不包含自殺這類極端手段。自我攻擊更多的表現形式是沮喪、消極以及在日本知識分子中流行的厭倦情緒。這種情緒之所以在這個階層中廣泛蔓延，是有它充分的社會學原因的。現在知識分子普遍過剩，他們在等級制中缺乏安全感，只有相當少數的人能夠大展宏圖。特別是在一九三〇年代，當局懷疑知識分子中存在「危險思想」，這使得這個階層的人越發受到傷害。日本的知識分子經常把自己受到挫折的原因歸咎於西方，認為是西方造成了混亂，但這種說法毫無根據。情緒的波動最典型的形式就是從強烈的獻身精神變為極度的厭倦，知識分子蒙受這類心理損傷是日本社會傳統所固有的。一九三〇年代中期，他們中間很多人也是採用傳統方法來擺脫厭倦情緒，很多人樹立國家主義的目標，把內心的挫折轉移到對外的攻擊，正是從對外的侵略中，他們重新「發現了自己」。透過這種方式，他們擺脫了內心的沮喪與消極，獲得了一股新的力量。他們相信自己在人際關係上無法做到的，在對其他民族的征服中能做到。

如今戰爭的結果宣告日本人這種信念的破產，因而日本人再次陷入心理消沉中，不管怎麼想，他們都很難擺脫這種心情。它過於牢固、很難消除。一位東京的日本人說：「再也不用擔心炸彈，這眞是一次大解脫，但不打仗了，我們也失去了目標。人人都不知道該做什麼，我也是一樣，還有我老婆也是。現在所有日本人都像是醫院裡的病人，做什麼都慢吞吞的，非常茫然，都在抱怨政府的戰後救濟善後工作進展緩慢，我想應該是那些官僚們和我們有一樣的心情吧！」這種危險的麻木狀態跟法國解放後差不多。德國在投降後最初的六至八個月裡這類現象還沒出現，但在日本首先成了問題，對這種反應美國有充分的理解，但日本對占領國的友好卻令人吃驚。這種情形幾乎是與戰爭的結束同步出現的：日本人坦然接受戰敗的結果，他們對美國人的到來鞠躬致意、面帶微笑，甚至發出了歡呼。看上去日本人的表情沒有絲毫壓抑，也聽不到他們任何的抱怨。用天皇投降詔書裡的話來說，那就是他們已經「忍所難忍」。問題是，在被占領的情況下，他們完全有機會馬上開始重建，但他們卻並沒有這樣做。占領軍沒有對每一座村莊都實施占領，基礎的行政管理仍然掌握在他們自己手裡。這樣的情形讓人覺得整個民族都在笑臉相迎某個無關的事或人一樣。但正是這個民族，在明治初年實現了維新的奇蹟，在一九三〇年代舉國動員開始軍事征服，也正是他們的士兵們，在整個太平洋地區不顧一切、一個島嶼一個島嶼地作戰。

這個民族並沒有變。他們依然是按照自己特有的方式在應對變化。他們可能有時特別努力，而有時又極度懶散，日本人就是這樣在兩種情緒之間不斷搖擺。當前，日本人主要希望在戰敗後還能保全榮譽，而且他們認爲採取友好態度是達到這一目的最好辦法。同時，很多日本人則認爲依賴美國是最安全的，既然要倚仗美國，努力、積極反而有可能招人猜忌，因此還不如表現得消極爲好，在日本國內，當時消極態度蔚然成風。

但日本人絕不會長久沉溺於這樣的消極中。「自己從消沉中站起來」、「把別人從消沉中喚醒」，這既與當前日本提高人民生活的目標一致，也和戰爭期間那些宣傳辭令吻合。日本人正在用自己的方式與消極無爲交戰著。一九四六年春天，當日本報紙宣揚「全世界的目光正在注視著我們」時，日本卻到處都是狂轟濫炸後的廢墟，很多公共事業處於癱瘓狀態，這對日本的名譽傷害很大！日本人還對那些無家可歸的難民大加責難，說他們意志消沉，居然選擇夜宿車站，讓美國人看他們的可憐相。日本人很能理解這樣的呼籲是爲了保全日本人的名譽，而且每個日本人都希望傾注最大努力，將日本打造成一個在聯合國組織裡有影響力的國家；那也是爲了名譽，但方向卻完全不同。如果未來大國間能保持和平，日本是能走上一條自尊自重道路的。

對日本人來說，名譽才是最終目的，這是獲得他人尊敬的前提條件。至於採取何種手段來實現這一目標，則要根據具體情況來取捨；他們會審時度勢選擇態度，這不能算是一個道德問題。相對於日本人，我們更熱衷於所謂的「主義」，信奉意識形態的信念，我們不會因爲失敗而改變我們的信念。看看戰敗後的歐洲，到處都有地下組織的活動，而在日本，除了極少數極端分子，根本很少存在地下組織抵制美國的占領，他們不覺得有必要堅持自己舊的方針。僅僅幾個月後，占領日本的美國人就能安全乘坐擁擠的火車去最偏僻的鄉村旅行，而完全不需要擔心自己的安全。到達目的地後，還會受到當地官員的熱情接待，至今在日本還未發生過任何針對美國人的報復事件。當美軍的吉普車穿過村子時，孩子們會站在道旁高喊Hello（你好）、Good-bye（再見）。嬰兒自己不會招手，母親就抱著他用他的小手向美國士兵揮舞致敬。

日本人戰爭前後這種一百八十度的轉變，讓美國人感到難以理解，我們知道自己是絕對無法做到這樣的。這樣的情形甚至比俘虜營裡的那些日本俘虜態度的變化，還要讓我們感到困惑。要知道那些俘虜認爲對於日本這個國家，被俘後自己就等於是已經死亡了的。既然是「死人」，那麼我們自然就很難知道他們會做些什麼；那些了解日本人的歐洲人士，也幾乎沒有人預測到，日本俘虜的那些性格上的不同表現也會出現在戰後的日本民眾身上。在這些人士看來，日本是一個「只知道勝利與失敗」的民族，並且在他們的感受中，失敗對日本人是毀滅性的羞辱，他們一定會拚死採取暴力的報復。而其中有一些更是認爲，日本民族的民族性格註定了他們不會接受任何投降條款，之所以會這樣，是因爲這些研究日本的學者不懂得「情義」的眞正內涵。因此他們從眾多維護名譽的方式裡，只看到復仇與侵犯的顯性傳統行爲，而沒有考慮到日本人還有著採取別的方式的傳統習慣。他們刻板地把日本人有關侵犯的倫理觀，與歐洲文化的某些習俗混爲一談。在歐洲社會，認爲任何個人與民族首先要確定戰爭的永恆正義性，確定戰爭的動力來自內心的憎恨與義憤後，才會開始發動戰爭。

日本人則依據的是不一樣的理由。日本迫切需要得到世界的尊重。而歷史告訴他們，所有的大國都是靠軍事實力贏得尊敬的，於是他們也企圖採用同樣的手段獲得這樣的尊敬。加上日本資源匱乏、技術落後，他們不得不採用比希律王更加殘酷的手段。當他們爲實現這個目標付出巨大的努力，但最後的結果還是差強人意時，這只能說明武力侵略不是贏得名譽的最好方法。而一般來說，要保全「對名譽的情義」有兩種方法：一種是武力侵略，另一種就是遵守現有的互敬關係。在戰敗之後，日本人便從第一種方法迅速轉向第二種方法，而且他們在心理上沒有任何壓力，因爲他們覺得這一切都是爲了名譽。

在歷史上，日本有過類似的舉動，同樣使西方人迷惑不解。一八六二年，日本國內實行閉關鎖國政策。一位名叫理查森（Richardson）的英國人在薩摩遭殺害，於是英國派遠征軍對薩摩進行懲罰。薩摩是日本排夷運動的策源地，薩摩武士傲慢、好戰在整個日本是聞名的。英軍炮轟薩摩藩的重要港口鹿兒島，日本雖然在整個德川時代都在製造武器，但都是仿造舊式的葡萄牙槍炮，因而這次炮擊的結果出人意料。在戰敗後，薩摩藩不但沒有要報復，反而迅速尋求與英國建立友誼。薩摩藩的日本人親身體會到敵人的強大，並希望能向敵人學習。隨即，他們就與英國建立通商關係，並於次年在薩摩建立學校。據當時一位日本人回憶：這所學校「講授西方科學的奧義，……因生麥⑥事件而開始的關係也得到持續發展」。所謂生麥事件就是指英國為懲罰薩摩而炮轟鹿兒島港。

這在歷史並不是單一的事例。在日本，另外一個可以與薩摩藩相媲美，也同樣驍勇好戰的藩是長州藩。這兩個藩都是培養「王政復古」勢力的溫床。一八六三年的陰曆五月十一日，當時已經沒有實權的天皇曾發布一道敕令，命令將軍把所有蠻夷趕出日本國土。當時的

⑥ 英國人應該是在生麥遭到殺害的。生麥是一座村子，位於橫濱市，不是在薩摩。當時的情況是薩摩的藩軍正列隊通過生麥村，英國人理查森想要橫穿佇列，引起糾紛被殺。這裡所指的戰爭應該是「薩英戰爭」，而不是生麥事件。

幕府沒有理睬這道命令，而長州藩則決定履行天皇的命令。它要對每艘通過下關海峽的西方商船開炮。由於日本的火炮和火藥品質低劣，外國船隻並未遭受太大損失，爲了懲罰長州藩，西方國家迅速組建一支聯合艦隊，並摧毀長州藩的要塞，還向日本索取三百萬美元的戰爭賠償。出人意料的是這次炮擊帶來了與薩摩藩同樣奇妙的結果。諾曼在談到薩摩事件和長州事件時曾這樣寫道：「不管他們背後的動機多麼複雜，這些曾經是排夷急先鋒的藩，都在短時間內發生急劇變化，這證明他們的現實主義與冷靜。對此，我們表示敬意。」⑦

這種務實的現實主義正是日本人「對名譽的情義」光明的一面。像月亮一樣，「情義」也有其光明面和黑暗面；它的黑暗面在於它使日本人對「美國限制移民法」和「倫敦海軍裁軍條約」極端仇視，認爲這是國際社會對日本民族的極大侮辱，從而將日本捲入了這場不幸的戰爭之中；它的光明面則在於它使日本能以善意平和的心態來看待一九四五年的投降及其後果。其實，日本人自始至終都是按照其性格在行事。

近代日本的著作家及評論家在向西方讀者介紹日本的「情義」時，往往是對「情義」所包含的諸多內容加以選擇加工，最後以「武士道」或「武士之道」的形式塑造了一個日本。有理由說，正是這種介紹才引起人們的誤解。武士道這個正式名稱是近代才有的，它

⑦ 諾曼的《日本近代國家的誕生》一書。

不像「迫於情義」、「完全出於情義」、「爲情義而竭盡全力」等格言那樣能夠激起人們深厚的民族感情，也不像「情義」的具體內容那樣複雜多樣。它是評論家們靈感的傑作，而且，由於武士道與國家主義、軍國主義有著千絲萬縷的聯繫，而現在軍國主義領導人都已名譽掃地，於是人們對武士道也因此有了懷疑。當然，這不是說日本人今後就不再「懂情義」，而是說現在對西方人來說，理解「情義」的眞正內涵比以前顯得更加重要了。把武士道和武士階級畫上等號也是造成誤解的原因之一，「情義」是所有階級都必須遵從的道德規範，在日本，與其他的義務一樣，人的身分愈高，他所承擔的「情義」就愈重；比如，日本人對武士「情義」的要求就要比對平民的「情義」要求高。外國觀察者則認爲，似乎「情義」對普通百姓要求最高，因爲社會對他們的回報最少。在日本人看來，「回報」多少的關鍵在於他在自己那個圈子裡是否受到尊敬，只要受到充分的尊敬，那他得到的回報就是巨大的；而那些「不懂情義」、「無情無義」的人，只能遭到同伴的藐視和厭惡。

第九章　人情的社會

「日本人總是把夫妻生活和性愛的享樂劃分得清清楚楚，兩邊截然不同而且都是被公開認可的。在美國生活中，只有夫妻生活是可以公之於世的。」

類似日本這種強調回報義務以及律己的道德體系，在人們心中一般會將個人的私欲看作是罪惡，是必須要加以剷除的。通常來說，古典佛教的教義也是如此。但很奇怪的是，日本的道德準則卻對感官的享受十分寬容。日本是一個佛教國家，只是在感官享受這一點上，顯然是與佛教背離的。日本人不會責難人對私欲的追求，他們不是清教徒，他們喜歡肉體享樂，認爲那是一件好事，值得培養。但同時日本人認爲享樂必須有節制，不能因此侵害了人生。

這樣的道德準則使日本人的生活經常處於高度緊張狀態；印度人和日本人在容忍感官享樂這點上，存在很多共同語言，而美國人卻往往很難理解這點。美國人認爲享樂是不需要學習的，拒絕感官上的享樂實際上就是在抵禦人性的誘惑。但事實上，感官上的享樂就像責任義務一樣，也是需要學習的。世界上的很多文化都沒有教過人們如何去享樂，甚至連男女間最基本的生理需要也要受到限制，因而人們覺得自己活著更多的是要履行自我犧牲的義務，對自己家庭生活的品質也並不要求很高。在這些國家中，人們的家庭生活主要是建立在另外一些基礎之上的。在日本，人們處於一種進退兩難的境地，一方面人們很鼓勵肉體上的享樂，而另一方面人們又不允許個人沉溺於這種肉體上的放縱。日本人只是把肉體享樂當作藝術加以培養，當品嘗完其中滋味後，又必須全力獻身到義務的履行之中。

洗熱水澡是日本人最喜歡的肉體上的享樂之一，從最貧窮的農民、最卑賤的僕人，到富豪貴族，人們每天傍晚都會到滾燙的熱水中去泡一泡，這已成爲人們的生活習慣之一。在日本最常見的洗熱水澡的方式是用一個木桶裝滿水，下面用炭火把水溫加熱到華氏一百一十度或更高，人們在入浴前必須首先將自己的身體洗淨，然後全身浸入熱水中盡情享受溫暖和舒適，他們在桶中抱膝而坐，讓水一直漫過下顎。和美國人一樣，日本人每天洗澡也是爲了保持清潔，但有一點是世界上其他國家無法與之媲美——日本人在洗澡的過程中添加了藝術的情調，用日本人自己的話來說，年齡愈大，情味愈濃。

雖然日本人想盡辦法來降低洗澡的成本和勞力，但入浴是必不可少的。城鎮的居民都到公共浴池去洗澡，那裡的浴室大概有游泳池那麼大，人們在那裡洗澡，又可以跟其他澡伴談笑。農村的習俗則是婦女們輪流在一家院子裡燒洗澡水，供幾家人輪流洗，在日本洗澡時被人看見也沒事。幾乎所有的家庭，即使是大戶人家，洗澡也講究先後次序：首先是客人，其次是祖父、父親、長子，最後是家裡最下等的傭人。洗完澡後每人都渾身紅得像熟透的蝦，然後大家在一起共用晚餐前的輕鬆和愜意。

跟他們酷愛熱水澡一樣，他們還非常重視「對體格的鍛鍊」，洗冷水浴就是傳統的方法之一。這種習慣稱之爲「寒稽古」（冬鍊）、「水垢離」（冷水洗身鍛鍊），至今在日本仍很盛行，但形式上已經與以前大不相同。從前，洗冷水浴時人們必須在黎明前出發，然後坐在冰涼的山間瀑布下。一八九〇年代的日本，冬天的房間裡大多是沒有取暖設備的，在寒冬的夜晚，即使往身上潑些涼水也是受不了的，更別提洗冷水浴。帕西瓦爾．洛厄爾（Percival Lowell）在他的書中對這種風靡一時的習俗有詳細記述。那些不想去當僧侶或神官，又希望自己能包治百病或能預言未來的人，往往會在就寢前進行「冷水洗身鍛鍊」。傳說凌晨二時是「眾神入浴」的時刻，因而這幫人會在這個時候再洗一次冷水浴。對他們來說，早晨起床、中午及日落時分都要各做一次冷水浴的鍛鍊。①在那些急於精通一門樂器或其他手藝的人中，對這種洗冷水澡立志的功能更加迷信。還有的人爲了鍛鍊身體，往往把身體裸露於嚴寒之中。對於那些練習書法的孩子們來說更是如此，哪怕手指會凍僵、長凍瘡。現代的小學裡也沒有取暖設備，日本人認爲這樣可以磨練孩子們的意志，將來他們才能夠平和地對待人生的各種苦難。西方人可能都對日本的孩子們經常感冒和流鼻涕印象很深刻，身處這類習慣之下也只能如此。

睡眠是日本人的另一大愛好，也是日本人最嫻熟的技能之一。不論任何姿勢，也不論是在任何我們覺得根本不可能入睡的情況下，日本人都能舒舒服服睡覺。這讓很多研究日本的西方學者驚訝不已。在美國人看來失眠和精神緊張似乎是一回事，而按美國人的標準，日本人的精神是時刻處於高度緊張狀態的，但不可思議的是日本人居然能毫不費力就熟睡。他們晚上很早就寢，這在東方各國中是非常罕見的。日本村民們往往日落不久就早早上床，這樣做並不是爲明天積蓄精力，日本人沒有這樣的概念。一位研究日本的西方學者寫道：「到了

---

① 見Lowell, Percival, *Occult Japan*.《神祕的日本》。

日本，你必須拋棄那種認爲今晚的睡眠是爲明天的工作做準備的想法；你必須把睡眠與解除疲勞、休息、保養等問題區別開來。」睡覺就如同一項必須完成的工作一樣，是「自成一案的，與任何其他的事情無關」。② 美國人習慣性認爲睡眠是爲了恢復體力，大多數美國人早晨醒來的第一件事就是計算昨晚睡了幾個小時，人們根據睡眠的長短來預測白天的精力和效率。日本人睡覺則不是爲了這些，他們就是喜歡睡覺，只要條件允許，他們就會高高興興去睡覺。

同時，日本人又能毫不吝嗇犧牲睡眠時間。準備應考的學生往往會通宵達旦複習功課，根本不會考慮充足的睡眠會讓他在考試中有更好的發揮。軍訓時睡眠完全服務於訓練，在日本陸軍部隊工作過兩年（一九三四年至一九三五年）的杜德（Harald Doud）大尉在提及跟手島上尉的一次交談時曾說：「平時演習中，部隊經常連續三天兩夜行軍，中間只有十分鐘的休息。人們除了能在這短暫的時間裡打個盹外，完全沒有睡眠，有時實在太睏了，士兵們邊走邊打瞌睡，有次一個少尉走著走著睡著了，撞到路邊的木堆，人們朝他大笑。好不容易回到兵營後，還是不能睡覺，士兵們還會被分配去站崗或巡邏。我問：『爲什麼不讓一部分人去休息呢？』上尉回答說：『噢，不行，所有的士兵都知道怎麼去睡覺，現在訓練的目的

---

② Watson, W.Petrie, *The Future of Japan.*《日本的未來》。

就是要他們不睡覺。』」③這段話簡潔生動地描述日本人的觀點。

取暖、洗澡、睡覺，甚至吃飯都既是一種享樂，又是一項嚴格的訓練項目。日本人的一大愛好就是在餘暇時間裡自己烹調多種菜餚品嘗。每道菜的量只有一湯匙，色香味都很有講究。但有時人們對吃飯又不講究，甚至還給吃飯定下很多標準。埃克斯坦引用一位日本農民的話說：「快吃、快拉是日本人最高德行之一。」④「人們不認爲吃飯是大事，……吃飯只是維持生命而已。因此，吃飯應當儘量快。對小孩，尤其是男孩，人們總是催他們快吃。這點跟歐洲人不同，在歐洲人們總是叫小孩慢慢吃。」⑤在佛教寺院中，僧侶把食物看作是苦口良藥，⑥這樣形容的意思是說，正在修行的人應該把吃飯看作是一種生理必需，其中已沒有任何享樂的成分。

在日本人看來，強行戒食是磨練一個人意志的好方法。像經受寒冷和放棄睡眠一樣，

---

③ *How the Jap Army Fights.*《日軍如何作戰》，企鵝叢書。

④ Eckstein, G., *In Peace Japan Breeds War.*《在平靜中孕育戰爭的日本》。

⑤ Nohara, Komakichi, *The True Face of Japan*, London, 1936. 野原駒吉《眞實的日本》。

⑥《道元禪師清規》赴粥飯法中有這樣一段話：「俟聞鐘磬，合掌揖食，次作五思：一計功之多少，思彼來處不易；二思己德匱乏，不足受供奉；三思防心遠過，以遁世爲宗；四思食如良藥，爲治療枯骸；五思今受此食，以爲成道。」

絕食也能考驗一個人的意志。武士們在絕食時都會「口含牙籤」。如果能經受住絕食的考驗，人們的體能上不僅不會因卡路里、維生素的消耗而下降，反而會因為精神上的勝利得到提高。美國人認爲營養與體能是成正比的，而日本人卻不這樣認爲；否則，日本東京的廣播電臺也不會對戰時在防空洞內避難的人們，宣傳做體操可以緩解饑餓並恢復元氣。

浪漫的戀愛也是日本人追求的另一種「人情」，儘管這種對愛情的追求是與日本人對婚姻、家庭所負的義務截然相反的。日本的小說中就充滿這類題材，和法國文學作品一樣，書中的角色往往都是已婚者，和相愛的人同歸於盡也是日本人最喜歡閱讀和談論的話題。十世紀的《源氏物語》就是一部傑出的描寫愛情的小說，書中對愛情的描寫與同時代世界上的其他著作比起來毫不遜色。封建時代的大名及武士們的戀愛故事也充滿浪漫色彩，它也是現代小說的主要題材。在這點上，日本是與中國文學存在著很大差異的，中國人很忌諱公開談論浪漫的愛情和性的愉悅，主要是爲了避免人和人之間的糾紛，家庭也相對穩定和諧。

在對愛和性的追求這點上，美國人對日本人要比對中國人了解更多，但美國人的這種理解仍然是膚淺的。我們美國人的很多性的禁忌，是日本人所沒有的，日本人在這個領域是不大講倫理道德的，而美國人則講究得多。日本人認爲「性」和其他的「人情世故」一樣，把「性」看作是人生的一種低等級的行爲就行。「人情」不存在罪惡，因此性的享樂也就沒有必要受到過多的倫理道德的約束。英、美人認爲日本人珍藏的畫冊中有很多內容是淫穢的。吉原（藝妓與妓女集中地）在英、美人眼中也變成了最悲慘的地方。日本人從開始與西方人接觸就對國外的這種評論非常敏感，因而逐漸制定一些法律、法規以便更接近西方標準，但法律、法規終究無法消除這種文化差異。

有教養的日本人都清楚，往往一些在英、美人看來猥褻、不道德的事，在日本人看來並非如此。但是日本人並沒完全了解其中的不同，日本人認為「人情不該侵入人生大事」，這一點與我們歐美人有著巨大差異。也正是因為如此，英、美人才很難理解日本人對待戀愛和性享樂的態度。日本人總是把夫妻生活和性愛的享樂劃分得清清楚楚，兩邊截然不同而且都是被公開認可的；在美國生活中，只有夫妻生活是可以公之於世。日本人之所以能將兩者劃分得如此清楚，是因為他們知道夫妻生活是他個人必須盡的義務，而性愛的享受則是不傷大雅的消遣娛樂。這樣一來，在不同的場合就可以「各得其所」，一個典型的模範父親可能同時也是花街柳巷的常客。日本人不像我們美國人，他們的理想不是把戀愛與結婚看作一件事。美國人所認同的戀愛是以尋找生命中的另一半為目的，「相愛」才是人們結婚最好的理由。結婚後，如果丈夫與其他婦女發生肉體關係，那就是對妻子的侮辱，因為他把理應屬於妻子所有的東西給了別人。日本人則不這樣看待，在選擇配偶問題上，他們大多聽從家長的意見，草草結婚，夫妻在實際生活也要遵守一些煩瑣的規矩，即使是很融洽的家庭，孩子們也很少看到父母間比較親密的行為。正如一位年輕人對一份日本雜誌說的那樣：「在我們國家裡，結婚的真正目的就是生兒育女、傳宗接代，除此以外，任何其他目的都是對結婚的真實含義的扭曲。」

結婚並不意味著日本男人只能生活在一種循規蹈矩的生活中。在日本，男人如果有錢就可以去另找情婦；與中國最大的不同是，日本男人不能把自己迷戀的女人帶到家裡而成爲家庭的一員。如果那樣，他的生活就會異常雜亂，因爲他把那兩種本來應當完全分開的生活混在一起了。當然，情婦可能是精通音樂、舞蹈、按摩以及其他技藝的藝妓，也可能是妓女。不管是哪種，想找情婦的日本男人都必須與那個女子的雇主簽訂契約，以保證那個女人不遭遺棄並且能得到相應的報酬。往往日本男人都要爲他的情婦另築新居，只有在特殊情況下當那情婦有了小孩時，男人爲了讓這個小孩能名正言順地與自己原來的孩子生活在一起，才可以把女人接回家，但進門後，這個女的不能做妾，而只能當傭人。她生的小孩稱原配夫人爲「母親」，不承認與這個情婦的母子關係。以中國爲典型代表的傳統的東方式一夫多妻制在日本顯然是不適用的。日本人對家庭義務與外面的「人情世故」分得一清二楚。

往往只有上流階級才有能力養情婦。多數日本男人只能時不時地與藝妓或妓女玩玩。當然，這種玩樂是完全公開的，日本的妻子還要爲出去逍遙的丈夫梳洗打扮，妓院也可以給妻子送帳單，妻子也理所當然地照單付款。當然，妻子可能對此感到不快，但也只能自己煩惱一下罷了。一般情況下，找藝妓的花費要比找妓女高得多，但即使這樣，與藝妓玩樂一晚的費用只包括享受訓練有素、衣著入時、舉止得體的美女熱情款待的服務費，並不包括與藝妓們過夜的費用；如果想與某一藝妓進一步接近，男的就必須先簽訂契約，規定這位藝妓是他的情婦，而他則是這位藝妓的保護人。還有一種情況就是這位男性魅力十足，敲開藝妓的芳心從而自願獻身。當然，與藝妓共度夜晚也並不是什麼下流無恥的事情，因爲藝妓的舞蹈、風趣、歌謠、儀態都是既傳統又富有挑逗性的，充滿上層婦人們所不具有的異類情調。這些都是「人情社會」的事情，是對「忠孝」禮儀的一種解脫，因而人們沒有理由不去盡情享樂，但關鍵的一點是必須將這兩個領域劃分清楚。

妓女都住在政府劃定的煙花巷。有的人在與藝妓玩樂過後，如果餘興未盡，還可以再去找妓院，由於妓院費用少，沒錢的人都寧願放棄藝妓到妓院去尋歡作樂。妓院的門口都掛著妓女的照片，嫖客們通常毫不避諱地在眾人面前對每張照片品頭論足，再做挑選。和藝妓比起來，妓女們身分卑微、地位低下，她們大都是因家境窮困而被迫賣給妓院，不像藝妓那樣受過專門的藝術訓練。在日本遭到西方人的非議以及舊習慣被廢除之前，妓女往往要親自坐在大庭廣眾前，面無表情任人挑選；只是到了近代，才改以照片的形式。

日本的男人在挑定一位妓女後就與妓院簽訂契約，此後這個男人就是這個妓女唯一的客人，而這個妓女也就理所當然地成了這個男人的情婦，這種婦女是受合同保護的。然而，有時候也有一些男人在不簽訂合約的情況下將女招待或女店員擅自變爲自己的「情婦」，往往這樣的女性是最沒有法律保障的。因爲從分工的角度來說，女招待或女店員是屬於跟別人談戀愛然後與男對象結合的那種，可是現在她們的做法使他們不能被納入「家庭義務」的考慮範圍之內。當日本人讀到美國關於年輕婦女被情人拋棄，「嬰兒繞膝」，悲痛欲絕的故事或詩歌時，他們會把這些私生子的母親與日本的「自願情婦」聯繫起來。

同性戀是日本傳統「人情世故」的另一個組成部分。在日本古代，同性戀是武士、僧侶等上層人物公認的一種娛樂方式。明治時期，爲了贏得西洋人的讚許，日本政府宣布同性戀也屬於應被廢除的陋習之列，違反者要受到法律制裁。然而至今這種習慣卻仍被認爲是「人情世故」之一，人們的道德標準也對這種現象比較包容，只要是限制在一定範圍內，不妨礙家庭關係就行了。日本人覺得雖然有的日本男人自願當職業男妓，但不必過於擔心日本會出現大量的如西方人所說的那種男、女同性戀數量膨脹的情況。當得知在美國居然有人強迫成年男子扮演同性戀角色時，日本社會一片譁然。在日本，男人只可能選擇未成年的少年作爲同性戀的對象，因爲強迫成人扮演同性戀的角色是有損人格的。在日本社會中也有他們自己的界限（什麼事可以做而不傷害自尊），只不過這種界限與美國人的界限不同罷了。

自慰在日本也不被認爲是什麼道德問題。世界上恐怕找不到其他民族能像日本有那麼多的自慰工具。在這方面，鑒於西方的輿論壓力，日本人儘量避免在公開場合宣揚，但骨子裡日本人從來沒有認爲這些工具是什麼壞東西。西方人強烈反對手淫，大部分的歐洲國家在這方面的態度比美國甚至還要強烈，很多美國人在未成年之前就對這點印象很深。大人總是悄悄告訴小男孩，手淫會得神經病、頭髮會禿掉等等。母親們更是從孩提時代就對小孩的行爲非常警覺，如果發現這種事，就會嚴厲體罰，甚至把雙手縛住，或者家長會說上帝會予以懲罰的話。日本的幼兒和少年則沒有這種體驗，因而也不可能指望他們長大後能和美國人在這件事上的態度一樣。日本人從來不覺得自慰是罪惡的事，相反，他們認爲那是一種享樂。日本人認爲只要在文明的生活中，把它放在一種無足輕重的位置，一切就都是可控的。

酗酒是日本「人情社會」的另一種表現。當聽到美國人豪言壯志地說要禁酒時，日本人覺得這簡直就是西方國家的奇思怪想。同樣，對於美國地方上舉行投票要求頒布禁酒法令的運動，日本人也是這樣看待的。在日本人看來，飲酒是一種樂趣，正常的人都不會拒絕。而且它只是一種小的消遣，因此正常人也絕不會爲它所困。按照日本人的看法，就如不必擔心人們會成爲同性戀者一樣，人們也不必擔心人人都會成爲醉鬼。事實上酗酒問題也確實沒有成爲日本的社會問題。喝酒是一種愉快的消遣，因此，家庭，以至社會都並不厭惡醉酒的人；喝醉酒的人不會胡來，也不會打自己的孩子，通常的表現就是縱情歌舞、不拘禮節；在城市的酒宴上，人們則喜歡相互坐在對方的膝蓋上。

傳統的日本人還嚴格區別飲酒和吃飯。在農村的宴會上，如果誰開始吃飯，就意味著他不再喝酒了。他已涉足另一個「圈子」，對飲酒和吃飯這兩個「圈子」，日本人區別得很清楚。在自己家中時，人們有時也在飯後飲酒，但絕不會一邊飲酒一邊吃飯，而是先享受一種，再享受另一種。

上述的這些日本人關於「人情社會」的觀點產生了一系列重要的後果。它從根本上否定西方人那種身體和精神兩種力量在人的一生中一定要一決雌雄的思想。在日本人的哲學中，肉體本身不是罪惡，盡可能享受肉體的快感也不是犯罪，精神與肉體不是對立的。按照這條邏輯走下去，就會得出這樣的結論——即世界並不是非黑即白。正如喬治・桑塞姆爵士寫的那樣：「在整個歷史進程中，日本人似乎都缺乏這種認識惡的能力，或者說在某種程度上不願意抓住這些惡的問題。」事實上，日本人始終拒絕把惡的東西也看作是人生的一部分，他們相信人有兩種靈魂，但卻不是善的衝動與惡的衝動之間的較量，而是「溫和」靈魂和「粗暴」靈魂⑦間的鬥爭。每個人、每個民族的生涯中都既有「溫和」也有「粗暴」的時候，並沒有註定哪個靈魂就一定要進地獄，而哪個則一定要上天堂。這兩個靈魂都是必需的，並且在不同場合下都可能是善的。

甚至日本的神也顯現出善、惡的兩面性。在日本最著名的神是素盞鳴尊，他是天照大神（女神）之弟，是「迅猛的男神」。西方神話中類似的神都被視為魔鬼，因為他對自己的姐姐行為極其粗暴。天照大神懷疑素盞鳴尊到自己的房間來的動機不良，想把他趕到屋外，於是他放肆地胡鬧，在天照大神的大飯廳裡拉屎，而當時大神與侍者正在飯廳裡舉行嘗新儀式。⑧他毀壞稻田的田埂，而這是滔天大罪；最糟的也是西方人最不可理解的是，他居然在他姐姐的臥室上方挖個窟窿，把「倒剝皮」的斑駒從這裡投了進去。由於素盞鳴尊罪不可赦，受到諸神的審判，被處以重刑，趕出天國，放逐到「黑暗之國」。可是，他仍然是日本

---

⑦ 即「和魂」與「荒魂」。
⑧ 即嘗新祭。新的穀子登場時，要先祭祀神祖才能食用。

眾神中一位招人喜愛的神，受到人們的尊敬。雖然在世界神話中這樣的神並不少見，但在高級的倫理性宗教中，這種神則是被排除在外的。因為只有把超自然的東西劃成善、惡兩個對立的集團，明辨是非，才能更符合宇宙鬥爭的哲學。

日本人明確否認德行包含著與惡的鬥爭。正如日本的哲學家和宗教家們幾百年來一直闡述的那樣，這種道德規範對日本是不適用的，並且他們還很引以為豪地聲稱這就是日本人道德的優越性所在。他們說，中國的道德規範就是將「仁」、「公正」、「博愛」上升到一種絕對的高度，按照這個標準，凡是人都會發現自己的缺點和不足。十八世紀偉大神道家本居宣長曾說：「當然，這種道德規範對中國人來說是好的，因為中國人的劣根性需要這種人為的約束手段。」近代日本佛教家及民族主義者也就這個話題著書立說，提出自己的見解。他們認為，日本人天性善，值得信賴，因而沒有必要與自己性惡的一半進行鬥爭。人們只需要擦淨心靈的視窗，在合適的場合做合適的事就好，如果不小心染上了汙穢，也會很容易清除，這樣人性中善的光輝定會再放光芒。日本的佛教哲學比其他任何國家的佛教都更加主張人皆可成佛，道德律不在佛經之中，而在於打開自己的悟性和清淨無塵的心靈之扉。那麼，何必自我懷疑心靈中的發現呢？惡不是人生而具有的，基督教聖經《詩篇》中說：「我是在罪孽裡生的，在我母親懷胎的時候就有了罪。」日本人則沒有這種想法，他們的思想中也沒有關於人的墮落的說教。「人情」是上天賜予的，不論是哲學家還是農民都不應對它進行譴責。

當美國人聽到這些後不免會想，這勢必導致一種自我放縱的哲學。但是如前所述，日本人把履行義務看作是人生的最高任務。他們承認，報恩就意味著犧牲個人欲望和享樂，認爲把追求幸福當作人生重大目標的思想是令人吃驚的、不道德的，享樂只是一種消遣，如果過於鄭重對待，以幸福與否作爲判斷國家和家庭的標準，那是不可思議的。人們履行「忠」、「孝」及「情義」的義務，要常常經受苦難，這是他們早已想到的。這樣雖然會給生活帶來很多障礙，但日本人早已有充分準備，他們放棄一些自己覺得並不是邪惡的享樂，當然，這需要有堅強的意志，而這種意志正是日本人稱頌的美德。

與這種見解一致，日本小說和戲劇中也很少見到「大團圓」的結局。美國的觀眾一般都渴望看到一種圓滿的結局，他們希望劇中人能永遠幸福，他們想知道劇中人的美德得到回報。如果美國人不得不爲劇中人流淚，必定是因爲主角的性格有缺點，或者是他成了不良社會秩序的犧牲品；但觀眾更喜愛的是主角萬事如意，一切圓滿。日本的觀眾則抽泣著看著命運如何使男主角走向悲劇的結局，美麗的女主角如何遭到殺害；只有這種情節才能激發他們的情感，去戲院就是爲了欣賞這種情節。甚至日本的現代電影，也是以男女主角的苦難爲主題，兩個互相愛慕卻又不得不放棄的人，或者他們幸福地結婚了，但其中一方卻不得不自殺以履行義務；或者是妻子獻出一切以挽救丈夫的職業生涯，勉勵丈夫磨礪才藝成爲優秀演員，而在丈夫成名前夕，妻子卻隱身市井，讓丈夫自由享受新的生活；丈夫成名之日，妻子卻貧病交加，無怨而死，如此等等。總之，日本的電影往往不會有一個歡樂的結局，只要能喚起觀眾對男女主角自我犧牲精神的惋惜和同情就可以了。劇中主角的苦難並不是由上帝裁判的，也不是因果報應，而只是爲了向人們表明：劇中主人公爲履行義務，任何不幸、遺棄、疾病、死亡，都未能使他偏離正常軌道。

日本的現代戰爭電影也體現了這種傳統。凡是看過這些電影的美國人都會說，這是他們看到的最好的反戰宣傳。這是典型的美國式反應，因爲通篇電影都只講犧牲與苦難，看不到閱兵式、軍樂隊、艦隊演習和巨炮等鼓舞人心的場面。不論是描寫日俄戰爭還是描寫中國「七七事變」，都是一個格調，在泥濘中的行軍，淒慘沉悶的苦戰和勝負未卜的煎熬等等。銀幕上看不到勝利的鏡頭，甚至看不到高喊「萬歲」的衝鋒，而是深陷泥濘，夜宿中國小鎮，或是描寫一家三代，歷經三次戰爭後倖存者的代表，他們成了殘廢、瘸子、盲人。或者描寫士兵死後，家中人集聚在一起悲悼兒子、丈夫、父親，失去生計維持者，一家人仍然鼓起勇氣活下去。英、美騎兵那種動人場景在日本電影中是看不到的，傷殘軍人的康復也很少被寫成劇本，甚至也不涉及戰爭的目的；對日本觀眾來說，只要銀幕上的人物時刻都是在努力報恩就足夠了。所以，這些電影都是日本軍國主義者的宣傳工具，電影的製作人知道，這些電影是不會在日本觀眾心中激發和平反戰情緒的。

第十章　道德的困境

「應該認識到，日本人對生活『世界』的分類是不包括『惡的世界』的。這並不是說日本人不認為存在壞行為，而是他們不把人生看成是善與惡鬥爭的舞臺。人生被他們看作是一場戲。」

日本人的人生觀是透過他們對忠、孝、情義、仁、人情等德行範疇的定義來體現的。也許他們認爲，「人的整體的義務」就像在地圖上劃分範圍一樣分成若干區域。用他們的話來說，人生就是由「忠的世界」、「孝的世界」、「情義的世界」、「仁的世界」、「人情的世界」以及許多其他世界組成的，每個世界都有其獨特而又詳細的準則。一個人責備他人不是依據其完整的人格，而是說他「不懂孝」或「不懂情義」。他們不像美國人那樣用「不正派」來批評某個人，而是明確地指出這個人在哪個領域行爲不當；他們不用「自私」、「冷漠」一類的詞，而是明確指出他在哪個特定領域裡違反規則。他們不訴諸絕對命令或萬世準則，所有那些被認可的行爲，都是按照這個行爲所屬的領域的規則確定的。一個人在「盡孝」時是一種規則，而在西方人看來，在「盡情義」或者「在仁的範圍」行事時，又會是另外一種角色。在沒有受到主君侮辱前，家臣要對主君盡最大的忠誠；受到主君侮辱後，背叛就是可以接受的。在一九四五年八月前，「忠」一直要求日本國民對敵人作戰到最後一兵一卒。一經天皇廣播宣布投降，「忠」的含義就發生改變，日本人對外來者表現出合作的態度。

西方人對此感到十分困惑。據我們的經驗，人是「隨其本性」而行事的。我們按照忠誠還是背信棄義、合作還是頑固來區分綿羊與山羊。①我們把人加以分類，然後期望他們能行動始終如一，不管他們慷慨大方還是小氣吝嗇、是主動合作，還是疑心重重；他們不是保守主義者就是自由主義者。我們希望每個人都信仰某種特定的政治思想，並堅決反對與其相左的意識形態。根據我們在歐洲戰場的經驗，那裡有合作者，也有抵抗者。但是我們懷疑合作者會在勝利後改變其立場，結果這種懷疑是正確的。在美國國內政治紛爭中，我們也承認有新政派與反新政派，而且我們斷定，在出現新情況時，這兩派仍然會隨其本性而行事；如果某一個人改變立場，比如由非教徒變成天主教徒，或者由「激進派」變成保守主義者等等，這種轉變應當稱爲「轉向」，並應建立起與此相適應的新人格。

雖然西方人這種關於行爲完整性的信念並不總能得到驗證，但這種信念絕對不是幻覺。在大多數文化中，不論原始的還是開化的，人們都是把自己描繪成某一特定類型在行事。如果他們垂青於權力，就會以別人服從其意志的程度作爲衡量成敗的標誌；如果他希望受人喜愛，那他就該多與人交往，不然就會得不到人們的喜愛。他們會想像自己是嚴厲而正直的人，或者具有「藝術家氣質」，或者是優秀的居家男人。他們的性格一般都具有「完滿結

---

① 見《新約．馬太福音》第二十五章第二十三至第三十三節：「萬民都要聚集到他面前，他要把他們分別出來，就像牧羊人區分他的綿羊、山羊一般，把綿羊安置在右邊，山羊安置在左邊。」

構」（gestalt），並能使人類社會的生活井然有序。

日本人從一種行為轉向另一種行為心理上不會感到痛苦，這種能力是西方人所不具有的。我們從來沒有體驗過如此極端的可能性，但在日本人的生活中，矛盾——在我們看來就是矛盾的——已深深植根於他們的人生觀中，正如同一性植根於我們的人生觀之中一樣。非常重要的是，應該認識到，日本人的生活「世界」的分類是不包括「惡的世界」的。這並不是說日本人不認為存在壞行為，而是他們不把人生看成是善與惡鬥爭的舞臺。人生被他們看作是一場戲。在這場戲中，一個「世界」與另一個「世界」，一種行為與另一種行為間要求保持精妙的均衡，至於每個世界和每個行為其本質都是善的。如果每個人都能遵循其本質，那麼每個人都是善的。如上所述，他們甚至把中國的道德規範看作是中國人需要那種道德的證明，從而證明中國人的劣根性。他們說，日本人完全不需要那種包羅萬象的倫理戒律。用已引用過的喬治·桑塞姆爵士的話來說，就是他們「不願抓住惡的問題」；按照他們的觀點，即使從低於宇宙的高度，也足以說明壞行為。儘管每個人的心靈本來都閃耀著道德的光輝，就像一把嶄新的劍，但如果不經常磨礪就會生銹，這種「自身的鏽」像刀上的鏽一樣，都不是什麼好東西。因此，人必須像磨刀那樣注意磨練其本性，即使生鏽，心靈仍在「鏽」的下面閃亮，只需稍加打磨，就能重新熠熠生輝。

由於日本人的這種人生觀，西方人很難理解日本的民間傳說、小說和戲劇。除非將其加以改寫，以符合我們對性格一致及善惡相爭的要求。但日本人卻不這樣看。他們的評論總是圍繞主人公陷入「情義與人情」、「忠與孝」、「情義與義務」的矛盾之中。主人公的失敗是沉溺於人情而忽視「情義」的義務，或者是因為忠孝不能兩全。迫於「情義」而不能遵循正義原則；迫於情義而犧牲家庭，這些矛盾仍然是兩種具有約束力的義務間的矛盾，兩者都是「善」的。兩者之間的選擇猶如欠債的人面對欠了一屁股債，他必須選擇先償還哪一些債務而暫時忽略別的債務，但事實上，還清一筆債務並不能使他免除其他的債務。

對故事主人公的這種看法與西方人根本對立。我們之所以認為故事中的主人公是好人，因為他主動選擇了善，並與惡進行鬥爭。如我們所說的「德者必勝」，善應有善報，有一個完滿的結局。日本人則酷愛那種虧欠了社會恩情，又做不到不在意名譽，於是無法調和只有一死的角色。在別的文化裡，這類角色是告訴人無法對抗命運，在日本反倒成了啓迪心靈、淬煉意志的主題。主人公因為竭力完成肩負的義務時而忽略其他義務，最後還是要被他不小心忽視的「世界」清算。

《四十七士物語》作為日本民族的敘事詩，在世界文學中雖然地位不高，卻能緊扣日本人的心。每個日本兒童不僅知道這個故事，而且熟悉其細節。它不斷傳播、翻印並被拍成現代電影而廣泛流傳。四十七士的墓地成為著名聖地，成千上萬的人前往憑弔，憑弔者留下的名片使墓地四周成為白色的海洋。

《四十七士物語》的主題以對主君的「情義」為核心。在日本人心目中，它描寫的是「情義」與「忠」、「情義」與「正義」之間（當然是「情義」在這類衝突中取勝），以及

「單純情義」與「無限情義」之間的衝突。這個歷史故事發生在封建制度鼎盛時期的一七〇三年，按照現代日本人的想像，那時的男人都是大丈夫，對「情義」毫不含糊，四十七位勇士爲「情義」而犧牲名譽、父親、妻子、姐妹、正義（「義」），最後自殺殉「忠」。

按照當時的規定，各地大名要定期覲見幕府將軍（Shogunate）。幕府將軍任命兩位大名主持儀式，淺野侯（Lord Asano）是其中之一。由於這兩位司儀官都是地方上的大名，不熟悉儀式，所以不得不向在幕府中樞任職的大名吉良侯（Lord Kira）請教。吉良侯是一位身分很高的幕臣，如果當時淺野侯家最有才智的家臣大石（Oishi）在他身邊的話，大石是會幫助他主君周密安排的，但不巧的是，大石回家鄉了。淺野侯在世故方面十分幼稚，所以沒有向吉良侯贈送厚禮，而另一位大名則在其通曉世故的家臣的指導下，在向吉良侯請教時不惜重金。於是，吉良侯就故意誤導淺野侯，讓他穿上與儀式完全相悖的服裝，舉行儀式時，淺野侯按照吉良侯的指示穿戴錯誤的服裝，當發現自己受到侮辱時，他就拔刀砍傷吉良侯的額頭，後來他被其他的家臣拉開。從「對名譽的情義」來說，他因受辱而向吉良侯報復是一種德行；但在幕府將軍殿上拔刀動武，則屬不「忠」。淺野侯正當地履行「對名譽的情義」，但卻必須要按照規定「剖腹」自殺，否則就不能說是「忠」。他回到官邸換好衣服，做好剖腹的準備，只等最聰明和最忠誠的家臣大石回來，兩人對視許久互道珍重。早已按照儀式要求坐好的淺野侯，於是就用刀剖腹，親手結束了自己的生命。在淺野侯死後，沒有一位親戚願意繼承這位已故大名的家業，因爲他不忠於幕府而受到譴責，淺野侯的封地被沒收，他的家臣也成了無主的浪人。

從「情義」的義務角度來講，淺野侯的家臣有義務隨其主君一起剖腹。主君剖腹是爲了「名譽的情義」，如果他們也從「情義」出發剖腹，自然是對吉良侯對淺野侯所施侮辱的一種譴責。但是，大石心中暗想：剖腹尚不足以表現他的情義，他應當完成主君未竟之志，主君是因爲被其他家臣拉開而未能實施報復，他們應當殺死吉良侯爲主君復仇，但這樣做則是對幕府不忠。按一般慣例，策劃復仇的人必須事先上報計畫，確定行動日期，在規定期限不能完成復仇者就必須放棄復仇，這項制度曾使若干幸運兒能夠調和「忠」與「情義」的矛盾。吉良侯是幕府的近臣，浪人們復仇的行動絕不可能得到幕府的批准，大石明白，這條道路對他和他的同夥們是行不通的。於是，他把那些曾經是淺野侯家臣的浪人召集在一起，隻字不提刺殺吉良侯的計畫，這些浪人總共有三百多人（根據一九四〇年日本學校所講授的內容），他們一致同意剖腹自殺，但大石明白，這些人並不是都有「無限情義」（在日語裡指「講情義及眞誠」的人），因而對吉良侯進行報復這種大事不能信賴所有的人。爲了區別哪些人只講「單純情義」，哪些人具有「情義和眞誠」，他透過詢問大家應該如何分配主君的財產來考驗這些浪人。在日本人看來，這是一種考驗，如果那些人眞的同意剖腹自殺，他們的家屬就將獲得利益。浪人們對財產分配標準產生激烈的爭執，家老在家臣中俸祿最高，他領導的一派主張按原來的俸祿高低分配；大石領導的一派則主張平均分配。大石很快就弄清楚浪人中哪些人只有「單純情義」，大石隨即贊成家老的分配方案，並且同意那些獲勝的家臣離開。於是，家老帶領那派人離開了，他們因而獲得「敗類武士」、「無情無義的人」、「無賴」等惡名。大石弄清只有四十七個人情義堅定，足以共謀復仇大業。這四十七個人與大石建立盟約，保證不論信義、愛情或「義務」，都不能妨礙他們的誓言。「情義」必須成為他們的最高行為準則，於是，四十七士歃血為盟。

他們做的第一項工作就是麻痺吉良侯，使其喪失警惕性。他們四散離去，裝作沒有絲毫對名譽的追求。大石經常沉溺於花街柳巷、打架鬥毆，由於過著放蕩的生活，他借機與妻子離婚，這是打算採取違法行動的日本人慣用的步驟，因為能保證其妻兒在最後行動時不致受到牽連。大石的妻子悲痛欲絕地與他分手，但他的兒子卻參加了浪人的行列。

江戶城裡的人都猜測他們要復仇。尊敬浪人的人們深信他們必將策劃刺殺吉良侯。可是，四十七士矢口否認有此企圖，他們佯裝成「不懂情義」的人。他們的岳父們對他們的可恥行為十分憤慨，就把他們趕出家門，解除婚約；他們的朋友也嘲笑他們。一天，大石的一個密友碰到喝得酩酊大醉的大石在和女人盡歡；甚至對這位密友，大石也否認他對主君的「情義」，他說：「復仇？簡直是愚蠢透頂，人生就應該及時行樂，哪裡還有比飲酒作樂更好的事。」那位朋友不相信，就把大石的刀從刀鞘抽出來看，他以為刀刃一定會閃閃發光，那樣就足以證明大石講的是假話，但大石的刀已經生鏽了。於是朋友不得不相信大石說的是真話，他在大街上公開向這個醉漢吐唾沫並用腳踢他。

有個浪人為了籌集參加復仇的資金，竟把自己的妻子賣去當妓女。他妻子的兄長也是浪人之一，得知復仇的祕密已被妹妹知道，竟準備親手殺死妹妹以證明自己的忠誠，好讓大石同意他參加復仇行動；有一位浪人殺死了自己的岳父；還有一個浪人把自己的妹妹送進吉良侯家當女僕兼小妾，以便從內部得到消息來確定何時動手。在完成復仇之後，她不得不自殺。因爲，儘管她是僞裝侍候吉良，她也必須以死來證明自己的清白。

十二月十四日夜裡大雪紛飛，吉良侯大擺酒宴，連負責警衛的衛士們也都喝得酩酊大醉。浪人們襲擊防守堅固的吉良府，他們殺死警衛，衝進吉良侯的臥室。但進去後發現吉良侯不在裡面，只是被子裡還有餘溫。由此浪人們知道吉良侯還在府裡。終於，他們發現有一個人蜷伏在放木炭的小屋裡。一個浪人隔著小屋的牆壁將長矛刺了進去，然而拔出來時矛尖上卻沒有血跡。長矛確實刺中了吉良侯，但在長矛拔出時，吉良侯用衣袖擦去了血跡。但這種小把戲無濟於事，他被浪人們揪了出來，他說自己不是吉良侯，只是吉良府的家老。這時，四十七士中的一個人想起淺野侯曾在幕府將軍的殿堂上砍傷吉良侯的額頭，額頭上肯定會留有傷疤。根據這個傷疤，浪人們認定他就是吉良侯並要他當場剖腹自殺。他拒絕剖腹——這恰好證明他是個懦夫。於是，浪人們用他們的淺野侯剖腹時使用的刀，砍下了吉良的首級，按照慣例洗淨，實現他們的夙願。他們帶著兩度染血的刀和吉良侯的首級，列隊走向淺野侯的墓地。

整個江戶（今東京）都被浪人們的行動震撼了。那些曾經懷疑過浪人們的家屬爭先恐後前來和浪人們擁抱，向他們致以崇高的敬意；大藩的諸侯們則在沿途熱情款待他們。他們來到淺野侯的墓前，不僅把首級和刀供在墓前，而且還宣讀了一份奉告亡君的禱文。該禱文保存至今，其大意如下：

四十七士謹拜於主君靈前（省略）。在主君復仇大業未竟前，我等實無顏為主君掃墓。心神焦慮，一日三秋……今方得將吉良首級供上。此短刀乃主君去歲所珍用，囑吾等保管。願主君執此刀再擊仇敵之首級，以雪遺恨。謹此以禱。②

他們報答了「情義」，但還需要盡「忠」。因為他們犯了國法，未預先呈報就進行復仇，只有一死才能兩全。不過他們並沒有背叛「忠」，因為他們執行所有以「忠」的名義要求的事情。幕府將軍命令四十七士切腹。對此日本小學五年級的國語課本是這樣寫的：

他們為主君報仇，情義堅定，應為後世垂範……於是，幕府經過再三考慮，命令他們切腹自盡，這眞是兩全其美之策。

② 據福本日南《元祿快舉錄》說，該禱文是後人僞造的。

這也就是說，浪人們親手結束自己的生命，對「情義」和「義務」都做了最高的償還。這首日本民間敘事詩由於版本不同，文字運用和細小情節上可能略有差異。在現代電影版中，故事開始時的賄賂情節被改為色情情節。吉良由於對淺野的妻子心懷不軌，才故意讓淺野犯錯，使之受辱。雖然在片中，賄賂的情節被刪除掉了，而有關「情義」的一切義務則描繪得更為準確深刻。「為了情義，他們拋妻棄子，甚至弒父。」

「義務」和「情義」發生衝突之類的題材，也是其他許多故事和電影的基礎。最為優秀的一部歷史電影取材於德川幕府第三代將軍時期。這位將軍繼位時年紀尚輕，缺乏經驗。當時，對繼位人選的不同選擇，導致幕臣們的分裂，其中一派遭到了挫敗。這一派想擁立一位與他年紀相仿的近親，其中有一位大名，一直牢記失敗之「辱」，雖然第三代將軍成長後很有政治才幹，這位大名卻一直在等待時機謀殺他。一天，將軍及其親信通知他，準備巡視幾個藩國，這位大名需要接待將軍一行，他企圖抓住這個機會一雪前恥，實現「對名譽的情義」。事先，他就把自己的官邸變成堡壘，堵塞一切出口並層層封鎖起來；他甚至還計畫製造牆倒屋塌，把將軍一行砸死。當然，他的陰謀都是在暗中進行的。這個大名對將軍一行的接待十分豐盛，還命一位家臣舞劍為將軍助興，指示這位家臣在舞劍的高潮時刺死將軍。按照「情義」，這位武士不能違抗主君的命令；但是，「忠」的原則又禁止他刺殺將軍。銀幕之上，武士的舞劍姿勢充分展示出他內心的矛盾心情：他必須行刺，他又不能行刺；他就要行刺，但又不想行刺。他儘管有「情義」，但「忠」的威力更加強大。他的舞姿漸漸亂了，導致將軍一行生了疑心，突然離開座位。鋌而走險的大名於是下令毀壞房屋，將軍剛剛躲過舞劍者的劍，又面臨牆倒屋塌的危險，在千鈞一髮之際，舞劍家臣走上前去，引領將軍一行透過地道來到安全空曠之地，「忠」戰勝了「情義」。將軍的代表向舞劍者表示萬分謝意，並再三邀請他去江戶。那位武士回頭看了一眼即將倒塌的房屋說：「不，我要留在這兒。這是我的義務，我的情義。」他離開將軍一行，轉身跳進廢墟中死去。「透過死，他兼顧了忠和情義，使二者合而爲一。」

古代的傳說並沒有把義務與「人情」的衝突作爲中心，到了近代這一衝突才成爲主要題材，這種題材不僅沒有沖淡，反而被大肆渲染，小說主題更多是講述主人公爲了「義務」和「情義」不得不拋棄愛情和人情。就像日本的戰爭影片容易使西方人感到是絕妙的反戰宣傳一樣，這些小說也常被認爲是在追求一種根據自己的意志生活的自由。這些小說證明，確實存在著這樣一種衝動。但在議論小說情節或者電影劇情時，日本人的看法往往與我們不同，我們之所以同情主人公，是因爲他的愛情或有著某種個人理想，而日本人卻批評這是弱者，因爲他放任情感而忽視自己應該履行的「義務」或「情義」。一般情況下西方人認爲，反對陳規陋習並且克服障礙去爭取自己的幸福是強者的標誌，但日本人則認爲所謂的強者，應該是能夠拋棄個人幸福而履行義務的人。他們認爲，性格的力量並不體現在反抗上，而是體現在和諧上。因此，西方人看過日本小說和電影後的體會與日本人截然不同。

在評價自己或周圍認識的人的生活時，日本人都使用同樣的標準。他們認爲，在與義務的準則發生衝突時，關注個人欲望的人就是弱者，對任何事情他們都是這樣判斷。不過，其中與西方倫理最直接對立的，莫過於丈夫對妻子的態度。在「孝的世界」中，他的妻子位於邊緣的地位，父母才是中心，因此他的義務很清楚，道德品質優秀的人必須遵從「孝」道，如果母親要他與妻子離婚，他就得接受母親的決定；即使他深愛著自己的妻子或者妻子已經給他生了孩子，那也只能讓他的道德品質更加「堅強」。日本人有句諺語：「孝道有時要求你把妻子視同路人。」在這種情況下，對待妻子充其量不過是屬於「仁的世界」。最壞的情況則是，妻子不能提出任何要求，即使婚姻生活很幸福，妻子也不能被置於義務世界的中心。因此，一個人不能把他與妻子的關係提高到對雙親或祖國的感情的等同地位。一九三〇年代，一位著名的自由主義者曾在公眾面前說，他回到日本後非常高興，其中一個理由就是與妻子重逢，爲此他備受指責。其實，他應該說他高興是因爲見到了父母，見到了富士山，以及能爲國家的使命而獻身；而他的妻子則不屬於這個層面。

近代以來，日本人自己也對如此強調區別道德準則的不同層次和範圍不滿。日本的教育有很大一部分是致力於把「忠」變成最高道德。日本政治家透過把天皇置於頂級，把將軍及封建諸侯排除在外，以簡化等級制。在道德領域內，他們努力透過把低層次的德行全部置於「忠」的範疇，來簡化義務體系。他們希望不僅把全國統一於「天皇崇拜」之下，而且企圖由此減少日本道德的層次分散狀態。他們力圖想要國民知道，只要實現了「忠」，也就完成了其他所有義務。他們的目的是讓「忠」不再僅僅是道德拼圖中的一個區域，而是道德拱橋的拱心石。

有關這種設想的最權威文本是明治天皇一八八二年（明治十五年）頒布的《軍人敕諭》。這份敕諭跟那份《教育敕諭》一起，構成了近代日本的聖典。日本的神道是沒有聖典的，佛教各派也以不訴諸文字爲特點，宣揚反覆念誦「南無阿彌陀佛」以及「南無妙法蓮華經」之類代替經典。而明治天皇的敕諭與敕語被奉爲經典，在宣讀時場面莊嚴神聖，所有聽眾都必須畢恭畢敬，其形式類似對待摩西十誡與舊約五書，奉讀時要恭恭敬敬從安放處請出，奉讀完後再恭恭敬敬送回，負責宣讀的人如果念錯了一句，就得自殺謝罪。軍人敕諭主要是頒賜給現役軍人的，軍人要逐字背誦，每天早晨要默念十分鐘；重要的民族節日、新兵入伍、期滿復員及其他類似的場合，都要在軍人面前隆重宣讀敕詔；中學和深造班的男生也都要學習《軍人敕諭》。

《軍人敕諭》是一份長達數頁的文件，綱目嚴整、文字嚴謹，但對西方人來說仍然費解，因爲內容看起來互相矛盾。善與德被標榜爲眞正的目標，說明方式西方人也能理解。敕諭告誡民眾不要重蹈古代那些死得並不光彩的英雄豪傑的覆轍，因爲他們「罔知公道之理，徒守私情之義」（losing sight of the true path of public duty, they kept faith in private relations）。這是日本官方的正式譯文，雖不是逐字逐句的翻譯，卻也充分表達了原意。《敕諭》接下來講：「此類古例，汝等當深以爲戒。」

如果不了解日本人各種義務的「勢力範圍」，就很難理解這裡的「爲戒」爲何意。在敕諭中極力貶低「情義」，拔高「忠」的地位，全文中不見「情義」這個詞，它強調「大節」與「小節」之分，而回避「情義」。這裡的所謂「大節」其實就是「忠」；而「小節」就是「徒守私情之義」。敕諭極力想要證明「大節」是足以成爲道德的標準的，它說「所謂『義』就是『履行義務』」，盡「忠」的軍人必然有「眞正的大勇」。所謂「眞正的大勇」就是「日常待人必以溫和爲先，旨在贏得他人愛戴和尊敬」。敕諭還暗示，只要遵從這些教導，就不必求助於「情義」，比起「情義」，「義務」之外的諾言僅僅是「小節」，人們必須經過愼重考慮才能加以承擔。

如欲守諾言（私人關係上的）而（又）欲盡義務……則自始即應愼重考慮是否可行。如以己身束縛於不智之義務，則將使自身處於進退維谷。如確信不能既守諾言而又堅持義（敕諭把「義」規定爲「履行義務」），則應立即放棄（私人的）諾言。古來英雄豪傑，慘遭不幸，或竟身死名裂，遺羞後世，其例蓋不鮮矣，皆因唯知信守小節，而不辨大義，或因罔知公道之理，徒守私情之義也。③

③ 這段敕諭是按照英文翻譯的，與日文原文有很多出入。在這段譯文裡，本迪尼克特過度強調「信義」與「義務」之間的對立關係。實際上兩者在日本文化中並非絕對對立的。

這份宣揚「忠」的聖典是近代日本最基礎的文件之一。但敕諭對「情義」的委婉貶斥是否能削弱「情義」對日本社會的影響，這點很難證明。日本人就經常引用這份敕諭的其他段落，來為自己或他人的行為解釋、辯護。比如「義者，履行義務之謂也」、「心誠則事靈」。儘管這樣的引用也很得當，但似乎很少有人會引用反對信守私人諾言的告誡。至今在日本「情義」還是具有相當的權威性，一旦有人被斥責「不懂情義」，就會是很嚴厲的指責。

日本的倫理體系不是透過引進一個「最高準則（大節）」的概念就能輕而易舉簡化的。正如他們常常自誇的一樣，日本人手中沒有現成的可以普遍適用的道德作為一切善行的試金石。在大部分文化中，一個人是以其道德水準，如善意、勤儉以及事業上成就的多少，來作為評判其自尊的標準的。他們總需要樹立某些人生目的作為追求的目標，如幸福、對他人的控制能力、自由和社會活動的能力等。日本人則遵守著更為特殊的準則，不論是在封建時代還是在《軍人敕諭》中，即使他們談及「最高準則（大節）」時，也只是意味著等級制度上層者的義務要大於下層者的義務。他們仍然是特殊主義者，對於西方人而言，所謂「最高準則（大節）」，是對忠誠的忠誠，而不是對某一特定個人或特定目標的忠誠，日本人則不是這樣。

近代以來，日本人在試圖建立某種能統治一切領域的道德標準時，常常選擇「誠」。在論及日本的倫理時，大隈伯爵說：「『誠』（まこと）是各種箴言中最重要的。一切道德教訓的基礎都包含在『誠』字裡。在我國的古代詞彙中，除了『誠』這個詞之外，沒有其他表達倫理概念的詞彙。」④在二十世紀初，日本的近代小說家曾讚美西方個人主義新思潮，現在也開始對西方信條感到不滿，而極力讚美誠（誠心）是唯一眞正的「主義」。

道德方面強調「誠」，這正是《軍人敕諭》所宣揚的。敕諭以一段歷史性的話語作爲前言，相當於美國同類文件首先列舉華盛頓、傑弗遜等「建國之父」。敕諭的這段話主要是在闡述「恩」和「忠」。

朕賴汝等爲股肱，汝等仰朕爲首領。朕能否保護國家以報上天之恩，報祖宗之恩，端賴汝等恪盡職守。

後又闡述了五條訓誡。㈠最高的德行就是履行「忠」的義務。一個軍人如果不是極「忠」，不論其才能如何，也只能作傀儡。一支缺少「忠」的軍隊，一旦遇到緊急情況就會變成烏合之眾。「故不可惑於橫議，不可干預政治，務求保持忠節，牢記義重於山，死輕於鴻毛。」；㈡按照軍階遵守禮儀，「下級應視上級軍官之命令如朕意，上級軍官亦須

④ 大隈重信：《開國五十年史》。

善待下級。」；㈢是勇武。眞正的勇武與「血氣之剛」不同，應是「小敵不侮，大敵不懼」，「故尚武之人，與人交以溫和爲先，以資得人敬愛。」；㈣是告誡人們「勿守私情信義」；㈤是勸人勤儉。「凡不以質樸爲旨者，必流於文弱，趨於輕薄，崇尚驕奢，終至卑鄙自私，墮落至極。雖有節操、武勇，亦難免被世人所唾棄……朕心憂此惡習，故而諄諄誡之。」

這份敕諭最後一段把以上五條稱作「天地之公道，人倫之綱常」，是「我軍人的精神」。而且，這五條訓誡之核心「精神」就是「誠」。「心不誠則嘉言善行徒爲文飾，毫無效用；唯有心誠則萬事可成。」五條訓誡就是這樣「易守易行」。在列舉一系列的德行與義務之後，這份敕諭將它們都歸結到「誠」這裡，這是典型的日本特色。中國人習慣於把一切道德歸之於仁愛之心。日本人則不同，他們先確立義務準則，最後才要求人們傾注全部精力與心靈全心全意履行義務。

在禪宗的教義中，「誠」也具有同等的意義。鈴木大拙在論禪的專著中記錄有一段禪宗師徒的問答：

僧問：「吾視猛獅襲敵，不問其爲兔爲象，皆全力以赴，請問此力爲何物？」

師曰：「至誠之力也（字面含義是『不欺之力』）。至誠則不欺，亦即『獻出一切』。禪語謂之『全體作用』，即不留一物，毫無矯飾，絕不虛費。如此生活者可謂之金毛獅，乃剛勇、至誠、至純之象徵，神人也。」

「誠」這個詞在日語中的含義前文已提到。「誠」與英語sincerity的含意並不同，與sincerity相比，其內涵既更廣泛、又更狹窄。這一點西方人總是能立刻看出來，他們常說，當一個日本人說某人「沒有誠意」時，其意思是說這個人與自己的意見相左。這種說法包含了一定的道理，因爲當一個日本人說某人是「誠實的人」時，其實跟這個人在他心中的愛與恨沒有關係。美國人在表示讚美時常說He was sincerely glad to see me.（他見到我心裡很高興）或He was sincerely pleased.（他發自內心地高興）」，日本人沒有這樣的說法，他們擁有各種對「坦誠」（sincerity）表示輕蔑的習慣用語。他們嘲笑道：「看那隻青蛙，一張開嘴就把肚子裡的東西全都亮出來了。」、「就像是石榴一張開嘴，我們就知道它心裡有些什麼。」、「暴露感情」是一件恥辱的事情，因爲這樣會「暴露」自己。與「坦誠」（sincerity）一詞有關的這類聯想，在美國是如此重要，而在日本則微不足道。前文所提到的那位日本少年，當他批評美國傳教士「不坦誠」（insincerity）時，他絕沒有想過那位美國人是否對這個一無所有的窮小子到美國去的計畫感到驚訝。近十年來，日本政治家經常批評英、美兩國沒有誠意，他們一點也沒有考慮到西方各國是否確實按照其眞實感受在行事。他們並不指責美、英兩國是虛僞的，因爲，虛僞是最輕微的指責。同樣，在《軍人敕諭》中提到的「誠乃諸項訓誡之精神」，也不是在說，「至德」在於所有德行的實踐都是眞心實意，發自內心的。它並沒有教導人們在自己的信念與他人不同時，也要誠實。

但「誠」在日本還有著積極意義。並且，由於日本人非常重視這一概念的倫理作用，西方人因此很有必要掌握日本人使用這個詞的含義。日本人關於「誠」的基本含義在《四十七士物語》中有充分的體現。在那個故事裡，「誠」是附加於「情義」之上的。「眞誠與情義」與「單純的情義」有明顯區別，前者是「足以爲垂範後世的情義」。至今日本人還會說：「是誠讓它堅持存在下去」。根據字意來看，這裡的這個「它」是指日本道德中的任何戒律或「日本精神」所要求的任何態度。

戰爭期間，在美國的隔離收容所內的那些日本人，對這個詞的使用跟《四十七士物語》中完全一致。它清楚地表明「誠」的邏輯可以延伸多遠，而其含義又如何與美國的定義相反。親日的「第一代移民」（生在日本而移居美國）對親美的「第二代移民」（在美國出生）的批評，主要就是說「第二代移民」缺乏「誠」。「第一代移民」說這話的意思是，「第二代移民」沒有那種保持「日本精神」（戰時日本曾公開爲「日本精神」下定義）的心理因素。「第一代移民」的這種指責絕不是在說他們的孩子的親美態度是虛僞的，恰恰相反，在「第二代移民」志願加入美國軍隊，主動爲其第二個祖國作戰時，「第一代移民」更加振振有詞地指責「第二代移民」「不眞誠」。

日本人使用的「誠」這個詞的基本含義，是指狂熱地沿著日本道德戒律和「日本精神」所指示的人生道路前進。在特定條件下，不管「誠」這個詞有多少種特殊含義，它總可以理解爲對公認的「日本精神」的某個方面的稱頌以及對日本道德標準的讚美。一旦我們接受了「誠」這個詞不具有美國人認爲的那種含義，那麼它在日本所有的文獻中都是值得注意且極其有用的詞。因爲它大體上準確無誤地等同於日本人強調的各種正面的德行。「誠」這個詞經常用來讚揚不追逐個人名利的人，這反映了日本人的倫理對謀取私利者的厭惡。利潤（如果不是等級制自然產生的結果）被斷定是剝削的所得。從中漁利的中介人會成爲人們所嫌惡的放高利貸者，這種人被指責爲「不誠」。「誠」也經常被用來頌揚那些不感情用事的人，這體現日本人所認同的人的自我修煉觀念。一個「誠實」的日本人，是絕不會做冒犯他人的事的，除非他刻意想要激怒對方。這反映日本人認爲，一個人不僅對自己的行爲本身，並且也要對由自己的行爲派生的後果負責。最後他們認爲，只有「誠」才能「領導人民」，才能有效地使用擁有的技能並擺脫心理衝突的影響。這三種含義以及其他更多的含義，非常明確地表明了日本人的倫理觀的一致性，它反映出這樣一個事實：在日本，一個人只有當他執行規則的規定時，才能收到實效，才能擺脫矛盾與衝突。

如此看來，既然日本人的「誠」具有多重含義，那麼無論敕諭和大隈伯爵如何推崇，「誠」都無法簡化日本人的倫理體系。它既不構成日本倫理道德的「基礎」，也沒有賦予它「靈魂」。它好比冪函數，加在任意數後都可以擴大該數的大小，如a的二次方（a^2）可以是9的二次方，也可是159或b或x的二次方。「誠」也是這樣，它能把日本人的道德倫理的任何一條都提到更高層次。它似乎不是獨立的道德，而是信徒對其教義的狂熱。

無論日本人如何努力修正自己的道德觀，它仍然是一種分門別類的德。道德的原理仍是在這個與那個步驟間尋求平衡，而各種行爲本身都是善的。他們所建立的倫理體系就如同橋牌遊戲，優秀的選手遵守規則並在規則範圍內獲勝。跟拙劣選手之間的差異就在於推理的能力，這種能力使得他能利用競賽規則來判斷對手的出牌目的。用我們的話來說，他是在按霍伊爾（Hoyle）⑤規則比賽，每出一張牌都必須考慮到無數細節。如果比賽規則和記分辦法事先就已經規定好了，那麼一切可能出現的偶然性也應該包括在其中，美國人說的內心善良反而無關緊要了。

在任何一種語言中，人們用來表達失去或獲得自尊的那些詞句，非常有助於了解他們的人生觀。在日本，講到「尊重自己」時往往是指他本人是一個謹愼的人；而不像英語的用法中那樣是指誠意遵循爲人處世的準則，不諂媚討好他人、不撒謊、不做僞證等。日本人說「自重」，字面意思是「自我愼重」，其意是「應該通盤考慮事態中的所有因素，絕不可遭

⑤ 霍伊爾（Hoyle, Edmond, 1672-1769），惠斯特（一種撲克遊戲）規則的創立者。他認爲此規則不僅限於撲克牌，也可以運用到其他事物上。簡單說就是要按照規則、按照既定的硬性規定辦事。

人恥笑，或者導致成功機會的減少」。「尊重自己」這句話所對應的行爲往往跟美國人的相反。如果一個雇員說「我必須自重」，其含意並不是指他必須堅持自己的權利，而是絕不對雇主講任何會使自己陷入麻煩的話。作爲政治用語使用時，「你應該自重」也具有同樣的意思，那就是「身擔重擔的人」，如果輕率地談論「危險的思想」，那樣就是不「自重」。而在美國，「自重」卻沒有類似的意思，美國人即使思想危險，也要按照自己內心和良心來思考。

日本父母經常掛在嘴邊用來警告其子女的話也是「你應該自重」，這裡指的是要懂得察言觀色，不要辜負別人的期望。女孩子被告知坐著時不能亂動，雙腿位置要擺好；男孩子則要訓練自己，學會察言觀色，「因爲現在可以決定你的未來」。當父母對孩子說「你的行爲不是一個自重的人應該做的」時，這是在責備孩子行爲不當，並不是責備他缺乏勇氣堅持己見。

還不起債的農民對債主說：「我本應該自重的。」他這句話的意思並不是責備自己懶惰，或責備自己對債主卑躬屈膝，而是說他對應急之需本來應該考慮得更加周詳。社會地位高的人說：「我的自尊要求我這樣。」這並不意味著他必須堅持正直和廉潔，而是說他在處理事情時必須充分考慮到家庭及自己的身分和社會地位。

公司總裁談到他的公司時會說：「我們必須自重。」意思是說必須加倍愼重和小心。策劃復仇的人說：「自重地復仇」。這句話的意思並不是指「把炭火堆在敵人的頭上」或者他打算遵守任一道德原則；而是說「我一定要復仇」。例如周密地計畫，把一切因素都考慮到，在日語中最強烈的語氣是「雙重自重」，意思是考慮周全，絕不輕易下結論；它還意味著，必須做好計畫，然後以各種合適的方法和手段努力達到目的。

上述行爲體現的「自重」的含義都符合日本人的人生觀。按照「霍伊爾」規則，人們應小心謹愼行事。因爲日本人爲自重做出上述定義，所以絕不允許以出發點良好爲理由來爲失敗辯護。只要有行動，就會產生後果，因此在行動前人們不能不考慮後果。做人慷慨是好事，但你必須預見到接受恩惠的人是否會感到「背了恩情債」，對此，必須謹愼。批評人是可以的，但必須對可能造成的他人的怨恨做好心理準備。那位年輕畫家指責美國傳教士嘲笑自己，儘管傳教士的目的是善意的也沒用，傳教士沒有想到自己的行爲會帶來的後果，而在日本人看來，他的行爲是缺乏修養的表現。

把謹愼與自重劃上等號，這就蘊含了要求對他人的行爲的所有暗示的注意，並且能強烈感覺到別人是在評論自己。「人需要自重是因爲有社會」、「如果沒有社會就不用自重了」，這就是他們的認知。這些極端說法無不表明，自重是來自外界的壓力，跟行爲的內在因素沒有關係。跟很多國家的那些俗語一樣，這樣的說法的確有誇張成分，因爲日本人有時也像清教徒，對自己深重的罪孽反應強烈。但上述這些極端的說法仍體現了日本人內心眞正在意的是什麼：與其說他們在意罪惡感，還不如說是在意恥辱感。

在人類學對不同文化的研究中，區別文化時以恥辱爲基調還是以罪惡感爲基調，是非常重要的。凡是提倡道德標準的絕對性，並以此爲爲基礎發展出人的良心的社會，可以將其定義爲「罪感文化」。但必須注意，以罪感爲基調的社會，人們在做出了並非犯罪的不妥行爲後，也一樣會有內疚並因此產生羞恥感。比如衣著不當、言辭不當，都會導致懊喪。在以恥爲主要外在強制力的文化裡，對那些在我們看來是犯罪的行爲，那裡的人則會感到懊惱。這樣的懊惱有時會相當強烈，以致無法像罪感可以透過懺悔、贖罪等手段得到解脫，類似的手段能透過坦白而減輕犯罪者的心理壓力。如今坦白作爲手段，已經被用於一般的心理治療，更多的宗教團體也在運用這種手段，儘管二者在其他方面很少有共同點。我們明白，透過坦白可以得到心理上的解脫，但這種手段在把恥當作基調的社會沒有多大作用，那裡的人們即使是當眾認錯，甚至是向神父懺悔了，心理上也無法得到解脫。在他們的感受裡，只要自己的罪行沒有暴露，就不會有懊悔，而坦白懺悔只是在自尋煩惱。恥感文化沒有坦白與懺悔習慣，甚至對上帝懺悔的習慣也沒有。他們有祈禱幸福的儀式，卻沒有祈求贖罪的儀式。

恥感文化下的行善是來自外部的強制力促使的。而罪感文化則是依靠罪惡感對人的內心壓力促使其行善的。羞恥是對別人批評的反應。一個人感到羞恥，是因爲他被當眾嘲笑、排斥，或者他自己感覺被嘲弄了。無論哪一種，羞恥感都是一種有效的強制力量，但這要求有外人在場，至少要感到有外人在場。罪惡感則不是這樣的，有的民族，名譽來自人的內心理想，即使是自己的行爲無人察覺，也會因爲自己的行爲違背自己的內心原則而感到罪惡，同時，這樣的罪惡感能透過坦白或者懺悔得到消除。

美洲早期的清教徒移民，就曾試圖把道德準則置於罪惡感的基礎之上。大多數精神病學者都知道，良心爲現代美國人帶來了什麼苦惱。但在美國，羞恥感的作用愈來愈大，而罪惡感則不再像從前那樣敏感。美國人把這種現象解讀爲道德的鬆懈。這種解釋雖然也蘊涵著眞理，但我們並不指望羞恥感能擔起道德的重任。我們不能把伴隨恥辱而出現的強烈的個人懊惱納入我們的基本道德體系。

而日本人卻是把羞恥感作爲他們道德體系的基礎。不遵守明確規定的各種善行標準，不能平衡各種義務或者不能預見偶然性的失誤都是恥辱。他們認爲恥是道德的基礎，對恥辱敏感的人就能夠實踐善行。「知恥的人」這句話有時被譯作「有德的人」（virtuous man），有時譯成「重名譽的人」（man of honor）。恥感在日本的倫理體系中的地位，相當於西方倫理中的「心地純潔」、「篤信上帝」、「回避罪惡」。恥感在日本倫理道德中也具有同樣的權威地位。由此而來的邏輯推導結果就是，人死後不會再受到懲罰。日本人——那些接觸過印度經典的僧侶除外，沒有輪回報應的意識。除了那些皈依了基督教的教徒，日本人中很少有接受死後報應以及天堂地獄論的。

正如所有那些看重恥辱的部落或民族，羞恥感在日本人生活中的重要性也是毋庸置疑的。因此而導致的結果是，每個人都十分注意社會對自己的評價。一個人只需要根據他人的反應做出選擇，根據他人的判斷來調整自己的行爲就行。如果所有人都遵守同樣的規則開始遊戲，並能相互支持，日本人就會愉快地參與。當他們感到這是在履行日本國家的使命時，他們就會狂熱參與。在他們企圖把自己的道德體系輸出到別的民族和社會時，自然容易受到抵制。他們的「大東亞共榮」使命的失敗，就是最好的例證。很多日本人爲中國人還有菲律賓人對自己所推行的理想的抵制情緒感到憤怒。

那些到美國是爲了求學或經商，並不是受國家主義情緒所驅使的日本人，當他們試圖在這個道德規範不那麼嚴格的社會生活時，就常常感到過去所受的那種煩瑣精細的教育是「失敗」。他們感到日本的道德觀很難輸出，他們想要說的並不是所謂改變文化對任何人來說都是困難的這一類話，他們想說的遠比這多得多。比起中國人、泰國人，日本人更難適應美國式生活方式。在他們看來，作爲日本人，他們是依靠這樣一種安全感長大的，這種安全感就是只要一切都按照規矩行事，他人就會認可與他的微妙的關係。當他們看到那些外國人對自己的那些微妙的禮節毫不在乎時，就開始手足無措。他們開始在西方社會生活中努力想要找到一些跟自己類似的細小行爲形式，一旦找不到，就會沮喪甚至憤怒。

在其自傳《我的狹島祖國》中，三島女士（Mishima）成功描寫自己在道德規範不甚嚴格的文化中的體驗。她是如此渴望到美國留學，爲此說服保守的家人，消除了「不願受恩」的觀點，接受一個美國獎學金最終進入了衛斯理學院。她說，老師和同學都對她特別友善，但這卻使她很不安。因爲「日本人的共同特點是以品行無缺陷而自豪，我這種自豪卻受到嚴重傷害。爲此我不知道在這裡該怎麼做，周圍的環境似乎在嘲笑我以前的經驗，我因此而感到惱怒。除了這種模糊而又根深蒂固的惱怒外，我心中再沒有其他感情」。她感到自己「似乎是一個從其他行星上掉下來的人，原有的感覺和情感在這個世界都用不上。日本式的教養要求任何動作都要文靜優雅，每一句言辭都要禮貌規範，當前的環境令我十分敏感，以致在社交活動中不知所措」。她爲此花了兩、三年時間才解除緊張，並且開始接受別人的好意。她認爲，美國人生活在一種她所謂的「優美的親密感」中，而「在我三歲時，親密感就被當作不禮貌扼殺了」。

三島女士把她在美國結識的日本女孩和中國女孩做了比較，她認爲美國生活對兩國女孩的影響完全不同。中國女孩具有的「那種沉穩風度和社交能力是大多數日本女孩所不具備的」。「在我看來，這些上流社會中的中國女孩是世界上最文雅的人，她們彷彿就是這個社會的眞正主人。即使在高度機械化與高速度的文明中，她們恬靜和沉穩的性格與日本女孩的怯懦、拘束形成鮮明對比，這顯示出社會背景的某些根本差異。」

和其他日本人一樣，三島女士感到自己像網球名將參加棒球遊戲，所學到的那些優秀技藝無法施展。她感到過去所學到的東西完全無法適應新環境，她過去所受到的訓練也毫無用處，美國人根本不需要這些東西。

一旦日本人接受美國那種更加簡潔明瞭的行爲規則，哪怕只是接受一點點，也很難想像他們能夠再繼承日本那種繁文縟節的生活。有時，他們把過去的生活說成是失去了的樂園；有時又說成是「桎梏」；有時說成是「牢籠」；有時又說成是盆景的小樹。只要這棵小松樹的根是培植在花盆裡，這就是件為花園增添風雅的藝術品；一旦移植到野地上它就不再是盆景。他們感到自己再也不能成為日本花園的點綴，再不能適應往日的要求。他們最尖銳地經歷了日本道德的困境。

第十一章　自律與修煉

「他們要求自己履行極端義務，而傳統的關於相互義務的強制力，則阻礙他們持有『自我憐憫』和『自以為是』的情感，而這種情感是強調個人主義的社會很容易出現的。」

任何一種文化的自律，在一個外國的觀察者眼裡，很難說出有何意義來。自我約束的方法很明確，但難以理解的是爲何要如此爲自己製造麻煩？例如爲什麼要把自己吊在鉤子上？爲什麼要氣沉丹田？爲什麼要自虐以致拒絕任何金錢？爲什麼只是專注於一項苦行，而對其他人認爲需要透過訓練來限制的衝動卻不加克制？尤其是那些從未接受過自律訓練的人，一旦來到一個高度重視自律的國度，就很容易產生迷惑跟誤解。

美國是一個缺少自我約束傳統的社會。美國人認爲，一個人一旦在生活中找到了自己可能實現的目標，在必要時就要鍛鍊自己以求實現這個目標。是否進行鍛鍊取決於他的雄心、良心或魏博倫[①]所說的「職業本能」（an instinct of workmanship）。爲了成爲一名足球運動員，他可以接受嚴格的紀律；爲了成爲一名音樂家或者取得事業上的成就，他可以放棄一切娛樂活動。由於良心的作用，他可以摒棄一切邪惡和輕浮的行徑。

但在美國，自律行爲不像算數，可以不考慮其特定應用的需要，而僅作爲一種技術來學習。如果在美國也有人在教授這種修行的話，那一定是歐洲某些教派的領袖或傳授印度瑜伽之類修煉方法的印度教婆羅門。甚至基督教的聖特麗薩（Saint Theresa）或聖胡安（Saint

---

① 魏博倫（Veblen, Thorstein, 1857-1929），美國著名經濟學家。

Juan）②所傳授及實踐的默想和祈禱式宗教修行，在美國也很難存在。

不過日本人卻認爲，無論是參加中學考試的少年還是參加劍道比賽的人，甚至僅僅是爲了過貴族生活的人，都要進行一些特定內容之外的自我修煉。不管你考試成績多麼優秀，劍術多麼高明，也不管你的禮貌多麼周到，你都必須放下書本、刀劍或社交形象，接受特殊的訓練。當然，並不是所有的日本人都接受祕密的訓練，即使那些不參與修煉的日本人也都承認自我修煉這個詞在實踐過程和實際生活中的地位。各個階層的日本人都是在用那套普遍流行的自我克制的概念判斷自己和他人。

在日本，自我修煉的概念大致可分爲兩類，一類是培養能力的，另一類不僅培養能力，同時還有更高的要求。我把第二類稱之爲「圓滿」。這兩者之間存在著區別，主要是會產生不同的心理效應，並依據不同前提，透過不同的外部形式體現。有關培養個人能力的自我修煉，在這本書裡已經有過很多的敘述。比如那位陸軍軍官講述的日本士兵的訓練強度，每次演習都會持續進行六十個小時，中間只能休息十分鐘，「所有的士兵都知道怎麼去睡覺，現在訓練的目的就是要他們不睡覺。」這在我們看來是過於極端的，其目的是培養一種行爲的

---

② 聖特麗薩（Santa Teresa de Jesús, 1515-1582）、聖胡安（San Juan de la Cruz, 1542-1591），兩人都是西班牙卡爾梅修道院神祕主義者。

能力。這位軍官所說的是一種在日本得到公認的原理，也就是精神駕馭術，是認爲精神意志應該駕馭肉體，而肉體的潛能無限，是可以接受任何形式的訓練的。至於肉體會不會因此遭到健康的損害，他們根本不會理會。日本人的「人情」理論都是建立在這種觀念之上的：肉體必須服從人生大事，不論對健康如何重要，不論健康是否允許，更不論肉體本身是否容許和能經受得住。一個人應當犧牲一切，修煉自我來弘揚日本精神。

但如此表述日本人的觀念有失武斷。在美國日常用語中，「不惜任何代價的自我修煉」（at the price of whatever self-discipline）的意思往往是「不惜任何自我犧牲」（at the price of whatever self-sacrifice），而且有「不惜任何代價的自我克制」之意。有關訓練，美國人的理論是，男女自幼都需要經過訓練而社會化，不論是外部強加的，還是影響到內在形成意識的訓練，也不論是主動接受還是由權威強加的。訓練是一種壓抑，被訓練者對其願望受到極大限制強烈不滿。但他必須做出犧牲，並且不可避免會被激發起反抗意識。這不僅是美國心理學家們的見解，也是父母在家庭中撫養下一代的哲學。正因爲如此，心理學家們的分析對我們的社會來說確實有許多眞理。孩子們到時候都「必須睡覺」，從雙親的態度上他就能懂得這是一種自我壓抑。在無數家庭裡，孩子們每天晚上都要吵鬧一番，以此來表示自己的不滿。他已是一個經過訓練的美國兒童，雖然知道人「必須」睡覺，卻仍要反抗一番。他的母親還規定他「必須」吃的東西，有燕麥粥、菠菜、麵包或橘子汁等，但美國孩子卻學會反對那些「必須」的東西：他認定，凡是「對身體好」的食品就一定不好吃。這種現象在日本是絕對沒有的，在歐洲某些國家，例如希臘也是看不到的。在美國，長大成人就意味著擺脫食物上的壓抑，作爲成人，他可以吃美味的食物，而不用再吃對身體「有益」的東西了。

但與西方人關於自我犧牲的整體概念比，這些有關睡眠和食物的事情都是瑣碎小事。西方人的標準信條是：父母要爲孩子做出很大犧牲，妻子要爲丈夫犧牲其事業，丈夫犧牲自己的自由換取一家生計。對美國人來說，一個社會可以不需要自我犧牲簡直不可思議，但實際上這種社會存在著。在這種社會裡，人們都認爲，父母親會自然疼愛孩子，婦女們喜歡婚姻生活勝於其他，肩負一家生計的人是在從事他所喜愛的工作，比如當獵人或花工。爲什麼要提到自我犧牲呢？社會強調要這樣解釋，人們也同意按照這樣的解釋生活，自我犧牲的概念也就無人接受。

那些被美國人視爲是爲他人做出「犧牲」的事，在其他文化中被視爲是交換。或者被視爲是一種投資，是要在將來獲取回報的；要不就是對以前受過他人恩惠的等價回報。在一些文化中，甚至父子關係也是如此；父親因爲在早年照顧過兒子，兒子因此需要在父親晚年或去世後加以回報。任何一件事之間的關係都是一種民間契約，它的核心通常是對等、庇護與服務構成義務的兩面。只要這種關係是建立在雙方得利的基礎上，就不會有人覺得自己是做出犧牲。

在日本，爲他人服務背後的強制力當然也是相互的，既要求對等，也要求在等級制下彼此承擔相應責任。透過這種自我犧牲得到的地位跟美國社會完全不同。日本人對基督教傳教士關於自我犧牲的說教特別抵觸。他們極力主張，有道德的人不應把爲他人服務看作是對自己的壓抑。有位日本人對我說：「當我們做你們稱之爲自我犧牲的事時，我們覺得是自願的，或者認爲那樣做是對的。我們不會爲此感到遺憾，不管實際上我們爲別人做了多大犧牲，我們也絕不會認爲這是爲了提高我們的精神境界，或者認爲應當爲此得到回報。」像日本人那樣把縝密細緻的相互義務關係當作社會生活的核心，當然不會發現這裡面還有什麼「自我犧牲」存在。他們要求自己履行極端義務，而傳統的關於相互義務的強制力，則阻礙他們持有「自我憐憫」和「自以爲是」的情感，而這種情感是強調個人主義的社會很容易出現的。

美國人要想理解日本社會自我修煉的一般習慣，就必須對美國的「自我訓練」（self-discipline）概念施行外科手術，把附生在文化概念上的「自我犧牲」（self-sacrifice）和「壓抑」（frustration）之類贅生物切除。在日本，一個人要成爲出色的運動員就要進行自我修煉，就像打橋牌，他完全不會意識到這是「犧牲」。當然訓練是艱苦的，但這是事物的本性。新生嬰兒雖然「幸福」，卻沒有能力「體驗人生」。只有經過精神訓練（或者「自我修煉」）才能生活得充實，並且獲得「體驗人生」的能力。這種說法通常被譯作「只有這樣才能享受人生的樂趣」（only so can he enjoy life）。透過特殊修煉能培養丹田之氣（自制力之所在），從而使人生更加廣闊。

在日本，需要培養「能力」的自我修煉，他們的理由是這樣能改善人駕馭生活的能力。他們說，人們在修煉的初期可能感到難以忍受，但這種感覺很快就會消失，因爲一個人最終會享受到其中的樂趣，否則就會放棄修煉。在日本，學徒要在事業上充分發揮作用，少年要學習「柔道」，新媳婦要學會適應婆婆的要求。在訓練的最初階段，那些不適應新要求的人想逃避也是可以理解的。他們的父親就會教導他們說：「你希望的是什麼？要體會人生，就必須要接受訓練；如果放棄修煉，你今後一定不會快樂。如果因此遭到社會的非議，我是不會袒護你的。」他們常用的說法是，修煉就是磨掉「身上的鏽」，它會使人變成一把鋒利的刀。

日本人如此強調自我修煉有利於自己，並不意味著他們的道德戒律所要求的極端行爲是不會導致嚴重壓抑的，也不意味著這種壓抑不會導致攻擊性衝動。對這樣的差別，美國人在遊戲和體育活動中是能理解這種區別的。橋牌冠軍絕不會抱怨爲了打好牌而做出的那些自我犧牲，絕不會把爲了成爲專家而花費的時間看成是一種「壓抑」。儘管如此，醫生們還是說當一個人在下大賭注或爭奪冠軍時，注意力高度集中會導致胃潰瘍及身體過度緊張，日本人也不例外。不過，由於相互義務觀念的強制力以及人們堅信自我修煉於己有利，使得日本人容易接受許多美國人難以容忍的行爲。他們遠比美國人更加注意其所能勝任的行爲，而不像美國人那樣爲自己找藉口。他們也不像我們那樣經常把對生活的不滿歸咎於他人，他們更不會因爲沒有得到美國人的所謂平均幸福（average happiness）而沉湎於自憐。他們被訓練得比美國人更加注意自己「身上的鏽」。

「圓滿」是培養「能力」達到的更高一層境界。日本作家有關這類修煉技巧的書是西方人了解這種修煉的主要途徑，但卻很難由此眞正懂得。而研究這個問題的西方專家又往往對它不太重視，有時候，他們稱之爲「怪癖」。一位法國學者在其著作中說他們完全是「無視常識」，並說最講究修煉的教派——禪宗，是「嚴肅的荒謬之集大成者」。但日本人透過這種技巧所想要達到的目標，卻並非是難以理解的，探討這個問題有助於我們了解日本人的精神控制術。

在日語中，有一系列用來描述自我修煉達到「圓滿」精神境界的詞語。這些詞彙有的適用於演員，有的適用於宗教信徒，有的適用於劍客，有的適用於演說家，有的適用於畫家和茶道宗師。一般來說，它們大體上含義都是相同的，我僅舉「無我」一詞爲例，這是在上流社會流行的禪宗用語。不管它是世俗的經驗還是宗教的經驗，它所表達的「圓滿」境界的體驗，是指在意志與行動間「毫無破綻，渾然天成」。猶如電流從陽極直接導入陰極。沒有達到「圓滿」境界的人，在意志與行動之間則彷彿有一塊絕緣的屏障。日本人把這個稱作「觀我」、「妨我」。經過特別訓練消除這種障礙後，「圓滿」者就完全意識不到「我正在做什麼」。就像電流在電路中自由流動一樣，無須費力。這種境界就是「一點」（one-pointed）。③行爲與內心所描寫的形象完全一致。

即使最普通的日本人也要努力達到這種「圓滿」境界。英國研究佛教的權威查理斯·艾利奧特爵士（Sir Charles Eliot）在談到他的一位女學生時說：

> 她到東京一個著名傳教士那裡，說希望成爲基督徒。傳教士問她爲什麼，她說想坐飛機。於是傳教士就讓她說說坐飛機與基督教有什麼關聯，她說，坐飛機要有一顆非常鎮定、遇事不亂的心，而這只有經過宗教訓練才能獲得。她認爲基督教可能是最好的宗教，因此前來求教。④

除了把基督教和飛機聯想在一起，日本人還能把「鎮定、遇事沉著」跟應付考試、演講、政治生涯聯想在一起。在他們看來，培養「一點」，也就是集中、專注的能力，對從事

---

③ 「一點」是鈴木大拙所著的《禪宗概論》一書中的用語。據作者自己解釋，這個詞是從梵語的《楞伽經》裡「ekagra」一詞翻譯過來的，所表示的是「主客不分」，心神集中到一點的狀態。佛教一般稱之爲「一緣」、「一心」。

④ Eliot, Sir Charles，《日本的佛教》。

任何事業都有好處。

許多文明都擁有這類訓練，但日本人的訓練目標與技巧顯然具有很強的獨特性；更加有趣的是，日本的很多修煉技巧來自印度的瑜伽教派。日本的自我催眠、全神貫注、控制感官的技巧至今仍顯示出與印度修行方法的繼承關係，都同樣重視「空靈（排除雜念）」「體靜（身體靜止）」，以及成千上萬遍反覆誦念同一句話、專注於某一選定目標，甚至一些印度的術語在日本也被使用。但除了這些表面上的共同點，日本的修煉術與印度的幾乎沒有相同之處。

瑜伽教派在印度是一個極端禁欲苦行的教派，它認為這是一種從輪回中獲得解脫的方法。除了解脫（「涅槃」）外，人別無其他脫出輪回的辦法，而獲得解脫主要的障礙是欲望。人的欲望只有透過忍受饑餓、忍受羞辱、自虐才能消除。透過這些手段，人就可以脫俗入聖，獲得靈性，達到神人合一境界。瑜伽是一種摒棄世俗肉欲世界，逃脫無邊苦海的方法，同時又是一種掌控性靈能力的方法。修煉愈是殘酷，就愈是能縮短到達目標的過程。

這種哲學在日本很難存在。儘管日本是一個佛教大國，但輪回和涅槃思想從沒成為過日本人佛教信仰的一部分。雖然這種教義被少數僧侶所接受，但從未對民間思想習俗產生過影響。在日本，沒有把鳥獸魚蟲看作是人的轉世而不准殺生的現象，葬禮和出生慶典也沒受輪回思想的影響。輪回不是日本的思維模式，涅槃也不是。不僅一般民眾對它一無所知，僧侶們也對它進行加工改造使之適應日本社會。有學問的僧侶斷言，頓「悟」之人即已達到涅槃；即在此時此地，在松樹和野鳥中都能「見到涅槃」。日本人從來都不會對死後的世界有任何興趣，他們的神話都是講關於神的故事，而從不講死人的故事，他們甚至拒絕佛教關於人死後因果報應的思想。日本人認爲，不管什麼人，甚至身分最低的農民，死後都能成佛，日本人供在佛龕中的家屬靈位就稱作「佛」，沒有第二個佛教國家這樣使用這個術語，對一般死者用如此大膽的尊稱，完全可以由此得出，這樣的民族是不可能追求涅槃這樣艱難的目標的。既然一個人怎樣都能成佛，那也就沒有必要終生忍受肉體的痛苦，去達到某個絕對靜止的目標了。

在日本，也沒有關於肉體與精神相排斥的理念。瑜伽是一種消除欲望的方法，欲望寄生於肉體。然而日本卻沒有這種教義，認爲「人情」（煩惱）並非魔鬼。他們認爲感官享受是生活智慧的一部分，唯一的條件就是必須爲人生重大義務做出犧牲。在日本人對待瑜伽修行上，這一信條已在邏輯上擴展到了極端：不僅一切自虐苦行被排除，而且這個教派在日本也不是禁欲主義的。他們的「悟者」雖然被稱爲「隱士」並過著隱遁的生活，但一般仍與妻子同住並過著安逸的生活，娶妻生子與超凡入聖沒有一絲半點矛盾。在日本，佛教最通俗流行的教派⑤的僧侶是可以娶妻生子的。日本人從不輕易接受靈肉不相容的說教。頓「悟」者是

⑤ 指的是淨土宗。源自中國。

得自於自我冥想修行和質樸的生活，而不在於衣衫襤褸、禁絕聲色犬馬。日本的聖者整天吟詩作對、品茶對飲、觀花賞月。現在的禪宗甚至要求其信徒儘量避免衣、食不足和眠不足這「三不足」。

瑜伽哲學的最終信條是神祕主義，認同可以把修行者引入忘我的天人合一境界。這種信條不存在於日本，無論是原始部族的民眾、伊斯蘭教的阿訇、印度的瑜伽修行者還是中世紀的基督徒，雖然其信仰各異，但奉行神祕主義的修行者都異口同聲堅稱自己體驗到了「人世所沒有的」快樂，達到了「天人合一」。日本雖然也有神祕主義修行方法，但卻沒有神祕主義哲學，他們也懂得如何入定，但他們不把它稱作「超凡入神」的途徑，而是看作修煉「一點」的方法。神祕主義者說，入定時五官會停止活動；禪宗的信眾們卻認為入定能使「六官」達到極其靈敏的狀態。透過訓練第六官，可以使其支配平常的五官，五感要接受特殊的訓練才能入定。禪宗修行者有一項練習是傾聽足音來準確跟蹤足跡的；或者在三昧境界中仍能辨別誘人的美味。嗅、視、聽、觸、味都是「輔助第六器官的」，人要在這種境界中學會使「各器官變得非常靈敏」。

對於任何重視超感經驗的教派來說，這都是非同尋常的。即使在入定時，參禪者也不會遊蕩於自身外，而是像尼采（Nietzsche）描述的古代希臘人那樣「保持原狀，保留名分」。許多日本佛法大師都有對這種現象的生動描述。而最精彩的當屬高僧道元，他在十三世紀創立了曹洞宗，⑥至今仍是禪宗中最有影響力的教派。談到自己頓悟的經驗（satori）時他說：「我只知道眼睛是橫在鼻子上的……（在禪的體驗裡）沒有什麼神祕的。就像時間的流逝，太陽的東升，月亮的西沉。」⑦在那些禪學的著作裡，也不認爲「入定」除了培養自我的修煉外，還能獲得別的什麼。一位日本佛教徒寫道：「瑜伽認爲透過冥想可以獲得超自然能力，但是禪宗不採納這種荒謬的說法。」⑧

這樣一來，印度瑜伽派的理論基礎就被日本人徹底抹殺了。日本人喜愛對事物進行限定，這讓人聯想到古希臘人，他們把瑜伽理解爲追求自我完善的一種修煉方法；理解爲求得圓滿，讓人的精神跟自己的行爲之間消除偏差的手段。這是一種完全依靠自我的修煉，回報是當下的，使得人們能有效應對所面臨的任何局面，輕重恰到好處；它能讓人控制自我，遠離躁動，無論遇到什麼外部危險或者內心的不安，都能不動如山。

這種訓練對僧侶和武士都有益處。準確地說，武士正是把禪宗當作自己的信仰，在任何

---

⑥曹洞宗：禪宗五家之一，唐朝良介在今天的江西宜豐洞山首創，其弟子本寂在今天的江西宜黃曹山發揚光大，因此被稱爲曹洞宗。十三世紀由來華學習的日本僧人道元帶回日本。本山在日本福井吉田郡永平寺、橫濱鶴見區總持寺。

⑦引自忽滑谷快天《武士的宗教》一書。

⑧同前注。

其他地方，你都很難發現會像日本人這樣，用神祕主義的修行法來訓練武士的單兵作戰能力，而不是用來追求神祕主義的體驗。在日本，從禪宗開始發生影響時起就一直是這樣。十二世紀日本禪宗的開山鼻祖榮西爲自己的巨著就取名爲《興禪護國論》，而且禪宗還訓練武士、政治家、劍術家和大學生，從而完成自己的世俗目標。正如查理斯·艾利奥特爵士所說，中國的禪宗沒有任何跡象會使人想到，禪宗傳到日本後會成爲軍事訓練的手段。「禪宗和茶道、能樂一樣，完全日本化了。可以設想在十二、十三世紀那個動亂的年代，這種主張內心直接體驗而不是從經典中尋求眞理的冥想、有著神祕的教義的教派，會在逃避塵世苦難的寺廟裡流行，但很難想到它會被武士階層接受，並作爲生活準則，但實際情況正是這樣。」

在日本，很多的宗教教派，包括佛教和道教都特別強調冥想，強調自我催眠和入定這類神祕修行法。其中有些教派把這種訓練的成果看成是神的恩寵的具體體現，其哲學基礎是建立在「他力」，即外部力量也就是神的幫助上。而有些教派，則強調「自力」，主張自力更生，自己幫助自己。禪宗是其代表者。他們教導人們，人的潛力只存在於自身，只有靠自己的努力才能發掘出來。日本武士們發現這種教義符合他們的性格，無論作爲僧侶，作爲政治家還是教育家——他們都從事這類修煉——都以禪宗的修行來加強自己的樸素的個人主義。禪宗的教義簡單明瞭：「禪所求者，唯在己身可發現光明，不容許任何阻礙。除爾途中一切孽障……遇佛殺佛、逢祖滅祖、遇聖屠聖，唯此一途，可以得救。」⑨

人們探索眞理，不能依靠間接的體驗，無論是佛祖教導、祖宗經典還是神學都是一樣。「三乘十二因緣說都是廢紙。」⑩研究它雖不能說毫無益處，卻不能使靈光閃現。而唯有靈光閃現才能使人頓悟。在一本禪語對答的書中記載了弟子求禪僧講《法華經》的事蹟。⑪禪僧講得頭頭是道，弟子卻失望地說：「我還以爲禪僧蔑視經典、理論和邏輯體系呢！」禪僧回答說：「禪並不是一無所知，禪只是相信眞知在一切經典、文獻之外。你並不是來求知的，你不過是來求解佛經罷了。」⑫

禪師傳授的傳統修煉方法，目的是引導弟子透過尋找到「眞知」從而達到頓悟。這樣的修煉既有身體的，也有精神的，目的都只有一個，那就是最後能在內心意識得到確認，其中劍術家的修禪是最好的例證。劍術家必須經常練習基本的擊劍技術，但這僅僅是屬於「技

---

⑨ 引自E.Steinilber-Oberlin，《日本的佛教教派》一書。

⑩ 三乘十二因緣即：三乘，佛教稱人有三種根器，因此有三種修持途徑，並將此比作乘坐三種車，所以稱爲「三乘」，曰聲聞乘、緣覺乘、菩薩乘；十二因緣又叫十二緣起。是佛教三世輪回的基本理論。包括了無明、行、識、名色、六入、觸、受、愛、取、有、生、老死。

⑪ 全稱《妙法蓮華經》。

⑫ 引自E. Steinilber-Oberlin，《日本的佛教教派》一書。

能」範疇，還必須要能做到「忘我」。一開始他會被要求全神貫注於自己腳下站立的那幾平方英寸的地板，接下去站立的地方會逐漸被抬高，直到最後站立的是四英尺高的一根柱子，到訓練的人能感覺到跟站在庭院中一樣自如爲止。一旦能在這根柱子上隨心所欲站立了，他也就能夠達到頓悟，他已經能隨心所欲，不再會搖晃跌落。

這種站柱術是將人們熟知的西歐中世紀聖西蒙（Saint Simeon）派⑬的立柱苦行術加以改造，使之成爲一種有目的的自我修煉法。但它不再是苦行。無論是修禪還是農村中的許多風俗習慣，各種身體訓練都經過這種改造。潛入冰水和站在山泉瀑布下這類苦行修煉在世界上許多地方都存在。有的是爲了鍛鍊身體，有的是爲了祈求上蒼的憐憫，有的則是爲了進入恍惚獲得奇異體驗。日本人最喜歡在天亮前站或坐在冰涼刺骨的瀑布中，或在冬夜用冰水洗澡三次，但目的是鍛鍊自我意識，直到覺不出痛苦。求道者的目的是訓練自己能不受外界干擾。當他意識不到水的冰冷，在寒冷的清晨身體也不顫抖時，他就「圓滿」了。除此以外，並不企圖尋求任何別的回報。

精神訓練也必須適當。你可以請教老師，但老師也不會對你進行西方意義上的「指

---

⑬ 聖西蒙（Saint Simeon），西元三世紀時的基督教修行僧，生於今敘利亞北部。傳說他在一個柱子上生活、傳道了三十年。柱子最初爲六英尺高，後逐漸升高到六十英尺。

導」，因爲你從自身以外學到的不可能是有用的東西。老師可以和弟子討論，卻不會溫和地引導弟子使之能抵達智慧的新境界。老師愈是粗暴，就會認爲愈是對弟子的幫助大。當老師突然打掉弟子送到嘴邊的茶杯，或者把弟子摔倒，或者用銅如意敲打弟子的指關節時，在這種衝擊下，弟子就會像觸電般頓悟。⑭因爲這打掉了他的自滿。在僧侶們的那些言行錄中這類故事比比皆是。

「公案」是爲使弟子開悟而最常用的方法，字面意思就是「問題」，據說有一千七百多個。禪僧逸話中說，有人爲解決一件公案竟費時七年之久。「公案」的目的並不是要得到合理的答案。比如「設想孤掌獨鳴」、或者「緬思未生兒時母」、⑮「背負屍體而行者爲誰？」、「朝我而來者何人？」、「萬法（萬物）歸一，一又何歸？」等等。十二、十三世紀前這類公案在中國曾經流行過，後被日本在引進禪宗的同時引入；但公案在中國早已消失，在日本卻發揚光大，成了獲得「圓滿」的一種重要的修煉手段。禪宗的入門書就很重視公案，他們說「公案裡包含了人生的困境所在」，說思考公案就像是「被趕入絕境的老

---

⑭ 來自我國禪宗的「棒喝」。傳說最初始於德山宣鑒、臨濟義玄，也就是所謂的「德山棒，臨濟喝」。

⑮ 指父母沒有生出我之前的本來面目。

鼠」，要不就是「像呑下燒熱了的鐵球」的人或「想叮咬鐵塊的蚊子」。⑯當他忘我地努力後，橫亙在心靈與公案間的「觀我」就被除掉，宛若一道閃電照亮心靈與公案，使二者合而爲一，這就是「頓悟」。

這些有關精神的高度緊張狀態的描述，在讀過後你如果再從這些文字中尋求他們耗盡精力所發現的偉大眞理，你也許會感到失望。例如，南嶽⑰花了八年時間思索「朝我而來者何人也」，最後，他明白了。他的結論是：「說此地有一物，旋即失之矣，即使此地有物，也隨即失去。」但禪語的啓示也有一定的模式，以下數句問答可以說明：

僧問：「怎樣才能避免生死輪回？」

師曰：「誰使你受到束縛（即誰把你綁在輪回上）？」

這一問一答的意思是說，他們學習所用的方式就像中國一句諺語說的那樣，是「騎驢找

⑯ 禪書上寫作「鐵牛」。

⑰ 南嶽，禪宗六祖大鑒慧能禪師的法嗣，金州人。唐玄宗天寶三年圓寂，諡號大禪法師。其門徒爲臨濟、潙仰兩宗。「朝我而來者何人」的中文原文爲：「恁麼來物是誰？」

驢」。他們要學的「不是漁網和陷阱，而是那些工具想要捕捉的魚和獸」。借用西方的術語說就是，他們學的是二難推理，跟題旨沒有關係。目的只是使人頓悟，也就是開天眼，現有的手段就能達到目的。一切皆有可能，沒必要去借助外力，反求諸己就行。

公案的意義不在於這些眞理追求者所發現的眞理（這些眞理是跟全世界的神祕主義者的眞理一樣的），而在於日本人如何探索眞理。

公案被稱作「敲門磚」。「門」就裝在未頓悟的人性外的圍牆上，這種人性擔心現存手段是否夠用，總是幻想有許多人盯著自己並準備進行褒貶。這堵牆就是日本人感受深切的「恥感（haji）」。一旦把門敲開，人就進入自由的天地，磚就會被棄之一旁，也不用再去解答什麼公案了，功課修完了，日本人的道德困境也解脫了。他們拼命鑽牛角尖，「爲修煉」而變成了「咬鐵牛的蚊子」，直到最後，才發現死角根本就沒有存在過。在「義務」與「情義」，「情義」與「人情」以及「正義」與「情義」之間都不存在死角。他們發現一條出路並且獲得自由。他們首次充分「體驗」人生，達到「無我」境界。他們的「修煉」成功實現了「圓滿」的目標。

禪宗的權威鈴木大拙把「無我」解釋爲「無爲意識的三昧境界」，⑱「不著力，無用

⑱ 鈴木大拙：《禪宗論集》。

心」，「觀我」被根除了，人「失我」，也就是指自己不再是自身行爲的觀察者。鈴木說，「隨著意識的覺醒，意志就一分爲二：行事者和觀察者。兩者之間的衝突不可避免，因爲，行事者（眞我）要求擺脫（觀我者）束縛。」而當「悟」時，弟子發現，既無「觀我者」，也無「作爲不知或不可知之量的靈體」，⑲只有目標及實現目標的行爲，其他的都不存在。研究人類行爲的學者如果變換一下表述方式，就能更具體地指出日本文化的特性。就好比一個小孩，受到嚴格訓練去觀察自己的行爲，注意別人的評論並據此判斷自己的行爲。這樣作爲觀我者他很容易受傷害。一旦進入靈魂的三昧境界，他就根除了這個易受傷害的自我，他不再會去意識到「他在有所爲」。這時，他就覺得自己的心性修煉成功了，就跟那個可以站在四英尺高的柱子上的劍術家一樣，隨心所欲。

畫家、詩人、演說家和武士都透過這種訓練來求得「無我」。他們學到的並不是「無限」，而是對有限美的明晰，是排除外界的干擾。或者是學會透過調整手段與目標，用適當的努力達到適當的目的。

即使沒經過訓練的人也可能有一種「無我」的體驗。在欣賞能樂和歌舞伎時，一個人陶醉於劇情中，也可以說是忘我。他手心出汗，他感覺這是「無我的汗」。轟炸機飛行員在

---

⑲ 轉引自Eliot, Sir Charles，《日本的佛教》。

接近目標投彈前，也會滲出「無我之汗」。「他意識不到自己在做」，他的意識中沒有觀我。當高射炮手全神貫注瞄準時，他消失在周圍的世界裡，同樣會滲出「無我的汗」，並失去「觀我」。凡是身處此種狀態的人，以及其他一些類似的例子，都達到最高境界，這是日本人的觀點。

上述論說雄辯地證明了日本人把自我監督變成沉重的負擔。他們說，一旦這種牽制消失，就感到自由並且很有效率。美國人把「觀我」與理性原則當作一回事，並以能臨危不懼，「機智靈活」而自豪。日本人卻要靠進入靈魂三昧，擺脫自我監視的束縛，才有去除頸上之枷的感覺。這讓我們看到了，日本文化反覆向自己的心靈深處灌注謹慎；但日本人卻不承認這點，他們極力辯解說：當內心的壓力消弭，人的意識就會進入有效的狀態。

日本人用來表達這種信條的最極端的方式（至少在西方人看來是這樣）就是他們高度讚賞「像死人一樣活著」的人。如果照字面翻譯成西方語言，就應該是「活死屍」，在西方任何語言中，這句話所表達的都是招人厭惡。當我們這樣說的時候，通常是指一個人的自我已經死去，在人世只空留一具軀體。日本人講「就像死了一樣活著」則是說這個人已達到了「圓滿」境界。他們常把這句話用於鼓勵，在鼓勵為中學考試而苦惱的少年時，他們會說：「就當你已經死了，這樣就很容易透過考試了。」鼓勵進行重要商業交易的人時也是如此，他的朋友會說：「就當死了。」當一個人陷入嚴重心理危機，看不到希望時，也常以「權且當已死」的決心去生活。戰敗後被選為參議院議員的基督教領袖賀川豐彥在他的自傳體小說中寫道：「像被惡鬼纏身的人一樣，每天他都躲在房間裡哭泣。他那爆發性的抽泣已接近歇斯底里。苦苦掙扎了一個半月，最終他的生命取得了勝利……我要我的身軀帶著死的勇氣活下去……他就當是死了一樣投入戰鬥……他決心要當一個基督徒。」[20]戰爭期間，日本士兵喜歡這樣說：「我決心就當自己死了，以謝皇恩。」這句話包含著一系列的行爲，如在出征前爲自己舉行葬禮；發誓把自己的身體「變成硫磺島上的一抔土」，決心「與緬甸的鮮花一起凋零」等。

以「無我」作爲基礎的哲學也指向於「就當死了那樣活著」。在這種狀態中人就能忘掉自我監視、忘掉恐懼和警惕。他已經成爲死人了，也就是說不需再爲恰當的行爲而費思量，死者是不用再報「恩」的。因此，「我就當死了地那樣活著」這句話意味著擺脫一切衝突，意味著「我的精力和注意力不受任何束縛，可以勇往直前地實現目標。觀我及其一切恐懼已不再阻隔在我和目標之間。過去在我奮力追求時，一直困擾我的緊張和消沉也隨之消失。現在我能夠爲所欲爲了」。

按照西方人的說法，日本人在「無我」和「就當已死」的狀態中排除了意識。他們的「觀我」、「擾我」是判斷一個人行爲的標準。這生動指出西方人與東方人之間的心理差

---

⑳ 賀川豐彥：《天亮之前》。

異。我們講到一個沒有良心（意識）的美國人是指他在作惡時沒有罪惡感。但按照日本人的哲學，在人的內心深處存在著善，要是內心的衝動能直接轉化為行動，那麼一個人就能本能地踐行德，因此才需要修煉，以達到「圓滿」，從而消除監視著自我的「羞恥感」。只有達到這種境界，才能阻擋「第六感」的障礙，從自我意識和矛盾衝突中徹底解脫。

如果脫離日本人在他們的文化中的個人生活經驗來考察他們的哲學，他們的哲學就會成為不解之謎。就像前面我所說的，那種被歸納為「觀我」的「羞恥感」，對日本人來說是沉重的壓力。要想弄清他們的哲學以及那些控制精神的手段，不分析他們養育後代的方式是很難做到的。在任何文化中，道德的規範都是代代相傳的，不僅僅透過語言，更是透過長者對晚輩的態度傳承。作為局外人，想要理解一個國家的人們的生活方式以及生活裡的重大事件，不研究這個國家如何養育他們的後代，那就不可能做到。到目前為止，我們一直都是在描述日本人成人的人生觀。當我們進一步了解他們養育後代的方式，我們對這種人生觀就能更透徹的了解。

第十二章　兒童教育

「……但除此之外，他們所想要的更多，不僅僅是情感的滿足，更有家族血緣的延續，而且這一點相當重要……」

日本的育兒方式，是喜歡思考的西方人很難想像的。在美國，父母訓練孩子為適應社會生活做準備，很少會像日本的父母那樣要求孩子們謹小慎微，而且還會在一開始就告訴孩子，他們並非獨一無二的，更不是世界的中心。我們把嬰兒吃奶與睡眠的時間劃分得很嚴格，在規定的時間沒有到來前，無論嬰兒怎樣哭鬧，我們都會讓他等待。當嬰兒開始吮吸手指，或是觸摸自己身體其他部位時，母親會透過比如敲打嬰兒的手指等方式加以制止。母親不會時刻都在嬰兒身旁，在母親外出時，嬰兒會被留在家中。在嬰兒長到一定大小的時候，如果拒絕放棄奶水吃其他食物的話，也會強制斷奶，若用奶瓶餵養的話，就會拿走奶瓶。那些有益於健康的食物，孩子必須要吃，孩子如果違反規定，就會遭到懲罰。對於日本人的育兒方式，美國人會想當然認為，他們的幼兒一定受到比美國還嚴格的訓練，理由是日本人長大後都很克制，善於隱藏自己的欲望，為人處世也都小心翼翼，嚴格遵守道德規則。

其實這是誤解，日本人的做法完全不是想像那樣的。如果把人生看作是一條曲線，那麼美國人的那條曲線剛好跟日本人的相反。日本人的生命曲線是一個很大的淺底的U型。他們對嬰兒和老人格外寬容，允許他們自由放任。但隨著嬰兒期的過去，各種限制就開始相繼出現，到結婚前，個人的自由就會降至谷底，而這種谷底會貫穿整個壯年期，要持續幾十年之久，然後才開始逐漸上升。六十歲後日本人就又可以像嬰幼兒一樣不再為羞恥與名譽糾纏。而在美國，這條曲線是倒過來的，在嬰幼兒時期曲線處在低處，隨著孩子逐漸長大，各種限制也自然放鬆起來，等他找到工作能夠獨立了，有了自己的家庭，那時就幾乎不再受他人的限制和約束。美國人根本不可能想像自己要向日本人那樣來安排人生，在我們看來，這種人生是不自然的。

但無論美國人還是日本人的人生曲線，其走向都在事實上確保了每個人在成年後，能盡可能參與社會。在美國，是依靠增加成年時期的個人自由來確保這種參與；而在日本，則是依靠對個人的最大限度約束來達到目的。儘管一個人在這個時期無論是身體還是心智，都是最強的，但他們還是無法控制自己的生活，因爲他們相信，約束是最好的精神訓練（修煉），能產生自由所無法產生的效果。不過儘管日本人在其壯年期創造力受到了限制，但卻並非終生如此，在他們的幼年和老年時期，他們獲得了足夠寬廣的「自由園地」。

嬌寵孩子的民族都渴望擁有孩子。日本人也不例外。他們希望有孩子首先是因爲孩子能帶給他們快樂，這一點跟美國人沒有區別。但除此之外，他們所想要的更多，不僅僅是情感的滿足，更有家族血緣的延續，而且這一點相當重要，一旦血緣得不到延續，那麼對他們來說就是人生最大的失敗，美國人並不在意這一點。在日本，每個男性都要生養兒子，原因是香火的繼承，死後自己的墓前有人祭拜，是生物上的傳宗接代，並保持家族的榮譽與財產。社會的傳統要求父親需要兒子，這跟幼兒需要父親一樣。兒子自然會取代父親，但這不是拋棄，而是爲了讓父親安心。在很多年裡，父親還會繼續管理著「家務」，之後兒子才能接班。父親的意義就在於將家庭傳遞給兒子，否則就失去了意義。這種延續性的意識非常堅固，使得日本人依靠父親不像西方人覺得是一件非常有失體面、丟人的事。即使是對父親的依賴延續時間比美國長很多，日本人也會覺得心安理得。

日本女人想生個兒子不僅是因爲情感需要，同時也是因爲只有當母親後才有地位。一個沒有子嗣的女人在家庭中是沒有穩固地位的，她無論如何也沒有希望成爲婆婆，對兒女的婚姻毫無發言權。而男人可以領養後代，從而達到延續家系的目的，但按照規定，這樣的結果跟不能生養的女性沒有關係，她一樣還是失敗者，在日本，婦女希望自己能更多地生養。二十世紀前半段，日本的出生率達到了31.7‰，甚至比東歐那些傳統上多子女的國家還高。一九四〇年美國的出生率是17.6‰，通常日本的女性都很早開始生育，多數是在十九歲時。

在日本，分娩與性交一樣是屬於隱祕的事情。分娩時婦女不能大聲喊叫，以免被人聽到。由於日本人認爲新生兒如果沒有新的被褥和小床，會不吉利，所以她們都會提前準備。那些家境貧寒的家庭，買不起新的，也會把舊的洗乾淨，重新製作成爲「新」的。一般來說，嬰兒的被褥不會像大人睡的那樣僵硬沉重。據說嬰兒在自己的床上會睡得更香甜，但實際上在她們內心裡，讓嬰兒單獨睡的理由是來自一種「感應巫術」，這種傳統的巫術認知認爲，新人必須要睡「新」床。另外，嬰兒的床雖然緊挨著母親的床，但要一直等到嬰兒長大後，懂得提出跟母親一起睡的要求，才能跟母親一起睡。他們說這也許要等到一歲後嬰兒知道伸出手提出要求時，只有到那時，母親才能摟著孩子睡。

日本人認爲母親頭三天是無法分泌出眞正的乳汁，因此頭三天是不能爲初生嬰兒哺乳的。到了三天後，嬰兒就可以隨時含著母親的乳頭，或者吃奶，或者玩耍；做母親的也以給孩子餵奶為樂事，因為她們相信，為孩子哺乳是女人最大的生理快樂之一，同時嬰兒也能感受到母親的這種快感。乳房提供的不僅僅是營養，也有喜悅與快樂。在出生後的頭一個月裡，嬰兒不是放在小床上睡覺，就是被母親抱在懷裡。滿月後，嬰兒會被抱去參拜當地的神社，參拜後才會認為生命是眞正扎根在嬰兒的身體裡，否則是不能隨便帶出去的。一個月後嬰兒會被母親背在背上，用一根雙重的帶子繫住孩子的腋下和臀部，掛在母親肩頭，在腰前打一個結。天冷的時候，母親會用外衣包裹孩子。一般日本家庭裡大一點的孩子——無論男孩女孩，也都要背嬰兒，甚至在玩耍時也要背著。那些農民家庭以及那些貧困的家庭，大多數是由大孩子照看嬰兒，這樣一來，「由於日本的嬰兒是在人群中生長，很快就會顯得聰明伶俐，看上去也是在玩著背著自己的哥哥姐姐玩的遊戲。」①日本的嬰兒被四肢伸展綁在他人的背上，這種方式跟太平洋諸島以及別的一些地方用披肩包裹嬰兒的方式類似。在這些民族裡，大多是把嬰兒看作是缺乏主動性的。用這種方式養育的嬰兒，在他們長大後能隨時隨地，不講究姿勢地安睡。日本人正是這樣的。不過日本人背嬰兒的方式跟那種用披肩或者包袱包裹住嬰兒的方式有所不同，按日本人的方式，嬰兒並非完全被動。「在他人的背上，嬰

---

① Bacon, *Alice Mabel*，《日本的女人和女孩》。

兒會像小貓那樣摟著背自己的人……把他們綁在背上的帶子是牢固的，但嬰兒……會自己找到最舒適的姿勢；要不了多長時間，就會找到一種最舒服的姿勢趴在他人背上，而不僅僅只是被動地被人綁在肩上的包袱裡。」②

母親工作的時候就把嬰兒放在他自己的寶寶床上，當要上街外出時就把嬰兒背在自己的肩上。母親會邊走邊跟嬰兒講話，自己哼著小曲，教嬰兒學著跟別人禮貌地打招呼。如果她自己向別人還禮，也會晃著嬰兒的頭和小手向別人致意。總之，養小孩是要費很多心思的。每天下午，母親都要帶著嬰兒一起洗熱水澡，然後抱在膝上逗玩。

三、四個月大的嬰兒都要用尿布，但尿布布質非常粗厚。因而日本人常抱怨說他們的羅圈腿是尿布造成的。再大一點，母親就會教小孩自己大便與尿尿：估計好時間，把嬰兒帶到屋外，用手托著嬰兒，吹響單調的口哨催促嬰兒，嬰兒也能明白這一聽覺刺激的目的。人們公認中國的小孩和日本的小孩很早就學會了自己便溺；如果嬰兒尿床了，有時母親就會擰嬰兒的屁股，但更多情況是訓斥一下，把那些記性不是太好的嬰兒反覆帶到戶外學習。要是出現便祕，會給孩子灌腸，要不就給孩子服用瀉藥，這樣做的理由是爲了讓孩子舒服。在學會自己大小便後，就不用再帶著那種不舒服的尿布了。日本的嬰兒也一定會覺得帶著尿布很不

② 同上注。

舒服，不僅僅是因爲尿布又粗又厚，更是因爲每當尿布尿濕了，沒有換尿布的習慣。而嬰兒還太小，當然不懂得撒尿和尿布間的關係，他們只知道這是每天不能逃避的任務。而且母親在讓小孩撒尿時，都會儘量讓嬰兒的身體離得遠點，抱緊點，這種看上去無情的訓練，更加充分地爲嬰兒長大後服從日本文化裡的繁文縟節提供了先期準備。③

日本的嬰兒通常都是先學會說話，後學會走路。人們不鼓勵爬，傳統的習慣是嬰兒不滿周歲是不能站立或走路的。以前所有的母親都不准自己的小孩在未滿周歲時走路，近十幾年來，由於一份官方名叫《母親手帳》的刊物大力宣傳母親應鼓勵嬰兒早學走路，這才逐漸被接受。學走路時，母親在嬰兒腋下繫根帶子，或者用手扶著嬰兒。但嬰兒還是想早點學會說話，當嬰兒開始能發出簡單的單詞時，大人逗嬰兒講話時的話語，就開始起到教導的效果。他們並不是讓嬰兒從偶爾的模仿中學習說話，而是從單詞開始，然後是語法、敬語，而且嬰兒和大人一樣喜歡這樣。

日本的小孩在學會走路後，就會開始惡作劇，他們會用手指去戳破窗戶紙，在屋內亂跑然後掉到地板中間的火爐裡等等。而大人們對此十分不滿意，認爲室內也到處潛藏著危險，最明顯的就是「門檻」。門檻對孩子成了違禁品，因爲日本的房屋沒有地下室結構，房

③ Geoffrey Gorer在《日本文化的主題》一書中強調日本人訓練孩子便溺的效用。

屋是靠梁柱支撐在地面上的，他們認爲踩門檻會導致整座房屋變形甚至坍塌。除此之外，孩子還不許在兩張榻榻米之間踩踏坐臥，榻榻米的尺寸是固定的，一般日本的房間按照榻榻米的多少被稱爲「三鋪席」或「十二鋪席」。大人們經常給孩子講這類故事，說是在古代，武士會從鋪席下面用劍從連接處刺殺他人，只有那種很厚、很軟的鋪席是安全的，鋪席連接處則是危險的。母親們經常會用「危險」跟「不行」來阻止幼兒，這裡面就包含著這種情感；還有一個詞也比較多地被使用，那就是「髒」。日本的孩子從小就受到重視整潔的教育，而且日本的家庭以整潔著稱。

在下一個孩子出生前，日本的孩子是不會斷奶的。近來政府才在《母親手帳》雜誌上刊登文章，提倡最好在八個月後給孩子斷奶。這種倡議被很多中產階級的母親所接受，但在日本要形成社會風俗還需要時日。哺乳被看作是符合日本人情感需求的，他們認爲那是做母親最大的快樂；開始採用新辦法的人，也是把縮短哺乳期看作是母親爲孩子做出的一種犧牲。她們贊同新的方法，也認可「長期哺乳對孩子身體發育不好」，同時批評那些不願意給孩子斷奶的母親是在放縱自己，缺乏自制力。對於那些不願意給孩子斷奶的人，會這樣說：「她說沒法讓孩子斷奶，根本不是那回事。」、「那是因爲她自己下不了決心。」、「她就是想要孩子一直吃自己的奶。」、「她那是爲了自己的快樂。」正是因爲這種態度，八個月後斷奶很難在日本社會普及。另外還有一個原因，那就是日本人沒有給剛斷奶的孩子吃特殊食物的習慣。斷奶後的孩子應該先餵他們一段時間的稀粥，但在日本則大多數是從吃奶一下子轉爲吃成人的固體食物。同時，日本人的食物裡不包括牛奶，並且他們也不給孩子準備特殊的蔬菜。在此情形下，當然就會有人懷疑政府所宣導的不要長期給孩子哺乳是否是正確的。

在嬰兒能夠聽懂大人說話後就可以斷奶。在此之前，母親應該在一家人吃飯時抱著嬰兒坐在餐桌前，給嬰兒餵一點食物。斷奶後嬰兒吃的食物會增加，這時候，要是有些孩子還是繼續吃母乳的話，餵養就會成爲問題。對那些因爲下一個孩子的出生而不得不斷奶的孩子，這很容易理解。母親會經常餵點零食，讓孩子忘掉母乳，有時候做母親的會在乳頭上抹上一點胡椒粉。不過幾乎所有的母親都會嘲笑說吃奶就不是好娃娃，她們會說：「看你表弟，他才是大人。可是他的年紀跟你一樣小，他都不吃奶了。」、「看，那個孩子在看你笑話呢。你都當哥哥了還吃奶。」那些兩、三歲甚至四歲大的孩子要是還玩媽媽的乳頭，遇到大點的孩子走近就會趕忙放開，裝出一副無辜的樣子。

不僅是爲了斷奶，用這種方法督促孩子成長是很常見的。當孩子開始能聽懂話後，這樣的譏笑方法每一個場合都能見到。比如在男孩子哭鼻子時，做媽媽的就會說「你又不是女孩子」「你是個男孩子！」等等。要不就說：「看啦，那個小孩就不哭。」在有客人帶著小小孩來串門時，做媽媽的會當著自己孩子的面，親客人的孩子，同時會說：「我要這個小寶寶，我就喜歡這樣聰明的娃娃，不像你，都長這麼大了還淘氣。」一般這種時候，孩子都會很快跑到媽媽身邊，一邊用拳頭打媽媽，一邊哭著說：「我不喜歡，我不喜歡！不要這個寶寶，我聽媽媽的話。」而當一、兩歲的孩子不聽話吵鬧時，做媽媽的就會對男客人說：「請帶走他吧，我們已經不想要他了。」客人這時也會配合，並嘗試著要把孩子帶走。於是孩子就像瘋了一樣，哭著喊著要媽媽救救他。母親看到差不多達到了效果，就和顏悅色地把孩子帶到自己跟前，並要求仍在抽泣的孩子發誓，今後再也不調皮搗蛋了。當然，對五、六歲的孩子有時也會用這種小小的滑稽劇。

還有別的一些類似的嘲弄孩子的方式。比如母親會當著孩子的面走到孩子父親跟前說：「我不愛你，我愛你爸爸，因爲你爸爸比你好。」這時，孩子就會產生嫉妒，一個勁要把父親和母親分開。然後母親會說：「你爸爸又不像你，他從來不在家裡亂喊亂叫，也不亂跑」。這時候孩子會馬上說：「你撒謊，我才不是這樣的，我不亂喊亂叫，也不亂跑。我是個好孩子。你爲什麼不喜歡我？」玩笑開得差不多時，父母就會相視而笑。無論是針對男孩還是女孩，他們都會採用這類方法。

小時候的這種經歷對養成日本人害怕被嘲笑與輕視，起了很大作用。很難確定幼兒要多大才能理解這種嘲弄其實是在跟他開玩笑，不過他早晚會懂得的。但即使是懂得了，這種害怕被嘲弄並因此失去安全感的恐懼，已經深深植入到他們的經驗中。這種經驗會在他們長大後一直影響著他們的心理。

這樣的嘲弄之所以能在二至五歲大小的小孩的心理上造成恐懼，主要是因爲家庭是孩子安全感的主要來源。父母雙方無論是在體能還是情感上，都有著明確分工，在孩子面前，父母雙方很少以競爭者的面目出現。母親或者祖母通常承擔著家務和教育孩子的工作。她們都會恭敬地對待孩子的父親，並表現出崇拜。在家庭等級制中，家庭成員各自的地位十分明確。孩子很早就能懂得，家中的年長者擁有一定的特權，男性擁有女性所沒有的權利，兄長擁有弟弟所沒有的特權。不過幼兒都會得到家庭所有人的寵愛，尤其是男孩子，而這其中母親總是第一個滿足孩子願望的人。一個三歲的男孩可以對母親或者祖母發洩自己的不滿和憤怒，但他對父親則不能這樣。當然也不是所有男孩都脾氣暴躁，只是無論是在上流家庭，還是在鄉村家庭中，三到六歲的男孩脾氣暴躁幾乎是通病。小孩經常會用拳頭捶打自己的母親，對著母親哭鬧，行爲極度粗暴不講理，他們會弄亂母親的髮髻。潛在的原因就是母親是女人，而他自己是男人。男孩有時甚至以這種粗暴和無端攻擊爲樂。

而孩子對父親則只能表示出尊敬。因爲男孩清楚地知道，在等級上父親要高於自己。用日本人常說的話來說，就是「爲了訓練」，孩子必須對父親表示應有的尊敬。在孩子的教育上，日本的父親比所有西方民族的父親承擔的任務都要少，家庭中教育孩子的工作基本上由女性承擔。在對孩子有所要求時，做父親的通常只會用眼神示意，最多說幾句訓誡的話。通常情況下類似的情形很少見到，並且孩子大多會馬上屈服於父親。在工作之餘，日本的父親也會爲孩子製作些玩具，孩子在學會走路後，做父親的也會偶爾抱一抱他們，或者是背起來來回走動（母親當然會抱）。在這個年齡段，日本的父親經常會參與一些教育兒童的工作，而在美國則全都交給做母親的。

雖然祖父母是受到孩子尊敬的對象，但孩子可以在他們面前撒嬌。一般來說祖父母不參與孩子的教育，儘管他們有權利提出自己的看法，甚至親自承擔教養的工作，但這樣的結果總會導致很多的矛盾出現。做祖母的會成天守著孩子，要知道在日本，婆婆跟媳婦爭奪孩子的事是經常發生的。對於孩子自己來說，這種爭奪能讓自己獲得更多的寵愛，從祖母的立場來看，她能利用孫子要脅兒媳。在日本，年輕的母親需要獲取婆婆的歡心，這甚至成了她終生的義務。因此，在孩子的問題上，無論祖父母如何嬌寵孩子，做母親的都很難提出異議。經常會看到這樣的情形，做媽媽的說不能給孩子糖果吃時，做祖母的卻立刻給孩子糖果，並且還會帶著惡意說：「奶奶給的點心又沒有毒。」在很多家庭裡，祖母能給孩子的東西是母親沒法給的，同時祖母也有更多時間陪孩子玩耍。

日本家長都會要求哥哥和姐姐寵愛弟妹。當自己的媽媽生下另一個孩子後，日本的小孩往往會強烈害怕被「剝奪」。感到這種威脅的孩子很容易聯想到自己曾經從母親那裡得到的關愛，母親的乳汁、母親的床榻，這些現在全都要被新出現的嬰兒占有。在新的孩子出生前，母親通常都會對孩子說：「現在，你會有一個活的娃娃，而不是『假』寶寶。以後你就不能跟媽媽一起睡，而是要跟爸爸睡了。」而且會不知不覺把這表述成一種特權。對爲新生嬰兒做的各種準備，最開始孩子會很感興趣，在新的嬰兒剛出生時，孩子會顯示出眞誠的好奇與喜悅，但很快就會消失，因爲這一切都是在預期中的，所以不會爲此特別難受。那些感覺到失去寵愛的孩子常常會想要把新的嬰兒抱走，他會爲此對媽媽說：「這寶寶送給別人吧。」但母親會回答：「這可不行，這是我們家的寶寶呢！大家都喜歡他。你也要愛寶寶，要幫助媽媽照看小寶寶，好不好？」這樣的情景有時會持續很長一段時間，對此做母親的似乎也不是很在意。那些多子女的家庭會很自然做出調整，孩子們會按照年齡大小秩序，相互結為夥伴，比如老大會更照顧老三，而老二會更在意老四。在弟妹之間大約也是這樣一個間隔的秩序，要一直到七、八歲，這種秩序裡的性別特點都很模糊。

日本的孩子都有玩具。父母親、親戚朋友們都會送孩子們布娃娃或其他玩具作為禮物，有的是自己做，有的是買的，窮人們通常都是自己親手製作。布娃娃和其他玩具是幼兒遊戲的主要道具，會被用來玩扮家家酒、扮新娘、過節日等遊戲。他們在開始遊戲時會先爭辯大人是怎麼做的，要是爭論不下，就會找母親做仲裁。當孩子們之間發生爭吵，母親會對他們說：「大人大量。」以此規勸孩子學習忍讓。最常被使用的話是「吃虧者占大便宜」，這句話的意思是：你先把玩具給弟弟妹妹，等會他就會不想玩了，那時候還是你的。母親這麼講，三歲大的小孩很快就明白了。在玩主僕遊戲時，母親也是讓年齡大點的小孩當僕人，說這樣大家都高興，大點的小孩自己也能得到樂趣。在日本人生活中，即使是成年人也對這種「退一步海闊天空」的原則非常認可。

除了訓誡與嘲弄，日本人在教育孩子時還經常使用轉移孩子注意力的方式。例如利用糖果來這樣做。他們會根據孩子的年齡不斷改變方法，用來「治療」孩子身上的毛病，有些孩子好動，脾氣暴躁，為此母親會把孩子帶去神社或者寺廟，「求神治療一下孩子」。這樣的情形多半跟郊遊一樣是愉快的。那些神官或者僧侶會跟孩子很嚴肅地交談，詢問孩子的生日以及別的一些問題，然後他們退回到後屋去祈禱，再回來宣布孩子的毛病已經治癒。有些時候他們會宣布淘氣的孩子肚子裡有蛔蟲，於是就開始施行祓除儀式。這種方法日本人認爲短時間內有效，自然也被認爲是「良藥」。有一種治療方式是把一種盛滿乾粉的小型圓錐形容器放在小孩的皮膚上，點火燃燒，被稱爲「灸」。灸後會在孩子皮膚上留下一生都不會消失的疤痕。艾灸在東亞地區是一種流行的古老治療方法，日本也有這種傳統，被用來治療各種疾病，同時也被用來治療孩子的脾氣暴躁以及倔強。一般六、七歲大的孩子都是由他們的祖母和母親施行這種治療。有些還會第二次施行，但很少會有第三次。艾灸跟美國人對孩子說的「你這樣做，小心我揍你」不同，不是一種懲罰。但艾灸時是很痛苦的，痛苦的程度甚至要超過體罰，於是經受過的孩子會懂得，自己要是淘氣就會受到這樣的懲罰。

除了這些對付調皮孩子的方法外，還有很多習慣的方法用來訓練孩子的基本身體技能。在日本強調教師手把手教孩子如何做動作，小孩則要老老實實地學。兩歲前，父親就教小孩如何用正確的姿勢盤腿端坐，小孩兩腿盤起來時，腿的背面要貼著地板。剛開始孩子很難做到不向後倒，端坐的時候身子要直，不能亂晃。日本人說，掌握端坐的訣竅就是全身放鬆，要處在被動狀態下，這種被動性依靠父親用手壓住孩子的腿擺正姿勢來獲得。父親會親自幫小孩糾正腿的姿勢，而小孩則完全處於一種被動狀態即可。小孩不僅要學坐，還要學睡。日本婦女非常重視睡覺的姿勢是否優美，其重要程度超過美國婦女在乎自己被人看到裸體。而日本人並不以公開裸浴爲羞，只是後來日本政府爲了贏得外國政府的認可，才對內宣布裸浴是陋習，必須加以制止。在日本，男人怎麼睡都沒關係，而婦女則必須雙腳併攏，正面朝上睡，這也是最早的男女有別的規則之一。和其他所有規則一樣，上層社會比下層社會更加嚴格遵守。杉本夫人出生於一個武士家庭，在她回憶自己從小受的教養時說：「自我記事時起，我晚上總是小心地靜靜躺在小小的木枕上……武士的女兒不論在什麼場合都應該從容鎮定、身心不亂，即使在睡覺時也是如此。男孩子睡覺可以四肢叉開，呈『大』字形、手足亂放。但女孩子睡覺必須規規矩矩，身體曲成「き」字形。這表達的是一種『自制』精神。」④日本婦女告訴我，晚上睡覺時，母親或奶媽會督促她們把手腳都放規矩。

孩子學習傳統書法時，老師也是手把著手教，目的是讓孩子「體會感受」。在孩子還不會寫字甚至還不認字前，老師就會讓他們去體會那種張弛有度，一板一眼的運筆方法。在日本近代學校大班的教學過程中，類似的教學方法已經不像以前那樣常見，但仍然還是存在。行禮、用箸、射箭乃至用枕頭代替嬰兒學習背嬰兒，老師都是手把手地教孩子應如何做才是正確姿勢。

④ Sugimoto, Etsu Inagaki, *A Daughter of the Samurai*, Doubleday Page and Company. 杉本鉞子：《武士的女兒》。

除了上等人家外，日本的小孩子學前都跟左鄰右舍的小孩們一起自由玩耍。在農村，孩子們不滿三歲就開始有自己小的遊戲圈。在鄉鎮和城市裡，他們甚至還在行人擁擠、車輛來去的街頭自由嬉戲。在日本，孩子們是「特權階層」。他們可以在商鋪周邊隨意轉、偷聽大人們說話、玩踢石子和橡皮球的遊戲，他們還一起跑到村社去玩耍嬉戲，而據說神祇也會保護他們。學前的最後兩、三年裡，男孩會跟女孩在一起玩耍，但大多數還是同性之間結成夥伴，尤其是同齡孩子之間最容易形成團體。這種同齡團體在農村很可能會持續一生，這樣的持續性有時遠超過別的團體。在須惠村，上年紀的人「隨著性興趣的減退，同齡人在一起的集會就成了生活中真正的樂趣所在。在須惠村人們常說：『同齡比老婆更親。』」⑤

學齡前的兒童在一起玩時無拘無束。他們在一起玩的很多遊戲在西方人看來，簡直就是一些下流的事情。由於大人們談話時不太注意，也由於日本家庭居室狹窄，孩子們已經懂得一些很淺顯的性知識。而且，母親在給孩子洗澡時也常常撥弄孩子的生殖器，尤其是男孩子的陰莖。只要能注意場合和對象，日本人一般不會對小孩的性遊戲加以責備，手淫也不認爲是危險的事。小孩夥伴之間可以隨意相互揭短（大人們則不行，對大人們這是羞辱），相互炫耀（大人要是相互炫耀就會造成羞恥）。對此日本人會微笑著告訴你：「小孩是不知道羞

⑤ 約翰・恩布里（Embree, John F.），《須惠村》。

恥的。」並且還會進一步補充說：「他們這樣才會覺得快樂」。跟對待孩子不同，如果說成年人「不知羞恥」的話，那就是在辱罵這個人。

孩子們喜歡相互攀比家庭情況和財產狀況，他們還特別喜歡炫耀自己的父親。比如「我爸爸比你爸爸有本事」、「我爸爸比你爸爸聰明」，甚至會比誰的父親更會打架。所有的這些，在美國人看來都是不值一提的。而在日本，孩子們關注的東西與社會上大人經常說的是完全不同的，大人會稱自己家是「敝宅」，鄰居的家爲「府上」；稱自己的家庭爲「寒舍」，鄰居的家庭爲「貴府」。日本人也承認，在幼兒期的數年時間裡，也就是從遊伴的形成到小學三年級這段時間，大概在九歲之前，孩子們是強烈的個人主義者，以自己爲中心。孩子們會說這樣的話：「我是主君，你是家臣。」、「不行，我不當家臣，我要當主君。」他們會炫耀自己貶低夥伴。總之，這個年齡段的孩子童言無忌。但隨著年齡的增長，他們就會明白這些話是不可以隨便說的，於是就會變得不再隨意開口，只是等著他人詢問，更不會自我炫耀。

孩子們是在家庭裡學會對待神靈的態度的。那些神官和僧侶不會就此「教」他們什麼。日本的孩子有組織地接觸宗教是在民族節日或者祭日上，他們會跟其他參拜者一起接受神官的祓災水。有一些孩子會被帶去參加佛教的儀式，那也多半是在特殊的祭日裡。而以家庭佛壇和神龕爲中心的家庭祭祀，是孩子最初宗教體驗的主要來源。尤其是供奉著祖先牌位的佛壇，那裡會供奉著鮮花和香火，還有特殊的樹枝，當然還會有供品。由家中的長者向祖先告祭家中發生的大小事情，每天都要跪拜，天黑前佛壇前會燃起油燈。日本人會說，正因為家中的這種告祭，才使得他們不願離家在外。一般情況下神龕是一個簡易的棚架，供奉著從伊勢神宮請來的神符等，也可以放置各種供品。廚房還有被熏黑了的灶神，窗戶還有牆上到處貼著護符，用來保一家平安。因爲有著慈悲的眾神保佑，村裡的神殿也是安全的地方。母親們很願意讓自己的孩子去神殿玩，孩子們的經驗中沒有對神的害怕一說，也沒必要揣摩神的意圖。眾神受人拜祭，並賜福給人們。但祂們不是當權者。

男孩要到二、三年級才開始接受訓練，開始逐漸納入到成人謹慎的生活模式中去。在此之前，孩子們要學習控制自己的身體。如果太淘氣，就會想法分散他的注意力，並「治療」他的淘氣。人們會和藹地對他提出勸誡，有時會採取嘲笑的方式，但他仍然可以由著性子來，有時甚至可以對他的母親動武。男孩的自我中心受到助長，一直到上學後也不會有多大變化。在三年級前是男女同校，在學校裡，無論是男教師還是女教師，對孩子的態度都很好，能跟孩子們平等相處。但家庭也好，學校也好，都會經常督促孩子們不要讓自己陷入尷尬境地，儘管在孩子還小的時候他們很難意識到「羞恥」是什麼，但卻教導他們不要使自己陷入「難堪」境地。在那個「狼來了」的很流行的故事裡，就講述了一個男孩用叫喊「狼來了」捉弄人們，這個故事就是告誡孩子不要撒謊，因爲撒謊會讓人們失去對自己的信任。「如果你愚弄他人，人們就不會相信你。那樣你就會很難堪。」很多日本人都說，當他們做錯事後，最先嘲笑他們的是同伴而不是老師或家長。的確如此，在這個年齡段，家中的長輩是不會嘲笑自己的孩子的，他們是逐漸把受人嘲笑和必須根據「對社會的情義」生活這樣的道德教育結合起來。到了六歲左右，孩子就會受到有關忠義以及獻身精神的教育，這種教育主要以故事的形式提倡人的義務（也就是上文引用過的兒童讀本中義犬報恩一類的故事），這時候一系列的約束才開始出現。長輩會對孩子說：「你不應該這樣下去，這樣人們會恥笑你的。」規則因時、因事而異，大多數規則都跟我們所說的禮節有關。這些規則要求人的個人意志服從於逐漸擴大的人際關係領域，包括對家庭、鄰居、國家的義務。一個人必須要學會自我抑制，必須要清楚地意識到自己所承擔的「債務」，並逐漸處於欠恩還債的地位，要想還清這種恩情債務，就必須要謹愼地爲人處世。

孩子的角色之所以會發生這樣的變化，主要是因爲在成長過程中，人們逐漸不再對他使用戲謔調侃的方式交流，取而代之以嚴肅的方式。到八、九歲時，孩子會感受到家人眞正的排斥與打擊。如果老師向家裡報告說他不聽話或有什麼不好的舉動，比如操行不及格，家人就會不理睬他；如果店主人說小孩很淘氣，那家人就會覺得他是「辱沒了門風」，因而全家都會批評他。我就認識兩個還不到十歲的日本小孩曾被父親兩度逐出家門，他們因爲覺得羞恥，也不敢去親戚家，在學校老師也處罰他們。當時，這兩個人只好待在外邊的窩棚裡，後來被母親發現才透過調解讓他們回家。小學的高年級孩子有時被關在家裡「閉門思過」，他們還必須認眞寫悔過的日記。總之，家人都會把這種小孩看作是「問題少年」，在很多事情上都不支持他，整個社會也都批評他。因爲他違背了「對社會的情義」，因而也別指望得到家庭的支持，也不可能指望得到同齡人的理解。要想得到同學們的親近，他必須首先認錯並保證下不爲例。

傑佛里．格拉曾說：「値得大書特書的是，上述約束從社會學角度來看，到了極端的程度。在存在大家族和宗派集團活動的絕大多數社會，當集團成員受到其他集團成員的非難與攻擊時，這個集團會團結一致袒護自己的成員。只要他繼續得到集團的認可，在必要時或者在遭到攻擊時，他完全可以希望從集團那裡得到支持，從而有膽量與集團外的任何人對抗。而在日本情況則恰恰相反。也就是說，日本人只有得到其他集團的承認，才有可能得到本集團的支援。如果外部批評指責他，那本集團也會反對、懲罰他，除非他能使其他集團改變對他的看法。由於這種機制的存在，日本與其他社會最大的不同就是『外部世界』的重要性，比起任何社會都要大。」⑥

在這段年齡前，女孩和男孩的教育本質上沒有差別，只是存在一些細微末節的不同。女孩從小在家裡受的約束要比男孩多一些，家務活也承擔得多一些，雖然男孩子有時也看護嬰兒，但這種工作主要是由女孩來做。在準備禮物和關懷上，女孩比較容易被忽略，而且，她們不能像男孩子那樣發脾氣。但和亞洲其他國家的女孩比起來，日本女孩子算是自由的。她

⑥引自傑佛里．格拉（Geoffrey Gorer）的《日本人的性格結構》。

們可以穿鮮紅的衣服，可以和男孩子們一樣在外面玩耍吵鬧，並且還常常不服輸。在幼兒期，女孩也沒有羞恥感，只有到了六歲至九歲階段，她們才逐漸開始懂得自己作爲女孩的社會責任，但基本上跟男孩差不多。九歲後，日本就開始男女分班，男孩逐漸建立起新的男性團體，這時候男孩子開始排斥女孩，很害怕被人看見自己跟女孩說話，母親們也會開始告誡女孩不要跟男孩來往。很多人說這個年齡段的少女容易憂鬱，不喜歡外出，難以教育。在日本，這被看作是「童歡」的結束。女孩的幼年期就是這樣在男孩的排擠中終結的。那之後的很多年，她們都受到「自重再自重」的訓誡，這樣的訓誡會一直持續到她們生命的終結，不管是訂婚前還是結婚後。

在懂得「自重」與「對社會的情義」後，男孩還不能說就已經算是懂得日本男人的全部義務。日本人自己說：「男孩從十歲開始學習『對社會的情義』。」其含義當然是「憎惡受辱」，他還需要學會什麼情況下可以直接攻擊對方，什麼情況下只能採用間接的方式爲自己洗刷汙名。我並不認爲這是在要求孩子學會在遭到羞辱時反擊。男孩很小就學會對母親粗暴、學會跟同齡人爭辯打鬥，完全沒有必要到了十歲後再度學習如何攻擊對手。我認爲僅僅是「對名譽的情義」這一規則要求十幾歲的少年要把自己的行爲納入到社會公認的模式裡去，並提出受到認可的特定處理方式。正如前面講到過的，日本人經常會把攻擊的對象從外部轉移到自己，他們的學童也不例外。

日本的六年制小學畢業後需要繼續升學的學生（大概占總人數15%，男生占的比例較高）即刻就進入激烈的中學升學考試中。競爭幾乎涉及每個考生和每個科目，這些少年也開始承擔「對名譽的情義」的責任。對這種競爭他們並沒有多少經驗，因爲不論是在小學還是在家裡，都是儘量把競爭降到最低程度。突如其來的競爭性考試，由於是全新的體驗，其競爭激烈程度令人擔憂，在意名次的先後、懷疑競爭的不公正等等。然而，日本人在回憶時談的最多的卻不是這種激烈的競爭，而是他們進中學後受到的高年級學生的欺辱。在日本，高年級學生對低年級學生的欺辱是很常見的，那些高年級的學生會強迫低年級的學生做一些有辱人格的事，低年級學生對此耿耿於懷。在日本，男孩是不會把這類行爲看作是玩笑的，當一個男孩子被迫在高年級學生面前像狗一樣四腳爬行時，他會咬牙切齒記恨在心，並圖謀報復。由於不能立即報復，因而就會更加懷恨。他們認爲這是事關「名譽」的大事，是有關道德的大問題。也許幾年後，這位受到羞辱的男孩會利用家庭勢力，把羞辱自己的人從職位上拉下來；或者刻苦練習劍術或柔道，待畢業後在大庭廣眾當眾羞辱對方。總之，仇一日不報，他們就會覺得「心事未了」，這正是日本人崇尚復仇的一個很重要的原因。

在軍隊的訓練中，那些沒有機會升入中學的少年也會受到類似的體驗。在日本，每四個青年有一個會被徵召入伍。在訓練中，那些兩年兵欺辱新兵的嚴重程度，遠非中學高年級對低年級學生的欺辱可比，對此現象軍官通常都會睜隻眼閉隻眼，士官除了特殊情況也很少會干預。日本軍隊的軍規有一條就是，向軍官申訴是丟臉的事。通常情況下，爭執都是在士兵之間自行解決。日本軍隊的軍官認爲這是「鍛鍊」軍隊的一種方式，但自己不會參與。那些兩年兵用盡所有方法欺辱一年新兵，幾乎是在把前一年自己受到的欺辱全部發洩到新兵們的身上，以此來顯示自己受到的「鍛鍊」水準。據說徵集兵在接受這樣的軍隊教育後，往往會變成不折不扣的「窮兵黷武的國家主義者」。然而這不是因為他們接受極權主義的國家理論，也不是因為他們被灌輸效忠天皇的教育，而是因為他們得到刻骨銘心的屈辱教訓。那些在家中受到日本式教養，並對「自尊」極度敏感的日本青年，一旦陷入類似的環境下，就很容易變得非常野蠻。他們無法忍受屈辱，會把這類折磨看作是排斥，因此也讓他們自己變成以折磨他人為樂的人。

近代日本中學和軍隊中上述事態之所以會呈現出這類特性，很多是來自日本古老的嘲笑與羞辱的傳統習俗。對這類習俗的回應，也不是由中學和軍隊創造出來的。日本由於有「對名譽的情義」的傳統規範，嘲弄與折磨人的行為比起美國的類似行為就更加讓人難以忍受。儘管受到嘲弄的團體會在某個時候同樣去嘲弄另一個團體，但這並不能阻止受到過侮辱的少年千方百計要對侮辱自己的人施行報復，因為這種行為符合日本社會傳統的模式。找替罪羊來發洩積怨，在西方很多國家屬於一種習俗，但在日本卻不是這樣。例如在波蘭，如果一個新學徒或一個年輕的收割手遭到別人的嘲弄，他不是向嘲弄者洩恨，而是對自己的徒弟或其他新的收割手發洩。當然，有些日本少年也是用這種方法來消除怨恨，但更多的少年會選擇直接復仇，只有在和虐待自己的人有個了斷後，他才會「感到痛快」。

在戰後重建工作中，真正關心日本前途的領導者，應該對戰前日本學校和軍隊這類戲弄、侮辱青少年的習俗給予特別關注。提倡「團結精神」，鼓勵人們重視「同校關係」，儘量杜絕以大欺小、以高壓低的陋習。在軍隊中，儘管老兵應當對新兵的訓練給予嚴格的幫助，但必須杜絕對新兵的虐待。這一點可以借鑒日本軍隊的各級軍官之間的關係，嚴格要求是正確的，但嘲弄、虐待則是侮辱。對那些發生在學校以及軍隊中的，高年級生和老兵逼迫低年級生和新兵諸如模仿狗搖尾、蟬鳴等，或者吃飯時「立大頂」之類的行為，一定要嚴懲。這樣的改變如果能成為現實，對日本的重新教育將會比否定天皇的神性，以及從教科書中刪除國家主義內容更為有效。

在日本，年輕女孩子一般不需要學習「對名譽的情義」之類的規則，也沒有男性青少年在學校跟軍隊訓練中的那種嚴酷體驗。相對於男性她們的生活要平穩很多。她們從一懂事開始學到的就是：男性為主，無論是禮品還是關懷，她們都沒有享有的權利。對於她們來說，需要遵從的原則是不允許公開要求自己的權利，但她們在幼兒時期一樣享受過日本幼兒的特權生活。當女孩子還是幼女時，可以穿鮮豔的衣服，但在長大成人後，人們不再允許她們這樣穿了，要一直等到第二個特權期也就是六十歲後。在家裡，她們也能跟兄弟們一樣，經常受到關係緊張的母親和祖母雙方的寵愛。另外，如果一個女孩有弟妹的話，弟妹總是會渴望得到姐姐的愛，就像渴望家裡其他人的愛一樣。弟妹總是想要跟姐姐一起睡，表示親切。並且她通常都會把從祖母那裡得到的禮物跟兩歲以下的弟妹分享。日本人不喜歡單獨睡覺，在夜裡，幼小的孩子有權緊挨著比自己年長的人睡。人們都這樣說，「你是我最親的人」的證據，就是挨著睡。女孩子到了九歲或者十歲，就會被男孩子從自己的群體中排斥出去，但能從其他方面得到一定的補償。她們可以炫耀自己新的髮型，十四歲到十八歲的日本女孩的髮型是最講究的，那個年齡的女孩子們可以穿絲綢衣服了，而以前她們只能穿棉布的。這時，家裡也會千方百計打扮她們，讓她們看上去更漂亮，這樣一來，女孩子也得到了一定程度的滿足。

社會對女孩子有各種約束，這種約束在日本是一項義務，需要女孩子們自己承擔，父母完全不需要加以強制。對女孩，家長的權利並不是透過體罰，而是透過平靜而堅決的期待來體現，社會和家庭都希望女孩子按照規則生活。下面我將以一個極端的例子，來展現女孩所受到的那種不是很嚴厲、看上去有些特權，卻有著一種看不見的權威性壓力的教養的特點。前文引用過的那位杉本女士說自己從六歲時起，就專門由一位博學的儒者教授漢文經典：

在兩個小時的授課時間裡，老師除了雙手和嘴唇外紋絲不動。我端坐在老師面前的榻榻米上，同樣紋絲不動。有一次正在上課，我不知什麼地方不太合適，稍微挪動了一下身子，屈起的雙膝稍微有點偏移，老師的臉上立刻露出不滿的神色。他合上書，慢條斯理然而很嚴肅地說：「姑娘，你今天的心情顯然不適合學習，你先回房好好反思一下吧。」我幼小的心靈感到羞愧、無地自容，但又毫無辦法。我先向孔子的像行禮，再向老師行禮道歉，然後畢恭畢敬退出書房。我小心翼翼來到父親跟前，跟平時下課後一樣向父親做彙報。爸爸非常吃驚，因爲下課時間沒到。他看上去很隨意地問我：「今天你的功課學得眞快呀！」聽到這句話，我彷彿像聽到了喪鐘。時至今日，每當想起這事我的心都會隱約作痛。

杉本夫人在另一個地方對她祖母的描述，很好地說明了日本父母對待子女的態度：

祖母安詳和藹，她希望每個人都按照她的想法去做。儘管聽不到她的呵斥與爭辯，但祖母的希望卻像眞絲一樣柔軟而堅韌，使她那個小家族朝著她認定的方向前進。

這種「像眞絲一樣柔軟而堅韌」的「希望」之所以能收到如此好的效果，其中一個主要原因就是，每一種工藝、每一項技術的訓練方式都非常明確。從這種教養中女孩學到的不是規則而是習慣。例如幼兒正確使用筷子、進入房間的姿態，還有成年後所學的茶道與按摩等等，無一不是在長輩手把手下反覆練習，直到嫻熟後形成習慣的結果。長輩們從不認爲小孩子能「自然而然學到」正確的習慣。在書中，杉本夫人描寫自己十四歲訂婚後，是怎樣學習伺候未來丈夫用餐的。她未來的丈夫在美國，而她自己則在國內的越後，那之前他們從未見過面。她在母親和祖母的監督下，反反覆覆親自下廚做幾樣據哥哥說是松雄（未來丈夫）特別喜愛的食品。「我想像他就坐在我身邊，我爲他夾菜，不停勸他吃。我就是這樣學習關心未來丈夫，學習如何讓他快樂的。祖母和母親也總是假裝松雄就在眼前似的問這問那。我對自己的服飾還有動作格外注意，就像是丈夫就在跟前。就是這樣，我學會尊重丈夫，尊重作爲妻子的地位。」

對男孩子的要求儘管不像對女孩子那麼嚴格，但也需要透過一系列的實例和模仿來接受習慣訓練。一旦「學了」這些習慣後，就不能違反。青年期後，他就得靠自己的主動性去進入生活中一個很重要的領域。在男歡女愛上長輩們是不會教他們的，日本家庭禁止任何公開的性行爲，並且從八到九歲開始，沒有親屬關係的男女孩是不能同席的。在日本，最理想的情況是雙親在男孩開始對性有興趣前，就爲他訂親。因此，男孩在接觸到女孩時，最好的表現是「害羞」。在鄉村，人們經常會用這個話題來調侃男孩子，使他們表現出「害羞」的神情來，但男孩仍然有辦法學到性愛的相關知識。從古至今，即使是在最偏僻的農村，有許多女孩，有時甚至還是大多數，都會未婚先孕。這種婚前性行爲在日本社會屬於較自由的一個領域，不屬於大事的範圍，而且父母在談婚論嫁時也對這些事不在乎。但是今天，就像須惠村一位日本人對恩布里博士講的那樣，甚至連女傭都受到教育，要保持婚前的貞潔。在日本的中學，也嚴禁異性之間的交往。爲了防止兩性婚前的性行爲，日本的教育部門以及輿論都透過各種方法宣傳與切實加以管理。在日本的電影裡，那些對年輕女性不加檢點表示親暱的青年男子會被當作是「壞青年」，而那些像對可愛的少女表現出在美國人眼裡是冷酷甚至粗野的青年，則被當作是「好青年」。日本人認爲對女性表示親暱就等於「放蕩」，或者是追逐藝妓、娼妓、咖啡館女郎的人。

當然，去藝妓館是學習調情的最好辦法，因爲「藝妓會做示範，男人只需在一旁悠閒地觀看」。他們不用在意自己是不是笨手笨腳，也不可能指望能跟藝妓發生性關係。不過到藝妓館去的日本男青年並不多，多數青年是到咖啡館去看其他男人如何接近女人，但這種觀察與他們在其他領域所受的訓練不一樣。在相當長的一段時間內，男孩們都會擔心自己笨手笨腳，性是他們在現實生活中爲數極少的不能得到年長者親自指導的領域。有聲望的家庭會在年輕夫婦結婚時送給他們一本《枕草子》⑦和一些繪有各種姿態的畫卷。正如一位日本人所說：「看書就可以學。這就好比庭園布置，父親並不會教導如何布置一個日本式的庭園，但當你大後一樣能養成這種嗜好。」在日本，性行爲和園藝被看作是可以透過閱讀學會的，這很有趣，儘管大多數日本青年是透過別的途徑學會性行爲的，但無論如何，這方面他們不靠

⑦ 日本古代一本隨筆，成書於十一世紀後，主要描寫宮廷生活。

長輩指導。這使得日本的青年深信，性屬於一個特殊領域，是跟人生大事不相關的，不需要在長輩的指導下嚴格訓練。儘管他會表現得不安，感到迷惑，但性卻是一個能透過自己的努力掌握的東西。男性在結婚後就可以無所顧忌地在外面享受性愛的快樂，對此妻子沒有干涉的權利，也不至於影響到家庭的安定。

但作爲妻子，女性則沒有這樣的權利。對女性來說，她們的義務就是保持對丈夫的忠貞。即使是偷情，那也是暗地裡進行的，在日本，婦女很少被人發現私情。人們常常把那些精神緊張或心緒不寧的婦女說成是「歇斯底里」。「婦女最常遇到的困難不是社會生活，而是性生活，很多被認爲精神不正常，以及那些歇斯底里（神經質、心神不寧）的女性患者，其實是缺乏性生活的協調。在日本婦女只能指望丈夫根據他的意願來滿足性的需求。」須惠村的農民們說，大多數婦女病都「始於子宮」，然後殃及大腦。丈夫如果只迷戀其他女人的話，妻子也會求助於日本人公認的手淫傳統。下至農村上至大戶人家，婦女們都祕藏有這種用於性事的傳統器具。在農村，婦女如果有了小孩，她們就可以相當隨便談論性。在做母親前，她們是不能開半點涉及性的玩笑的，而當了母親後，隨著年齡增長，這種玩笑就成了男女混雜聚會時的家常便飯。她們會合著下流小曲的節拍扭腰擺臀，毫無顧忌地跳色情舞，「這種餘興必定會引起哄堂大笑」。在須惠村，士兵服役期滿回鄉時，村裡的人都會跑到村外去迎接，這時，婦女們就會女扮男裝，互開下流玩笑，假裝要強姦年輕女孩。

就此而言，日本婦女在性上有一些自由。出身愈是卑微，這種自由的空間就愈大。她們一生要遵從許多禁忌，但絕不包括男女之事。在滿足男人性欲時，她們是淫蕩的；同時，當男人提出性要求時，她們又是克制的。女人到了成熟年齡，就會拋開禁忌，如果出身卑微，她的淫蕩會不遜色於男人。日本人對女性品行端正的標準是要因年齡、場合的不同而不同，並不要求一成不變。這一點與西方不同，日本人不會簡單把女性區分為「貞潔」與「放蕩」。

男人們也是有時放縱、有時節制謹慎的，這也要根據場合而定。男人的最大樂趣就是跟夥伴們一起喝酒，如果有藝妓陪坐那就更好。日本人飲酒沒有節制的習慣，他們喜歡喝醉的感覺。平時的那種拘謹刻板，通常在幾杯酒下肚後就沒有了，相互間的距離也消失了，變得親密無間。喝醉的人除了極少數「很難相處的人」會吵鬧外，很少見到粗暴行為。對日本男人來說，除了在飲酒這樣一個「自由領域」，不能在任何別的場合做出讓人討厭的事來。一個人在生活中如果被指責為討厭的傢伙，是僅次於被罵作「馬鹿」（混蛋）的。

西方人所描述的日本人性格的矛盾，都能從他們的幼年教育裡找到依據。正是這種教育，才使得日本人的人生觀具有了兩面性。在幼年時期，日本人過的是一種無拘無束的生活，享有很多成年後所沒有的特權，之後在他們接受各種嚴格訓練時，都不會忘記那段「不知羞恥」的歲月。對他們來說，天堂不在未來，而是在他們經歷過的那段生活中。在描述自己的童年生活時，他們經常使用的一個術語就是人性本善，眾神慈悲，以及做一個日本人是光榮的。這使得他們很容易把自己的道德觀建立在一個極端的立場上，即人人皆佛。他們也爲此而自負、頑固，這也是日本人做任何事時，都不考慮自己的能力是否所及的原因所在，是他們敢於堅持己見，不惜反對政府以死力爭，從而證明自己是正確的原因。但很多時候，這樣的過於自信往往使得他們陷入集體性的狂妄中。

六、七歲後，一股強大的壓力開始要求他們「謹言愼行」和「知恥」。如果犯錯，家庭就會給予巨大壓力。這種壓力儘管不是普魯士式的，卻更難逃避。幼兒時代的兩件事爲必須履行的義務建立起了基礎：一件事是父母頑固地訓練他們大小便的習慣和糾正他們的各種姿勢；還有一件就是父母對他們經常性的嘲弄調侃，尤其是嚇唬要遺棄他們。幼年的這種經歷讓他們有所準備，能面對嚴格的約束，從而回避被恥笑和遺棄。當他們開始壓抑自己幼年時的無拘束行爲時，不是因爲這種行爲本身不好，而是不合時宜。是他們必須要開始進入嚴肅的生活裡去，童年特權逐漸被拿掉，他被允許享受成人的享樂，但幼年時的體驗沒法被代替。因此，他會在自己的人生中不斷去從幼年時代汲取經驗。即使是在承認「人情」的存在，也需要回到童年時的記憶裡。當他在成年生活中來到那些「自由領域」裡時，他會感到自己又回到了童年。

日本兒童生活有一個前後期顯著的連續性的銜接，這就是取得同伴的認可，這一認可的意義非常大。扎根於兒童心靈的不是道德標準，而是這種認可。在他還只會撒嬌的時候，如果母親把他抱到自己床上一起睡，他就會在心裡慢慢盤算自己能得到多少糖果，而兄弟姐妹們又能得到多少，以此來判斷自己在母親心目中的地位。如果他敏感察覺到自己受到冷落，他甚至會問姐姐：「你是最疼愛我嗎？」在童年生活的後期，他逐漸放棄純粹的個人滿足，取而代之的是「世人」的讚許和接納，而受到的新懲罰則是遭到「世人」的嘲笑。當然不僅僅是日本，這也是大多數文化施加給兒童的壓力，只是在日本這種壓力更加沉重。被「世人」所拋棄，對應的是遭到母親的嘲弄和揚言要遺棄他。因此，在一個日本人心理上，被同伴排斥比責打還要可怕的。隨著年齡增長，他對嘲笑和排斥帶來的威脅愈來愈敏感，即使這種威脅只是在想像中，也一樣讓他感到可怕。還因爲日本是一個很少有個人隱私的社會，一個人的所作所爲對社會幾乎是袒露的，個人太容易遭到排斥與遺棄。要知道日本家庭的房屋建築，基本上是由薄薄的木板材料構成的，完全沒有隔音效果，而且白天還洞開著。因此，大多數沒有能力修築圍牆和庭院的家庭，就毫無隱私可言。

某些被日本人使用的象徵形象，能有效幫助人們了解日本兒童教養中存在的不連續性，正是這種連續性的缺失，造成日本人性格的雙重性。在幼年時期養成的是「不知羞恥的自我」，這使得他們在成年後，會經常下意識窺視自己還保存有多少幼年的童眞。日本人喜歡照鏡子，他們說鏡子「反映永恆的純潔」，既不會培養虛榮，也不會反映「觀我」，反映出的是人深處的靈魂。從鏡中，人可以看到那個「不知羞恥的自我」，他們把自己的眼睛看作是靈魂的窗戶，這可以幫助他們作爲「不知羞恥的自我」而生活。他還能從鏡子中看到理想父母的形象。據說有人因此鏡不離身；更甚者，有人會在佛壇上放一面特殊的鏡子，用來靜觀自身，反省靈魂。那樣的時候，一個人其實就是在「自我祭奠」、「自我膜拜」；儘管很不尋常，卻並不難辦到，因爲在日本家庭中，神龕上都會擺放一面鏡子作爲神器。在戰爭期間，日本的電臺曾經特意放送過一首歌，歌中讚揚幾個女學生自己掏錢買下一面鏡子放在教室裡。對此人們不認爲是出自虛榮，而是說她們心靈得到重新煥發，是一種獻身精神的體現。在日本人看來，攬鏡自照是測試人的精神高尚程度的具體行爲。

在小孩心中還沒有培植出「觀我」觀念前，日本人就已經產生了這種對鏡子的特殊感情。他們照鏡子時並沒有看見「觀我」，鏡中展現的是自我童年時的自然善良，不需要受到「恥」的限制。賦予鏡子這種象徵意義，也成爲修煉「圓滿」的基礎。從這種修煉中，他們鍥而不捨地清除著自己內心的「觀我」，以求童年純眞的回歸。

儘管幼兒時期的特權生活對日本人產生重要影響，但他們自己並不認爲童年後期的以恥感爲基礎的道德規則，是單純的剝奪。我們都知道自我犧牲也是基督教的核心概念之一，但日本人對這種思想非常質疑，並批判這種觀念。即使是在生命的最後時刻，他們也說是「自覺自願」爲「盡忠」、「盡孝」，爲「情義」而死，並不認爲這些是屬於自我犧牲的範疇。日本人認爲這種心甘情願選擇去死才是自己要達到的人生目標，否則就是「犬死」，是毫無價值的。英語中dog's death指的是貧困潦倒而死，但日本人所要表達的不是這個意思。至於那些不是很極端的行爲，在英語中被表述爲self-sacrificing（自我犧牲），日語則屬於「自重」範疇。「自重」意味的是克制，克制在價值上等同於「自重」，只有克制才能做成大事。美國人則強調，自由是實現目標的必要條件，但對於擁有完全不同生活體驗的日本人，光有自由是遠遠不夠的。對他們來說，克制才能眞正體現一個人的自我價值，這構成了他們的道德律的一個主要的方面。不然他們就很難抑制內心衝動、危險的自我，這很可能會成爲製造混亂的因素，打亂他們的生活。

一位日本人說：「日積月累，漆坯上的漆一層層累積，製作出來的漆器就越發貴重。一個民族也同樣如此。……人們講到俄羅斯人時說：『剝開俄羅斯人的外表，出現的是韃靼人。』對於日本人，人們也可以說，『剝開日本人的外衣，除掉它的漆層，露出來的是海盜。』但請不要忘記：日本的漆是珍品，是製作傑出工藝品的材料，而不是用來掩蓋瑕疵的，這種材料純正無比，與坯胎一樣精美。」⑧

日本男性行爲中展現出的那種讓西方人吃驚的二重性，源自兒童時期教育的連貫性缺失。這種斷層導致他們在成年後無法忘記曾有過的那樣一個時期，在那個時期，他們在屬於自己的那片小天地裡神一般存在，可以隨心所欲，甚至在恣意攻擊他人後也不會受到責罰。這樣的經歷讓他們有了可以滿足所有欲望的錯覺，這樣的錯覺儘管被後來一層層新的社會規則所掩埋，卻深深根植於他們的心靈。這使得他們在成人後擁有頑固的二元性，因此既

⑧ Nohara, Komakichi, *The True Face of Japan*, London, 1936. 野原駒吉：《眞實的日本》。

可以沉溺於浪漫的愛情中，又能順服地接受家庭的婚姻安排；既能沉溺於享樂安逸，又能為了承擔的義務放棄一切；謹慎的教育使他們懦弱，同時也使他們近乎魯莽地勇敢；他們能做等級制順從的奴隸，又不願輕易接受上級的管理；他們彬彬有禮，又桀驁不馴；他們可以接受軍隊中野蠻的訓練，又絕不會輕易就範；他們既是頑固的保守主義者，又很容易被新生事物所吸引。關於這點，只要回顧一下他們曾孜孜以求學習中國文化，近代以來又毫不猶豫學習西方，就是最好的證明。

這種性格的二元性使日本人經常陷於緊張裡。雖然每個日本人對這種緊張的反應不盡相同，但每個日本人都要對一個基本問題給出自己的答案，那就是如何協調兒時那種縱情無慮、處處得到寬容的經驗，跟當下生活中無處不在的約束之間的關係。很多人都無法找到解決的方法，有些人像道家那樣，一絲不苟約束自己的生活，唯恐稍微放縱就會跟實際生活發生衝突，恰恰是因為放縱不是想像而是經歷過的現實，這種恐懼才更加嚴重。他們墨守自己制定的規則，採取一種超然態度，把自己想像成發號施令的權威；而有些人會精神分裂，意志崩潰，他們害怕自己心中鬱積的情緒有一天會爆發，於是以表面的溫順來加以掩飾。他們讓自己沉溺於日常的生活瑣事，不讓自己有認清自己眞實感情的機會。每天他們都只是機械地重複那些基本上毫無意義的生活瑣事。還有一些人，由於對兒時的生活過分依賴，長大後面對社會對成年人的一切要求他們都感到無所適從，他們總是想依賴別人，而實際的年齡已不允許他們再這麼做。他們覺得任何失敗都是對權威的背叛，從而動不動就陷入緊張狀態。凡是無法用常規方法來妥善處理的意外情況，都會使他們恐懼。⑨

以上就是日本人在極度擔心遭排斥或受非難時面臨的特殊困境。只要不感受到壓力，日本人在生活中還是能表現得既能享受生活，又能保持幼年所培養出的不傷害他人的情感方式的，並且還相當成功。幼年時期的生活讓他們擁有自信，罪感意識還沒有成爲沉重負擔。幼年之後受到的種種束縛的目的是爲了讓他們與夥伴保持協調一致，義務總是相互的。儘管個人願望在某些時候會受到他人的干涉，但在那些明確規定的「自由領域」內，情感一樣能得到紓解。日本人以迷戀自然著名，觀櫻、賞月、眺望新雪，在屋內懸掛蟲籠傾聽蟲鳴，還有和歌與俳句、園藝插畫茶道等等，都是日本人日常生活中常見的休閒。這類活動讓人們很難相信這是一個沉悶並具有侵略傾向民族所具有的。在追求享樂上，日本民族也不是一個頹廢的民族。在開始擔負「不幸」的使命前的那段日子，日本人的生活是幸福的，尤其是在農村，人們的生活悠閒愉快，儘管他們工作起來時的勤勉不遜於當代任何民族。

但日本人的自我要求太多。爲了避免遭受疏遠和非議這類被他們視爲的巨大的威脅，他們寧願放棄剛嘗到甜頭的個人樂趣。在人生重大事情上他們必須抑制對個人樂趣的衝動，極少數違背這些規則的人甚至有喪失自尊的危險。在日本，自尊（自重）的生活準繩不是明辨

---

⑨ 上述各項來自Dr. Dorothea Leighton對戰時收容所裡的日本人所做的羅氏墨漬測驗。

「善惡」，而是迎合他人的「期望」，爲了不讓他者「失望」，他們把個人訴求埋葬在群體「期望」中。這樣的人才是「知恥」而謹愼的善人，才能爲家族、家鄉和國家添光加彩。由此造成的精神心理緊張很強烈，這種緊張感對國家來說，最終能彙聚成一股巨大力量，使日本成爲東方世界的領袖和世界強國；但對個人，卻是沉重的負擔。人們爲此總是處在高度緊張狀態下，害怕失敗，害怕自己付出全部心血從事的工作不被他人認同，當緊張過度後，就會爆發，表現爲極端的攻擊性。當日本人發起攻擊時，他們不像美國人是因爲自己的主張和自由受到了威脅，而是感覺到自己受到了侮辱和誹謗。在這樣的時候，他們那危險的自我，如果可能的話，就會針對侮辱、誹謗自己的人；否則就會針對自己。

日本人爲這種生活方式付出很高的代價。他們自願放棄很多在美國人看來如同空氣一樣必不可少的自由。我們應該注意到，自戰敗後，日本人正在追求民主。如果有一天他們能率眞而無所顧慮，那他們將會多麼高興！杉本夫人就曾繪聲繪色地描述她在東京一所教會學校學習英語時的經歷，在那兒，她可以在花園裡種自己喜愛的花草樹木。老師給每個女學生分了一塊苗圃並供給她們所需的種子。

這塊可以隨意種植的苗圃給了我一種關於個人權利的全新感受……人的心中能有這種幸福感，這件事本身就讓我吃驚……像我這種從不違背傳統，從不玷汙家庭名譽，從不惹父母、老師、鄰居生氣，也從不傷害世上任何事物的人，竟然也能擁有自由自在的感受。

別的女孩都種花，而杉本卻種植馬鈴薯。

沒人能理解我這種近乎荒唐的行爲給我心靈帶來的自由恣意的感受，那是自由之神在叩響我的心扉。

這是一個嶄新的世界。

我家花園中有塊土地是特意讓它荒蕪著的，以保持天然野趣，但總會有人修剪松枝，整飭樹籬。每天一早老大爺還要清掃石階，把松樹下那塊地方掃淨，然後把從林中採來的嫩綠松針細心撒在上面。

刻意營造這種天然野趣，對杉本夫人來說，就是她一直被教育的那種虛假自由意志的象徵。這樣的虛假在日本隨處可見，日本的庭院中超過一半的石頭是精心挑選來的，並會用小石子鋪底。庭院中的假山石的布置要與流水、建築、矮樹叢以及花草樹木相呼應。在日本菊花都是盆栽的，用來參加每年都會到處舉辦的菊展，甚至每一片花瓣都經過精心修整，並且還會用看不見的金屬絲支撐，用來保持姿態。

當杉本夫人有幸拿掉菊花上的金屬絲後，她的心情是歡悅而純眞的。那些經過修剪的盆栽菊花，花瓣一直都受到人的擺弄，一旦回歸自然狀態，也顯出歡悅。但在今天的日本，如果不考慮他人的期望並懷疑「恥」的壓力，這樣的自由很可能破壞他們習以爲常的生活方式的平衡。在新形勢下，他們必須學會接受新的制約機制。任何變化都是需要付出代價的，建立新觀念和新道德從來不是一件輕而易舉的事。西方人不能指望日本人能立即吸收一種新的道德觀念，並把它們眞正變成自己的東西。同時，悲觀地認爲日本永遠不可能建立一套比較自由、寬容的倫理體系也是不正確的。在美國生活了「二代」的日本人已經對日本道德的知識和實踐非常陌生，他們的血液中也沒有他們父輩必須墨守的那些來自傳統習俗的東西。同樣，生活在日本國內的人們，也有可能在新時代建立一種不需要過去那種克制義務的生活方式。菊花並非一定要被支撐上金屬絲，才能秀美多姿。

在轉向擴展精神自由的過渡時期，日本人或許可以借助兩、三種古老傳統來保持生活的平穩。其中之一就是「自我負責」精神，也就是日本人喜歡說的自己擦去「身上的鏽」。把身體比喻爲刀，佩帶刀的人需要經常擦拭，保持刀的光潔與鋒利，用來比喻人的自我修煉非常形象，這也就是說一個人必須接受由於自身的弱點帶來的一切後果。在日本，對自己負責的解釋要比在自由的美國嚴格得多。在這種比喻裡，刀並非是用來進攻的武器，而是人的理想與自身責任。在一個尊重個人權利的自由社會裡，這種德行所起到的平衡社會的作用十分明顯有效。要知道在日本，兒童教育與行爲哲學早已使得自我負責的理念深入人心，構成日本精神的一個組成部分。如今的日本已經在西方文化意義上提出「放下刀子」（投降）的訴求，但就日本自身而言，更重要的是他們還需要繼續努力讓心中那把易鏽蝕的刀保持光潔。但就道德意義而言，他們的這把刀即使是在自由、和平的時代，仍然是值得保存的象徵。

第十三章　投降後的日本人

「因為日本的行為動機是隨機應變的，如果情況允許，日本將在和平的世界中謀求其地位。反之，則會成為武裝陣營的一員。」

美國人有著充分理由爲自己戰後對日本在管理方面發揮的作用自豪。一九四五年八月二十九日，美國國務院透過電臺頒布美國陸、海軍的聯合指令，並由麥克阿瑟（Douglas MacArthur）將軍卓越地加以實施。但引以爲豪的理由卻被美國報刊、電臺上出現的黨派性的讚揚或者批評弄得含混不清，只有極少數對日本文化具備足夠了解的人，才知道這種明確的既定政策合適與否。

日本投降時一個重要問題是盟軍對日本占領的性質。戰勝國對現任政府乃至天皇是應該保留、利用還是廢棄？是否應該在美國的軍政官員指揮下管理日本縣市的行政？盟軍對義大利和德國的占領採用的方式是在每個地區設立盟軍軍政府（A. M. G.）總部，它們屬於戰鬥部隊的一部分，保證地方政權控制在盟軍官員手裡。在剛戰勝日本時，太平洋地區的盟軍軍政府官員預計，在日本也將建立同樣的統治體制。日本人自己也很難清楚能保留多少行政責任與權力。在波茨坦公告中僅僅是說：「日本領土中經由盟國指定的地點必須予以占領，以確保吾人於茲所示之根本目標。」並必須永久排除「欺騙及錯誤領導日本人民使其妄欲征服世界之威權及勢力」。

國務院、陸軍部、海軍部三部聯合向麥克阿瑟部隊發出指令，對上述各節做出重大決定，並得到麥克阿瑟將軍司令部的全面支持，決定認定由日本人自己負責本國行政管理和重建。「只要能滿足並促進美利堅合眾國之目標，最高司令官將透過日本國包括天皇在內的政府諸機構行使其權利。日本國政府將在最高司令官（麥克阿瑟將軍）的指令下，被允許就內政行使政府正常的職能。」這樣的結果就是麥克阿瑟對日本的管理跟盟軍對義大利、德國的管理存在很大差別。它成爲一個純粹的最高司令部，自上而下利用日本各級官僚機構進行管理。最高司令部的各項通告將發給日本國政府，而不是直接頒布給日本的國民，或者某個縣市的居民。它的主要任務和工作是規定日本國政府的工作目標與方向，如果某位日本國內閣大臣認爲指令無法實施，那他可以辭職，但如果他的建議正確，當然也可以修改指令。

這是一種很大膽的嘗試。從美國自身角度看，它的好處十分明顯。誠如席德林將軍（General Hilldring）所說：「充分利用日本國政府這種占領方式的好處是巨大的。如果沒有日本國政府這樣一種現存資源可資利用，我們就不得不親自管理一個七千萬人的國家，並保證它的全部複雜的機構都能順利運行。他們擁有和我們不一樣的語言、習俗、態度。透過淨化並利用日本國政府，我們節省了時間、人力和物力。換句話說，我們是在要求日本人自己整頓自己的國家，而我們僅僅是提供具體指導。」

就在華盛頓制定這一指令時，很多美國人還在擔心日本人很可能會採取不合作甚至敵對的態度，而一個怒目相視，隨時都在想著報復的民族，將會抵消所有的和平計畫。後來的事實證明，這些擔憂沒有變爲事實。究其原因，不得不說日本特殊的文化起到了很大作用，而並非是所謂戰敗民族與戰敗國的政治、經濟之類的一般性原因。也許從沒有一個民族能像日本這樣順利地接受這種政策，在日本人看來，這種政策是從嚴酷的戰敗現實中擺脫屈辱的象徵，促使了他們實行新的國策，而他們之所以能如此坦然接受，正因爲他們在特異文化下所形成的特異性格。

美國人曾無休止地爭論媾和條件的寬嚴，但問題的關鍵並不在於寬嚴，而在於恰如其分，適當到足以摧毀其傳統的、危險的侵略性模式，並足以建立起新的目標、秩序。至於手段的選擇則應根據該國特有的國民性格和傳統的社會秩序來確定。在德國，普魯士傳統的權威主義不僅僅在家庭，而且在市民日常生活中都根深蒂固，這就需要對德國制定特定的和平條款。這對日本來說應該有所不同，因爲德國人不像日本人，他們從不認爲自己對社會、對歷史有著恩惠的虧欠，他們之所以努力奮鬥，並不是因爲他們需要償還債務或者恩情，而是爲了避免成爲犧牲者。德國人對待權威的父親會這樣說：那是一個「強迫別人尊重自己的人」，他要是得不到尊敬就會難受。德國人的生活中每一代人在年輕時都在對抗父權，但在他們自己成爲父母後，還是會屈從於這種單調乏味的生活，他們一生唯一的高峰期就是青春期叛逆的狂飆歲月。

日本文化的問題並不是所謂極端的權威主義。幾乎所有的西方觀察者都認爲，日本父親對孩子的關懷和鍾愛在西方是少見的。日本小孩認爲兒子與父親親近是理所當然的事，而且他們還經常公開炫耀自己的父親。因此，只要父親聲調稍有改變，孩子就會馬上按照父親的意願行爲。但父親在兒子心目中並不是嚴厲的老師，兒子青年時期也不反抗父母的權威。相反，孩子在進入青年期後，就在人們眼裡成了一個家庭責任的馴服代表。日本人說，他們尊重父親是「爲了學習、爲了訓練」，這也就是說，作爲尊敬的對象，父親是等級制與正確處理人際關係的超人格象徵。

在兒童時期從跟父親的接觸中學到的這種態度成為整個日本社會的一種模式。處於等級制上層、備受他人愛戴的人其實並不一定掌握實權；身居高位的官員也並不一定具有行使權。上自天皇下至基層官員，都有顧問和隱蔽力量在幕後操縱。一九三〇年代初期，日本超國粹組織黑龍會的一位領導在接受東京一家英文報紙的訪問時，曾對日本社會的這一側面作了確切的描述。他說：「社會（當然是指日本）是一個三角，它的一角被大頭針釘住了。」[①]換句話說，三角形在桌上，大家都看得見，而大頭針在下面，大家不易察覺。三角形有時往右偏，有時往左偏，但都是圍繞著一個隱蔽的軸在擺動。借用西方人常用的一句話就是，凡事都要用「鏡子」來反映；要想專制權力不被人看見，就要有對象徵性地位的忠誠姿態的存在，而這個象徵性地位經常是不行使權力的。日本人一旦發現假面具下的權利源泉，就會認為那是一種剝奪，是不符合制度的，就像高利貸者與暴發戶一樣。

正是由於日本人是這樣在看自己的社會，因而他們不會成為革命者去反抗剝削與不公正。他們從不想要打碎他們的社會，他們能像明治維新那樣施行徹底的改革，卻不會去批判他們的社會制度。在他們看來，這種變革是對過去的回歸，他們從來都不是革命者。在西

① 引自厄普頓・克洛塞（Upton Close）《日本的另一面》一書。

方，有些著述者寄希望於日本掀起意識形態上的群眾運動，有些誇大戰爭期間日本存在的那些地下組織的能力，指望這些組織在戰後能掌握日本的政權，也有人預言，在日本，激進勢力將會在選舉中獲勝，但這些都是錯估了現實。保守派首相幣原男爵在一九四五年十月組閣時發表的下述演講，最準確地表達了日本人的想法：

新的日本政府將具有尊重全體國民意志的民主主義意識形態……自古以來，天皇就是把自己的意志作爲全體國民的意志，這就是明治天皇憲法的精神。而我所提倡的民主政治，可以看作是這種精神的眞正體現。

對民主的如此解讀，在美國讀者看來毫無意義。但在這種復古解說的基礎上，日本無疑將會比基於西方意識形態更有利於擴大其國民的自由範圍，增進國民的福利。

當然，日本將試行西方的民主政治制度。但西方的制度並不一定就是改善世界的靈丹妙藥，即使在美國也是如此。在日本要推行普選和由選舉產生立法機構儘管能解決一些問題，但同樣也會帶來很多困難，而當這些困難進一步發展時，日本人就一定會修改我們實現民主的方式。如果到了那時，美國人一定會認爲這場戰爭白打了；我們相信自己的方法是最好的，但也僅此而已。普選在日本重建和平國家的進程中，充其量占據了次要的位置。自一八九〇年代日本第一次試行選舉以來，日本並沒有發生根本性變化，小泉八雲（Lafcadio

Hearn）當時記述的那些來自傳統的阻力，今後依然會重複出現。

在爲此犧牲了很多生命的競選戰中，的確不存在著個人恩怨。議會裡的激烈爭論，以致使用了暴力，往往讓人錯愕，但嚴格來說很少屬於個人間的爭鬥，而是藩閥之間、黨派之間的利益之爭。並且，每一個藩閥或者黨派的那些狂熱追隨者，只會把新的政策看作是新的一場戰爭——一場忠於領袖利益的戰爭。②

在一九二〇年代的那些選舉中，村民們在選舉投票前往往會說：「洗乾淨腦袋準備砍頭。」人們經常會把選舉戰等同於過去武士對平民的攻擊行爲。直至今日，日本選舉所包含的意義仍與美國有巨大的差別，不論日本是否採取危險的侵略政策，這種差異都無法彌補。

日本能否成爲一個和平的國家，關鍵是要看它敢不敢面對現實，敢不敢承認自己過去的政策是「失敗的」，同時它能不能很快將精力轉到其他方面。日本是一個適應性很強的民

---

② 引自《日本：一種解釋》。

族，有一種善變的倫理。它曾嘗試過以戰爭的方式使自己贏得在世界上的「適當地位」，然而失敗了。於是他們就很快放棄這種政策，因爲從小到大，日本人一直受到審時度勢思想的薰陶，他們善於改變自己的方向。任何一個擁有更加絕對性倫理觀的民族，總是相信自己是在爲原則而戰，他們在投降時會說：「我們失敗了，正義也不存在了。」這類民族的自尊心要求他們繼續努力去實現「正義」的勝利；要不他們就承認自己犯了罪，需要眞誠懺悔。日本人則不同，在投降後第五天，那時候美國還沒有一兵一卒登陸日本，東京最大的報紙《每日新聞》就開始大談特談日本的失敗以及由此可能帶來的政治變化了。報載：「然而，這對最終解救日本國民還是大有好處的。」這篇社論一再強調每個人都必須明白日本已經徹底失敗了。既然憑武力來謀取日本地位的努力已宣告失敗，那今後日本就必須選擇走和平國家的道路。另外一家東京大報《朝日新聞》也在同一星期發表文章，說日本近年來「過分相信軍事力量」是日本內外政策的「重大錯誤」，「過去的政策使我們遭受慘重損失，卻一無所獲，今後我們必須拋棄過去的政策，立足於國際協調與愛好和平的新政策」。

西方人注意到這種轉變是原則性的，因而對此心懷疑慮，但這卻是日本人處世的基本方式，不論是在人際關係上還是在國際關係上都是如此。如果日本人採取某種行動而未能達到其預定目標，那就會認爲是自己犯了「錯」；如果失敗，他們就會看作是失敗的策略加以放棄，因爲他們不會頑固地堅持錯誤的策略。他們常說「噬臍莫及」，在三〇年代時，他們普遍接受軍國主義是爭取自己世界地位的恰當手段，認爲武力可以獲取他國的崇拜。他們承受由這一綱領帶來的犧牲。一九四五年八月十四日，神聖的天皇向他們宣布日本已經失敗，他們接受了因戰敗而帶來的一切。這種接受意味著美軍的占領，日本人轉而歡迎美軍的占領；既然侵略的策略已經失敗，他們就主動開始考慮制定一部放棄戰爭的憲法。在投降後的第十天，《讀賣報知》就以「新藝術與新文化的起步」爲標題發表了一篇社論，社論中這樣寫道：「我們必須堅定地相信，軍事失敗與一個民族的文化價值並不是一回事，軍事失敗應該被當作一種動力……因爲，只有這樣的全民族一起經受的慘痛犧牲，才能提高我們日本國民的思想境界，讓我們放眼世界，客觀面對現實。過去任何歪曲日本人的思想的非理性因素，都應該得到坦率的分析並加以清除……對此我們要拿出勇氣來正視戰敗這一冷酷的事實。但與此同時我們也需要對日本文化的明天擁有信心。」這樣說表明，他們曾嘗試一種方針，但遭到失敗，而現在他們將轉而實行一種完全相反的和平藝術。日本的各家報紙都發表社論反覆強調：「日本必須在世界上贏得尊重。」也就是說日本國民現在的責任就是要在新的基礎上贏得世界的尊重。

這些報紙的社論不僅反映少數知識分子的心聲，東京街頭以及偏遠山村的民眾也同樣經歷著巨大轉變。美國占領軍簡直不敢相信如此友好的國民就是那些曾經發誓要用竹矛跟自己死戰到底的人。日本人的倫理包含著很多被美國人排斥的東西，但美國占領日本期間的經驗雄辯地證明，異質的倫理一樣包含了很多值得讚揚的內容。

麥克阿瑟將軍領導下的美國對日管理當局承認了日本人改變航向的能力，完全沒有採用很可能帶來屈辱的方法阻礙這一進程。如果我們按照西方倫理強加給日本這種轉變，這在文化上是可以接受的。因爲在西方倫理觀念裡，侮辱和懲罰是使做過壞事的人意識到自己的罪孽的有效手段，而認罪是重新做人的前提。日本人則不這樣看，按照日本的倫理觀，一個人所要做的是對自己的行爲產生的所有後果負責，錯誤的選擇帶來的結果是使他放棄這種做法而不是認罪。這樣的自然後果也可能包括整體戰的失敗，但日本人並不會把這種情況看作是屈辱而憎惡。按照日本人的說法，某個人或者某個國家對他人、他國進行侮辱，採用的是誹謗、嘲笑、鄙視還是揭露其見不得人的行爲並不重要。日本人認爲如果受到侮辱，那就去復仇，這就是一種道德的所爲。儘管西方倫理對此類信條強烈譴責，美國占領的有效性卻眞實地取決於在這點上的克制，也就是要接受某些日本人的倫理觀點。我們要知道日本人對嘲笑是很難忍受的，認爲這跟投降的自然後果、解除軍備、負擔苛刻的戰爭賠償等是截然不同的兩件事。

日本曾戰勝過一個強國。在對方投降後，因爲日本認爲對方從未嘲笑過自己，於是作爲戰勝國，日本曾很小心地避免羞辱對手。一九〇五年俄軍在旅順港投降時，有過一張在日本婦孺皆知的照片。照片上戰勝者與戰敗者的區別僅僅是軍服的不同，戰敗的俄軍並沒有被解除武裝，他們的軍官依然佩戴著軍刀。據一個在日本很流行的故事說，當俄軍司令官斯提塞爾將軍表示接受投降條件時，一位日本大尉和一名翻譯帶著食品來到俄軍司令部，當時

「除了斯提塞爾將軍的坐騎外，俄軍所有的軍馬都被宰殺吃掉了。爲此，日本人帶來的五十隻雞和一百枚雞蛋受到熱烈歡迎」。第二天，斯提塞爾將軍和乃木將軍如約會見。「當兩位將軍握手時，斯提塞爾將軍盛讚了日軍的英勇……而乃木將軍則稱頌俄軍的長期堅守。斯提塞爾將軍對乃木將軍在此次戰爭中失去兩個兒子表示同情……斯提塞爾將軍把自己那匹心愛的阿拉伯種白馬送給乃木將軍。乃木將軍說，儘管很希望從閣下手裡得到這匹馬，但必須要首先奉獻給天皇陛下。他相信這匹馬天皇一定會賜給自己。他承諾，如果得到這匹馬，他一定會像對自己的馬一樣悉心愛護。」[3] 後來的事日本人都知道，乃木將軍爲斯提塞爾將軍的那匹馬在自己的住宅前建造了一座專屬馬廄。據說這座馬廄比乃木將軍自己的住房還要講究，在將軍死後，這座馬廄成了乃木神社的一部分。

有人認爲自那次俄軍投降後，日本的性格完全改變了，這些人舉了在占領菲律賓後，日本軍隊的肆意破壞和殘暴行爲爲例。但對日本這樣極容易隨著實際情況改變自己的道德標準的民族來說，上述的結論未必是準確的。首先要看到，敵軍在巴丹戰役後僅僅是局部的投降，那之後在菲律賓的美軍雖然投降了，但日軍仍需要進行戰鬥。第二，日本人從未認爲俄

---

③ 引自厄普頓．克洛塞（Upton Close）《日本的另一面》。這個俄軍將軍投降的故事不一定完全眞實，但並不影響其文化上的重大價值。

國人在二十世紀侮辱過他們。與此相反，在一九二〇到三〇年代，所有日本人都認爲美國的對日政策是在「蔑視日本」，用他們自己的話說就是「根本看不起日本」。對於美國排日的移民法，還有美國在樸茨茅斯條約（Treaty of Portsmouth）以及第二次裁軍條約中扮演的角色，日本人的反應就是這樣的。美國在遠東經濟中扮演的角色以及影響的不斷擴大，還有美國對待有色人種的歧視態度也促使日本人採取了跟對待當年俄軍不一樣的態度。因此，對俄國的勝利跟在菲律賓對美國的勝利，充分顯示了日本人性格的兩面性：受辱時是這一面，否則就是另一面。

美國最終取得戰爭的勝利改變日本人所處的環境。如同日本人生活中的一貫性表現，失敗使得他們徹底放棄以前的策略。這種屬於日本人的獨特的倫理觀，讓他們能做到自行除去積垢。而與此同時，美國的政策以及麥克阿瑟將軍的對日管理並沒有增添新的屈辱，因爲他們只堅持那些在日本人看來只屬於戰敗的「當然結果」，這種策略顯然很奏效。

保留天皇這點意義非常重要，這件事的處理非常正確。首先是天皇主動訪問麥克阿瑟將軍，而不是相反，這件事爲日本人上了生動的一課，其中的意義西方人很難理解。據說在建議天皇否定自己的神格時，天皇一度表示異議，理由是不應該讓他放棄自己本來就沒有的東西。他眞誠地說，日本人並沒有把他看作是西方意義上的神，但麥克阿瑟將軍的司令部還是勸說他，西方人有關天皇仍堅持神格的想法，將會影響到日本的國際聲譽。於是天皇在爲難情形下，同意發表宣言否認自己的神格。天皇在元旦發表聲明，並要求把世界各國對此的評論翻譯給自己看。讀過各種評論後，天皇致電麥克阿瑟將軍的司令部表示滿意。看來外國人在此之前顯然不能理解，對公開發表聲明一事天皇感到很高興。

美國的政策還允許日本人在某些方面得到滿足。國務院、陸軍部和海軍部共同發布的聯合指令中明確寫道：「對於在民主基礎上組織起來的勞動、工業、農業各團體，應鼓勵其發展並提供便利。」那之後日本的工人在很多產業中都組織起來了。一九二〇和三〇年代曾活躍的農合組織重新得到了發展。能主動去努力改善自己的生活環境，對很多日本人來說這就是日本在戰後取得的成果最好的證明。一位美國特派記者曾告訴我，在東京，一位參加罷工的人看著美國士兵高興地說：「日本『勝利』了！你說是吧？」在今天，日本的工人罷工跟戰前的農民起義非常相似，那時的農民請願經常是因爲過重的年貢、賦稅嚴重影響了生產的正常進行。那不是西方意義上的階級鬥爭，也不是企圖改變制度本身的努力。今天日本各地的罷工並沒有導致生產效率的降低。罷工經常採取的辦法是「占領工廠，繼續並增加生產，從而讓經營者丟臉」。「在三井系統中的一家煤礦裡，『罷工』工人趕走管理人員，他們很快就把日產量從二百五十噸提高到了六百二十噸。足尾銅礦『罷工』的工人們也增加生產，並把自己的工資提高兩倍。」④

④《時代》，一九四六年二月十八號。

但需要承認的是，無論多好的管理政策，戰敗國的行政總是困難的。在日本，糧食、住宅、國民教育等問題引起了尖銳的衝突，要是不利用傳統的日本官僚，問題會更加嚴重。軍隊復員是美國在戰爭結束前遇到的一個大問題，但因爲保留了日本官員，這個問題造成的威脅就減少很多，儘管還是無法輕易解決，日本人自己也深知這樣的困難所在。去年秋天，日本的報紙就以同情的語調說道，對那些歷盡艱辛戰敗後回到國內的日本士兵來說，這杯戰敗的苦酒是很難嚥下的。報紙請求他們不要因此影響了自己的「判斷」。事實上那些被遣返的軍人表現出相當正確的「判斷」，但失業和戰敗還是使得他們之中的一些人參與到追逐國家主義的舊式祕密社團。這些人對自己現在的地位相當難以接受，他們因此而憤慨。日本人已不再給予他們昔日曾經擁有的特權，以前，傷殘軍人身穿白色衣服，街上行人遇見時都要行禮。入伍時村子裡要開歡送會，退伍要開歡迎會，以美酒佳餚招待他們，還有美女的歌舞，士兵們坐在首席。如今復員軍人根本得不到過去那種優厚的待遇，除了家人來安置，他們得不到別的照顧。戰敗後遣返的士兵在城市鄉鎮都受到了冷遇。如果了解這種急劇變化帶給日本人心理上的衝擊與痛苦，就不難想像這些軍人是多麼喜歡跟舊日的夥伴在一起。他們可以在一起緬懷過去那個把名譽寄託在他們身上的日本，他的戰友中很可能會有人告訴他，不少幸運的日軍士兵已經開始在爪哇、陝西、滿洲跟盟軍作戰了。他們會說：爲什麼要絕望？他們將會再度開始作戰！那些國家主義的祕密社團在日本很早就存在。這些團體發誓要「洗刷日本的汙名」。因此那些感到自己復仇的夙願未了、感到「世界不平衡」的人就積極參與了這類祕密社團。這類團體跟黑龍會、玄洋社等黑社會集團一樣採取暴力手段，這種手段在日本的「對名譽的情義」概念中是被准許使用的。爲了消滅這類暴力行爲，在今後很長一段時間內，日本政府都要繼續努力，也就是對「義務」加以強調，而貶低對名譽的「情義」。

因此，僅僅號召（不要）做出錯誤「判斷」還不夠，還必須重建日本的經濟，使目前二三十歲的日本人有生活的出路，並能「各得其所」。還必須改善農民的處境，經濟一旦不景氣，日本人就可以回到鄉下故土。不過日本的很多地方的土地都過於狹小，加上沉重的債務，很難養活過多的人口，因此必須大力發展工業。在日本，反對平分家庭財產的傾向非常強烈，只有長子能繼承遺產，其他人只能前往城市謀生。

今後的日本無疑還有很漫長的困難的路需要走下去，但有一點需要強調，那就是今後的日本不再有大量的軍備需要國家預算承擔，他們因此擁有更多提高人民生活水準的機會。珍珠港事件前的大約十年時間裡，日本收入有一半花在軍備和維持軍隊上，現在他們不需要這樣做了，就可以逐步減輕農民的賦稅，完全可以建立、健全新的經濟基礎，就像在前面我們所說的那樣，在日本，農產品的分配是由實際耕種者獲得60%、40%被用於支付租稅或者佃租。這跟同樣是稻米生產國的緬甸、泰國大不相同，在那些國家，傳統的分配方式是90%留給實際耕種人。在日本，實際耕種人所繳納的巨額賦稅，歸根結底主要是用來支付軍費了。

今後十年間，任何歐洲或亞洲不擴充軍備的國家，都將比擴充軍備的國家具有潛在的優勢，因爲這類國家可以用財富來建設健全而繁榮的經濟。在美國，我們在推行亞洲政策和歐洲政策時幾乎從未留意到這個現象。因爲我們國家不會因龐大的國防開支而陷入貧困，我國也沒有蒙受過任何戰爭災禍。我們不是一個農業經濟國家，我們的問題在於工業生產的過剩。我們的大量生產能力以及機械設備是如此完善，要是不從事大規模軍備和奢侈品生產，不加強福利事業和在科研上大量投入，我們的國民就會失業，我們的盈利投資需求也很迫切，這點跟其他國家完全相反，即使是那些西歐國家也一樣。德國就需要負擔巨大的戰爭賠償，但它不能重新武裝，所以在今後的十年時間裡，如果法國繼續推行軍備政策，德國就很有可能建設起法國所無法建設起的健全而繁榮的經濟，日本也將會利用同樣的優勢超過中國。中國當前的主要目標是實現軍事化，其野心得到了美國的支持。如果日本的國家預算不包括軍事化目標，它就會在不久的將來奠定自己的繁榮，並成爲東方貿易的主角。它的經濟將會是建立在和平利益的基礎上的，並會提高國民的生活水準。和平的日本將在世界各國中贏得聲譽和地位，如果美國能積極支持這項計畫，對日本將是莫大的幫助。

想要用命令的方式建立起一個自由民主的日本，美國沒有能力做到。也無論是在哪一個被統治的國家裡，這樣的方法都從來沒有過成功的先例。任何一個國家都不能強迫另一個擁有自己獨特習俗和觀念的民族，按照他國的模式生活。法律無法讓日本人承認選舉出來的人的權威性，不能讓他們無視等級制下的「各得其所」；法律也不能使他們擁有美國人所習以爲常的自由的人際關係和自我獨立的強烈願望，以及自行選擇配偶、職業、住宅和承擔義務的熱情。但今天的日本人已經明確表明自己要朝著這個方向努力；投降後，日本的政治家們說，日本必須要鼓勵人民自己掌控自己的生活、尊重自己的良心。雖然日本人自己沒有這樣說，但他們每個人心裡都清楚，他們已開始懷疑「恥」在日本社會中的作用，並希望看到自由在同胞中得到發展，也就是從對「社會」譴責和排斥的恐懼中解放出來。

這主要是因爲，日本社會對個人的要求過於苛刻，給予的壓力過大。即使並非心甘情願，個人也必須遵從這樣的社會壓力，隱藏起自己的欲望，以家庭、團體或者民族代表的身分面對世界。日本人曾證明，他們能忍受這種生活模式所要求的一切自我訓練，但這種負擔實在是過於沉重，爲此他們必須高度克制自己以求得善待。他們不敢要求過那種心理壓力較輕的生活，結果卻被軍國主義者引到一條不歸路。過去數百年中，他們付出高昂的代價，變得自以爲是，並且鄙視那種道德觀念比較寬容的民族。

日本人走向社會變革邁出的一大步是承認侵略戰爭是「錯誤」、是失敗。他們渴望在和平下重新贏得受尊重的地位，這就必須實現世界和平。今後數年間，如果俄國和美國致力於擴充軍備，準備相互進攻，日本則將利用它的軍事知識參加那場戰爭，但承認這點並不能讓我們懷疑日本成爲和平國家的潛在可能性，因爲日本的行爲動機是隨機應變的，如果情況允許，日本將在和平的世界中謀求其地位；反之，則會成爲武裝陣營的一員。

目前，日本人已經意識到軍國主義的失敗，他們還將關注軍國主義在世界其他國家是否也會失敗。如果沒有，日本會再次燃起自己好戰的本性，並展示它能對戰爭做出怎樣的貢獻。如果軍國主義在其他國家也失敗了，日本則會因此得到證據，它會汲取一項教訓，也就是帝國主義的侵略企圖不是一條通往榮譽的道路。

附錄：評價與批判

川島武宜

一、首先要談的是作者令人嘆服的學識素養。作者從未到過日本，但她卻蒐集到了如此多的資料和重要的事實。這些事實都是一些司空見慣的日常瑣事，但本書作者正是依據著這些事實，栩栩如生地描繪出日本人的精神和文化面貌。在對這些事實的分析的基礎上，作者導引出基本卻也是整體性決定意義的特徵。不可否認，在觀察各種事物時很難避免一些誤解的出現，並且分析也會存在著我們將在後面談到的某些不充分之處。但作者在這本書中所做的分析之深刻與敏銳令人不得不嘆服。難道我們日本自己的學者中有人沒去過美國，卻成功描繪、分析了美國人的精神與文化嗎？我的興趣是把日本人的法意識和東方其他民族還有歐美人的法意識進行比較、分析，但我非常佩服本書作者的學識素養。這本書對我們的生活的描述還有分析赤裸裸地把我們醜陋的一面暴露在光天化日下，迫使我們反省。

當讀到這本書時，正是我們的心被戰敗撕碎的時候。我還清楚地記得當時我自己內心的感受。戰爭期間，我有意閱讀了大量外國人寫的有關日本的論述，伯茲爾·H.張伯倫、拉夫卡迪奧·赫恩、艾米麗·倫德爾、安得爾·瓦雷斯、卡爾·維特等等，都給我留下深刻印象。作爲一種人類最特異的體驗，戰爭就像一架顯微鏡，把日本人的生活、文化、精神以及傳統放大後無一遺漏地展示在世人面前。回顧日本民族前所未有的歷史進程，我們正是從這類外國人有關日本的研究中感受到「痛」後，才開始反省的。但這本書卻有著至今爲止那些相關的著作所沒有的新感覺和深刻敏銳的分析。我希望我們所有日本人都讀讀這本書，我們所受到的教育是很有限的，在對傳統和思維方式的接受上，日本人是比其他民族都要盲目的，並以此爲中心來判斷事物。因此在反省之路上，我們能從這本書得到的刺激是沒有止境的。本書原本是爲了征服日本、占領並統治日本這一戰爭目的而寫的，但對於我們日本人自己，它卻是一本非常有教訓意義的著作。還有一個不能忽視的地方，這本書跟那些逼迫作者歪曲事實，只關注那些有利於自己國家的事實，很像小孩子似的都是謾罵的國家不同，本書作者的祖國是一個即使是在戰爭期間，也容忍作家根據事實對敵國進行保守的科學分析的國家。

也正是這樣，本書才是一本以豐富的事實材料爲素材寫成的書，而且還爲書中這些素材做了詳細說明。這本書在這方面所做的工作是耐人尋味的。因此有不少需要一一細數的地方。但限於篇幅，我在這裡僅就幾個最重要的問題談談看法。

這本書主要的問題大致可以歸納爲方法論（第一章）；日本社會的等級制（第三章）；「恩」與「報恩」（第五、第六章）；名譽（第八章）；日本的道德所缺失的統一基準（第十、十一章）；兒童問題（第十二章）。我認爲其他幾章的重要性並不太大。

二、在涉及本書所論述的觀點之前，我們首先需要談的是本書以無比豐富的事實作爲資料這點。至於作者爲蒐集這些資料曾遇到過什麼，耗費了多少時間，這不是我需要去考慮的，但總體上作者能蒐集到這樣豐富的資料，是讓我們日本學者感到吃驚的。本來日本的社會科學就有著較爲強烈的思辨傾向，一般對使用實證方式不太感興趣。與此相反，盎格魯·撒克遜文化的社會科學，尤其是美國的社會科學對蒐集事實材料非常重視。同時，我認爲這本書即使是在理論分析上，也要比很多同是美國的學者的同類書籍深刻，並且還有如此豐富的資料作爲印證。這對我們日本學者來說，印象是非常深刻的。閱讀過本書的日本學者，至少在我們所知道的那些人裡，都交口稱讚這本書資料的扎實可信。

三、對本書感興趣的第二點是作者對豐富資料所做的理論分析的深刻程度。就我而言，即使是美國其他的社會學、人類學著作，在分析的功力上也要比本書遜色很多。

作者沒有把自己過多的興趣和精力放到對單獨現象的定量上，而是放在對日本人行爲和思維方式之間的關係上，放到把握行爲與思想方式在特殊聯繫中形成的整體結構上。總而言之，本書的重點在於對結構的功能分析上。這正是文化人類學的方法，如果不能把所有要素，某種意義上說就是沒有把那些明白無誤的文化現象作爲社會學的對象，而是把性質各異、某種意義上是充滿未知的文化現象作爲對象的話，這種方法就比什麼都要重要。作者自己對此加以的斷言以及自信是有道理的。

作者在書中談到一個有趣的事情。對那些以日本文化的結構爲對象的學者來說，那些

「在日本被認爲是可以接受並被視爲理所當然的習慣」成了問題。因此，「在研究的過程當中……進一步的蒐集證據已經沒有必要。比如，對一個人應在何時向誰行禮，就沒有必要對所有日本人都進行統計研究。」、「美國人在對社會進行研究時，很少研究文明民族的文化所賴以建立的各項前提條件。大多數的研究者都認爲這些前提是自證的。社會學家和心理學家大都只關注觀點和行爲的『分布』，他們最擅長也最常用的方法就是統計學。透過對大量的人口調查資料、調查問卷、訪談者的回答、心理測試等等進行統計分析，想從中推導出某些因素的獨立性或是相互依存關係……所謂的輿論調查，不過是對我們已知的情況做一些數量上的確認而已。如果想要了解另一個國家，那就需要首先對這個國家的人民，對他們的生活習慣，他們的思維方式以及看待世界的觀點做系統有品質的調查研究，然後投票這種方式才能有效。」

本書的努力主要集中在從結構上把握日本人的行爲和思維模式，並據此成功塑造出一個跟歐美文化不同類型的日本文化。本書的成功應該歸結於作者善於運用文化人類學方法以及她自己敏銳的分析能力。這裡我們需要考慮的是，這種方法絕非美國人在研究日本文化時才會加以運用的。我認爲，我們日本學者研究日本文化也需要提倡這種方法，這也就是說，對社會現象進行量的控制與測定的方法，對我們是十分必要的，但這是建立在一定前提下的。在美國這樣的典型近代市民社會，人的行爲、思維方式以及人際關係最終都會回歸到顯著的同質要素上，因此有可能進行計量測定，這是很容易做到的。但我們的社會結構是由各種不同質的要素構成的等級制度，至少至今我們的行爲與思維方式在很多方面依然受制於這種封建等級制，這種等級制的各個方面對我們來說都是重要的。但反過來當我們理解不同性質的西方文化後，我們同樣要從結構上去把握。從我們的立場出發去進行這樣的研究，是我們今後的一大課題。

我這樣說並非是說研究我國的「文化」（文化人類學意義上的文化）不需要計量方法，而是想說應該首先弄清日本文化的行爲與思維方式，然後再去測量其他很多模式合乎規律的強度與頻度，對日本這樣一個正在變化或處在變革中的社會，這種方法實際上非常有用和有必要。在今天的日本，與古老的傳統習俗模式相對抗的新的模式正在發展。需要弄清新的模式對舊的模式採取怎樣的方式，又以怎樣的強度在表現自己，這是很有學術意義的，也是非常有用的。因此我認爲在研究日本文化模式上，不僅不能否定統計學的方法，而且還應該大力提倡。尤其是民意測驗更爲關鍵，這也正是我們今後的課題。在這方面，我想本書作者主張的那種質的研究是前提。

四、本書作者將精力主要放在對日本文化結構的研究上，她首先從分析日本文化的基礎——等級制度開始（第三章），對於這方面的分析是敏銳的，視野也是開闊的。作者有步驟和層次地把握住日本社會等級制度以及支撐這種制度的煩瑣的社會規則。她一針見血地指出這種制度是建立在日本家族制度上的，但最終規範日本人的行爲和思考方式的則是這種等級制，正是這種制度爲人們規定各自恰當的位置。尤其是作者指出日本人對天皇的態度，跟太平洋很多島嶼社會常見的參與或不參與政治的神聖首領屬於同一種類型，爲我們今後研究天皇制度提供新的途徑。

我對作者的說明存疑的主要有以下幾點：

1.作者有關家族內部的等級制度的描述不一定適合所有日本人。因爲在很多地方的佃農、日工、漁民還有城市市民中，家族制度並非那麼具有權威性，而屬於這幾個階級的家族，在日本總人口中所占比率以及他們的行爲和思考方式對整個日本社會生活的影響是難以忽視的。作者提到的像五人組這類鄰保組織，在今天日本社會的實際生活中——尤其是在農村，作用已經很小。我認爲這是對重大事實的誤解。的確，舊時代協作社的結構並沒有原封不動地保留下來，當今的機能也不盡相同（不過至少在一些封閉的地方，存在著的很多協作社依然具有德川時代的很多機能），如今在農村、漁村和山村仍然在推行舊時代的五人組制度，其實質沒有多少變化，而在城市，則有與此有著內在聯繫的鄰保組織（鄰組、町會）。日本的極權主義者正是利用這種制度，並加以強化和重新組織確立起自己的權力基礎。日本的極權主義跟納粹並非完全一樣。要弄清日本極權主義的社會基礎（不包括經濟、政治基礎），是今後社會科學面臨的一個課題，至少鄰保組織是其中之一。

2.對作者存疑的另一點是有關日本軍隊社會結構性質的。作者說日本軍隊在內部廢除日式敬語；說日本軍隊內部依靠的是個人能力而不再是門第，在這種前提下，無論出身如何，只要有足夠實力就能擁有上升途徑，從一名普通士兵上升爲士官階層。作者還講述無論是否有錢，在軍隊都能接受平等的教育。在作者的說明中軍隊教育跟傳統的「鄉紳」地位沒有關係，也就是說軍隊在日本社會裡扮演著平等主義的角色。但我認爲這是對日本軍隊的誤解，日本軍隊並沒有廢除敬語，僅僅是爲了在軍隊這個統一組織內部建立起清晰的秩序，廢除德川時代那些純粹封建制度複雜的等級制下的微妙敬語。軍隊是從全國各地彙集起來的，他們之中大多數人受過的教育很低，很多人實際上只具備最基本的集體生活能力，爲此才創造出一種簡單的敬語體系，用來代替舊時代複雜微妙的敬語。同時要看到，門第觀念只是表面上在軍隊裡消失了，實際上只有地主或者地主兼自耕農，也就是封建體制下農村社會中的上層才有能力送自己的孩子去接受中等教育，因此陸軍士官學校和海軍學校的學員也就自然而然被限制在這些階級。總而言之，在軍隊雖然沒有「鄉紳」或者普通社會裡的封建等級制度的原型，但敬語卻是繼續存在的，只是爲了適應新的軍隊結構加以簡化。軍隊是一個嚴重的封建社會，這一點完全沒有改變。因此，說軍隊發揮平等主義的作用很讓人質疑。

五、關於「恩」的第五、第六章是作者所下功夫最大的章節，而且也是內容最豐富、寫得最好的部分。日本的社會關係大多數是人身或者統治與服從結構的，基本上不屬於個體與個體之間自由意志這一媒介的結合，這種認知早已形成共識。但問題在於這種關聯式結構究竟是來自哪種意識的維持？是不是由規範的體系加以確立？這方面的論述在我國國內目前很少。在我看來，應該承認這種關係最本質的兩個要素來自兩種原理，一個是「恩」的原理，一個是家族或者「家」的原理，對這兩個原理作者在書中多有言及。其中有關「恩」

的原理列舉了很多事實，論述的篇幅較長。「恩」和「情義」作爲日本社會結合的原理是至關重要的。我國學者很早就注意到了這個問題（櫻井莊太郎「恩與情義」，刊登於《社會學徒》雜誌第八卷。在此基礎上，櫻井先生又於一九六一年發表了《恩與情義》的專著），但在我國它沒有成爲核心問題。這本書的作者身爲外國學者，沒有親自到過日本，卻能看到這個問題的重要性，對此不得不敬佩作者敏銳以及深刻的分析。作者指出，日本統治與服從的關係是由報恩義務構成的，而報恩這種義務是無限期的，並且由這種無限性中產生人身的依附與服從。這一論述提供一把打開日本社會結構的鑰匙。作者還用日本的「恩」對比了美國社會相似的概念，結果沒有找到答案。爲了讓美國人理解「恩」這個概念，作者做了巨大的努力，這是作爲日本人的我們應該感興趣的地方。

在此應特別加以記述的是下述各點。作者指出「恩」不屬於德範疇，報恩才是。這也就是說，其他各種說法所表述的行爲，在特定的人身結合關係範圍內，是屬於統治者負有的一定程度的道德義務，但「不是人所負的一般道德義務」。指出這一點非常重要，作者正是由這一點進而發現跟「仁」作爲道德基礎的中國古典社會儒教的重要差異。另外，用恩與報恩之間的關係類比美國人的債務償還關係，也是相當重要的。

作者這部分的論述值得存疑之處在於有關報恩義務的種類以及性質。作者認爲報恩的義務可以分爲「義務」與「情義」兩類，前者不管如何努力，報恩者也不可能全部報答完所受的恩惠，而且這樣的義務是沒有時間限制的持續性義務。後者屬於一種對等性的義務，受恩惠者只需對等還報就行，並且存在時間上的限定。前者作者列舉忠、孝以及「任務」，後者作者列舉的是包括對主君、對遠親等所謂的「對社會的情義」以及「對自己名譽的情義」。正是在這裡，作者產生了在本書其他地方所沒有的混亂。無可置疑，忠和孝是對恩所施行的一種無限的義務，但如果說對主君的義務和對他者的義務，間或也包括對近親的義務，是內容與時間有限的義務（作者稱之爲「情義」）的話，那就是錯誤的。另一方面，書中所謂的「任務」，根據作者自己的說法是對自己工作的義務。作者把這解釋爲報恩，對此我們很難理解，因爲報恩是一種產生於對恩賜人的義務的東西。（參閱川島的《作爲意識形態的家族制度》，第一〇二頁起的「作爲意識形態的『孝』」，以及川島的「恩的意識實態」，載於《中央公論》一九五六年三月號，第一一九頁以下部分）同時作者也把「對名譽的情義」看作是報恩義務的一種，但當受到人侮辱和誹謗時洗刷汙名，也就是復仇、履行禮節的義務等卻並非來自受他人之恩而產生的義務。作者在這部分列舉的各種日本人所背負的道德義務，基本上跟恩沒有關係。

還有，作者對情義的說明也存在問題。作者指出在日本人的道德義務中存在「情義」這樣一個特殊的範疇。這個範疇的道德義務並不需要盡義務者以自發的主觀意識加以履行，而是在外部強制性壓力（對社會的情義）下不情願地履行的。這點是得到公認的，明確這點很有必要。這種義務被稱之爲「情義」也是事實，但不能反過來說被稱之爲「情義」的事物全都是這類性質的。作者沒有到過日本，也無法目睹這種「情義」現象，更沒有機會接觸到需要使用「情義」的特定場合，犯下這種錯誤是可以理解的。有關「情義」的論述，是我們日本人感到最滑稽的部分，但在日本，關於「情義」的研究至今還是空白，因此儘管存在上述錯誤，也無法抹殺作者的成就。我自己對情義是這樣認爲的，情義這個詞原本是指道德性義務的一個一般性用語，但因爲封建道德是在無視人的情感基礎上構建的，所以常常會陷入人與人的自然情感（人情）的矛盾中。情義與人情的對立是封建社會一個無法改變的宿命，但道德的性質要求它就算是有矛盾也要很嚴格地被實施貫徹。在這種情況下被貫徹的道德從否定自然人這個角度來看——嚴格說應該是不依靠封建道德所內含的自我抑制這一內在強制性來貫徹時——就變成了作者所謂的「情義」。總之，「情義」根據作者的意思是指的封建道德在跟人情的對抗中無法否定人情的一種關係。因此情義現象在很多情況下，並非是從封建道德的所有者武士那裡被發現的，而是從商人和農民那裡被發現的。所以情義就只是封建道德的一個側面。（關於情義請參考上述櫻井莊太郎的研究以及川島的「情義」，載於《思想》雜誌，一九五一年九月號。）

六、關於「人情」的第九章，對我們日本人自己而言也是很有趣的，其中還有著不少的教訓。就我所見，作者的論述似乎偏離了中心問題。作者說對日本道德戒律寬容五官身體的享受感到很意外。她說自己對沒能在日本人中找到一種想法是像佛教那樣否定現世快樂，以及像歐洲尤其是基督教世界觀那樣強調精神與肉體對立的價值觀感到奇怪。而與此同時，日本的道德又要求「償還極端的義務與徹底的放棄自我」，這是前後矛盾的。如果要尋找到這樣一個道德體系，也就是把兩種不一致的道德原理統一在一個平臺上，那麼作者上述所感受到的奇怪就會是一個謎。對這個問題只能歷史地來加以解答。徹底放棄自我（往往是否定人的生命，比如剖腹、情死等）恐怕並非日本的封建道德體系所獨有的。日本人所承認的肉體狀態的人，應該是一種處在封建道德體系之外的普通民眾（商人、農民）的自然人。換種說法就是日本所肯定的是還沒能把自我抑制作爲媒介的自然的生物上的人。在日本，民眾中廣泛存在著過度強調人的肉體性現象，這是因爲儘管在德川時代武士階級的道德逐漸滲透到了庶民階級裡，儘管明治維新後絕對主義政府強制性向民眾傳輸武士階級維持的封建道德，但它從來也沒有在普通民眾中扎根過。作者這樣是在置歷史與社會等級不顧，試圖抽象地把對抗關係、矛盾關係中的兩種社會模式統一在一個平臺上，才導致這種錯誤和失敗。另外，作者想要證明「對肉體的人的肯定」而舉的幾個例子也存在商榷的餘地，尤其是入浴和睡覺，但因爲屬於細枝末節，這裡就不予細究。

七、以「道德的困境」爲標題的第十章也很有意思。作者在這一章裡把日本人的道德觀與美國人——市民社會——的道德觀作對比。日本的道德分裂成五花八門的一個個圈子。作者在判斷一個人的時候，不是看作一個完整的人，而是採取「不懂得孝」、「不懂得情義」這樣的分類法來判斷。「他們不像美國人那樣用『不正派』來批評某個人，而是明確地指出這個人在哪個領域行爲不當。」日本的道德傾向於不要求統一性的道德精神，也不是立足於統一性原則，而是存在於錯綜複雜的道德訴求中。日本人的悲劇也許正是因爲這種複雜多樣的道德領域才導致的。日本的道德精神很難透過所謂的「外部世界」的矛盾來達到統一。道德不是自主的自律性精神世界，而是他律的「外部」強制性（被嘲笑等）的產物。作者指出這些方面是正確的。作者還指出，明治政府曾致力於一場國家道德統一的運動（忠），這也沒錯。但爲什麼會產生這種道德體系的分裂、矛盾，進而導致人的道德精神的分裂，最終沒能完成人格的統一？對這類問題，即使是這位敏銳的研究者也沒能找到答案，我以爲這只能採用歷史的分析法才能做到。試圖把諸多的道德領域在一個平臺上加以統一是徒勞的。這些道德分裂的原因在於日本的封建制度中的等級制，以及由此派生出來的不同身分固有的道德領域，這些道德領域相互滲透，尤其是上層社會的道德強制性向下層社會的滲透，明治後封建藩閥政府爲了創立國家道德體系所進行的頑固嘗試等。這是今後社會科學研究的課題之一。

作者指出的另一個關於道德的兩難困境下的重要問題是有關「誠」（眞誠）。我本人從小學開始，就處在「誠」的灌輸下。對我而言，一開始完全不懂，但反覆的灌輸最終也使得我多少開始懂得一些。就像本書作者在「兒童教育」一章中所說，這樣執著的教導並從孩提時代就被肉體化的「誠」，在日本的道德體系裡的確占據很重要的地位。作者作爲一個外國人，居然能發現這點，而且還做出令我們日本人信服的分析，實在讓人吃驚。正如作者所分析的那樣，「誠」是「要求人們全心全意竭盡全力履行責任」，是循「道」的熱忱。美國人還有這樣一種觀點，認爲它是「宗教狂對自己的教義所具有的狂熱」。這個事實告訴我們一個道理，那就是我們日本人的價值尺度並非是絕對的普遍眞理，更非永恆的眞理。

問題是日本人道德體系中這樣重要的東西，至今卻沒有被日本人自己當作是科學研究的對象（僅僅是作爲說教被反覆灌輸），這恐怕只能歸咎於我們日本學者的怠慢，因爲這種德行如此重要，以致它必須要由國家利用威權來灌輸（尤其是像「軍人敕諭」一類），所以不能把它當作是科學研究的對象。這就跟明治後在絕對主義政府統治下，政治學要成爲一門科學就得做出殊死的抗爭一樣。在讀到本書作者關於「誠」的分析後，我深切體會到了民主主義（學問和言論的自由）對科學研究的重要性。

八、第十一章是關於「修煉」的，這一章也一樣很有趣。這一章揭示了一些屬於理所當然，但對我們日本人卻並非理所當然的現象。對此我想恐怕大多數日本人會感到吃驚吧！作者正確地描述日本個人「修煉」的實質，指出它的實質是一種努力，也就是對一些雖然是屬於自我犧牲或者自我抑制的事，卻需要經過努力不這樣意識。在此我要再度對作者對現象的理解與分析能力表示敬佩，她沒來過一次日本，但卻能如此明確地進行論斷。問題在於對這種「修煉」所給出的要求是根據什麼情況做出的？任何社會都不可能不要求其成員做出某種程度的自我犧牲與自我抑制。但近代以來的市民社會所要求的自我犧牲與自我抑制，是要求人在尊重他人的自由時，所必須做出的最低限度的自我犧牲與自我抑制。由於自我犧牲的交互性，所以可以建立在人的自由意志的自發性前提下，也正因爲如此，美國社會沒有像日本社會那種模式的「修煉」需求。而在日本，「日本人把自我監視和自我監督視爲巨大壓力」，因此「修煉」才成了一種需求。對此我想，在日本，人們耗費如此大的努力來不讓自己意識到自我犧牲和自我抑制的本質，這很可能與我們的封建社會缺乏自我犧牲的交互性，服從者在自我犧牲中的「借貸對照表」中自始至終是貸方，而統治者始終是借方相關。只是我的疑問是，如果對日本人的「修煉」提出的要求僅僅是基於上述事實的話，歐洲中世紀也應該普遍存在同樣的「修煉」要求。難道事實上那時的歐洲就不是這樣嗎？至少我沒看到類似的記載。假如大膽推測一下，要求「無我」和要求「像死者一樣活著」不去意識自我犧牲應該是這樣一回事，那就是否定自我犧牲中的自我對立的這種現象，而這種現象在歐洲封建社會很少看到。這也許是亞洲社會獨有的文化模式，如果是這樣，這種模式的道德戒律就難以只用封建性來說明了。同時要是單單用日本性也很難解釋清楚。

九、專門說明「兒童教育」的第十二章在我看來恐怕是所有日本人都感興趣的一章。從教育、訓練孩子的方法中力求弄清楚一個社會的行爲模式，以及由此形成的社會關係的結構線索，是文化人類學的研究貢獻。這一章的成功正如作者在本書的開篇引以爲自豪說的那樣，它的成功來自文化人類學的研究成果。在這一章裡，一些材料也許需要修正或者加以限制（比如所謂上層社會和下層社會教育孩子的方法不盡相同，但不可忽視的是，存在著上層社會教育方法對下層社會的影響與滲透這一運動的側面。這點本書沒有提及），但是能蒐集到如此豐富的材料本身就是一件令人咋舌的事。這一章恐怕是本書寫得最好的部分。

十、最後一章是有關戰敗後的日本的。這一章對滿目瘡痍的日本、滿身傷痕的日本人進行了透徹的揭示。似乎這一章是專爲占領這一目的而寫的，但即使是對依靠自己的努力來實現民主主義革命的全體日本國民，也是具有深遠的現實意義的。我認爲這一章中大部分內容是準確的。

十一、最後我就本書談點整體上的感想。像我多次說過的那樣，一個一次也沒到過日本的學者，竟然能綜合地從整體結構上描繪日本人的行爲與思維模式，的確讓人歎爲觀止。這裡沒有必要提到作者要是能親自到日本考察一下，可能很多事實能得到更加準確翔實的結論這一點，要知道這種情況造成的誤解並沒有影響到我們對本書學術價值的評價。因此，我這裡僅就作者的方法談一些感想。

首先，需要指出的是，作者的分析沒有考慮到問題的歷史一面。這與下面將要提到的作者分析的重點被放在弄清歸納性的日本人的行爲與思維模式有關。我承認學術存在著分工，我也承認美國的社會學至今都不太（或幾乎不）重視歷史性思考是有其理由的。但在觀察、分析像日本這樣一個處在變化、變革運動過程中的社會，要是不進行歷史性思考，至少分析是不會充分的。例如在現在（或者明治後）的日本，「封建」和「近代市民社會」，日本式的東洋和西洋的東西將會被重疊地攝入一張底片，而且還存在著一個漸進過程，其中一個會反射、影響到其他。對這類不同的「模式」如果不做歷史性的思考，而只是放到同一個平臺上相提並論的話，它們之間的相互排斥、滲透、反射和影響就容易被忽視。我認爲本書欠缺的恐怕正是這種有意識地對這種問題的探索，作者在本書的好幾處提到日本人的行爲與思維模式中存在的相互矛盾的要素，並且提出爲什麼會同時存在這種矛盾的問題。我在前面提及自我犧牲和自我抑制的道德觀與自然的肉體的人之間的矛盾時說過，眾多的此類問題要是從歷史這個側面去分析，就很容易迎刃而解。作者沒有滿足於陳述事實，而是致力於說明這些事實間的內在聯繫以及理由，但要是能重視歷史性分析這一側面的話，我想就能對現在的日本文化做出更深入的探究。

其次，「日本人」是被作爲同質化的人的總體出現在作者的研究裡的。作者幾乎忽視了日本人的階級差異、地域差異以及職業差異。作者想要弄清的是平均化的日本人的行爲與思維模式。我不反對弄清文化的模式的實際價值與學術價值，在試圖弄清美國社會與日本社會兩者性質上的不同時，首先分析一下他們本質上的差異是自然需要的，而且這也是研究的基本順序。對以展開日本人行爲與思維模式的整體面目爲目的的文化人類學日本社會研究，首先需要做的就是理清上述遭到抽象化了的對象眞實的面目，也就是抽象化了的日本人的行爲與思維模式。因此，鑒於上述原因，作者的分析對歷史的側面有所忽視是能夠理解的。但不可否認作者的分析方式的有效性，只是在跟作者涉及的「問題」相關時，特別強調一下日本是一個動態中的正在發生變化與變革的社會是很有必要的，這個社會存在著相互對立、對抗的諸多領域、階層和「力」（力量、勢力）。對本書作者來說，主要的任務是弄清支撐日本進行戰爭的「力」，以及結束戰爭的「力」（期待這一局面）之間的關係；還有使得日本社會回復或者說固定在傳統模式上的「力」，跟改革它、使它轉化爲民主主義社會，從而成爲世界大家庭一員的「力」的關係，以此來為戰爭和占領這一實際任務做出貢獻。鑒於此，不對日本社會內部存在的諸多對抗性傾向和「力」進行分析，而只是套用一種固定模式在日本社會身上，那就不可能得出正確而具體的結論、就不可能為上述實際目的做出任何有意義的貢獻。這裡需要再次強調的是，作者所講述的「日本式文化模式」作為一般性面目，除那些最細節的部分外，基本上都是符合日本眞實面目的。不過分析一下這種整體的面目以及一般性的傾向，就不難發現它不過是一種動態的關係，是相互對抗的各種社會力量達到均衡狀態後的結果。在這裡舉個例子說說，在民法典和明治以來的小學修身教科書中，出現的那種封建式的父系家長制就是由明治絕對主義政府透過政治手段加以支撐的，自上而下強加給國民的「模式」。而且在一定程度上，政府已經成功地把這種模式滲透到民眾的日常行為與思維方式中。但在普通民眾中依然存在與這種模式對抗的其他「模式」的父系家長制度。明治之後，民主主義思潮並非沒有對社會造成影響，儘管這種思潮的前景並不被看好，但終歸還是存在著的。透過對支撐這類「模式」的社會力量的分析，我們可以更加清楚地看清日本父系家長制度的現狀及其變革的可能性。只要把日本社會看作是一個整體，是一個同質的社會，就不可能做上述動態的分析。作者設想的日本文化模式，難道不是一個過於靜止的統一體嗎？

為了把開始於本書作者的研究更進一步推向深處，分析由階層、地域或職業、年齡等差別性因素產生的行為與思想方式的差異、分化以及相互對抗關係是必要的。至少對我們日本人自己來說，分析、研究上述問題不是爲了占領服務，而是爲了在日本實行民主主義革命，並重建日本以及創造我們新的歷史的需要。我曾期待著本書作者潘乃德不僅是爲了占領，更是爲了我們的民主主義革命而親自來日本做實地考察研究，但遺憾的是，我們的期待還沒來得及成爲現實，作者就已永遠離我們而去。

露絲・潘乃德年表

Ruth Fulton Benedict, 1887-1948

年代	生平紀事
一八八七	出生於美國紐約市。
一八八九	•妹妹出生。 •擔任外科醫生的父親病逝。
一八九四	因母親工作需要，陸續遷居蒙大拿州、明尼蘇達州和水牛城等地。
一九〇五	就讀瓦薩學院，主修英國文學。
一九〇九	獲得文學學士學位。
一九一四	與史坦利·潘乃德結婚，擔任全職家庭主婦。
一九一九	從一連串講演會中接觸到人類學，對人類學產生興趣。
一九二一	進入哥倫比亞大學人類學系就讀，成為美國人類學之父鮑亞士（Franz Boas）早期門生之一。
一九二三	•獲得人類學博士學位。 •擔任哥倫比亞大學人類學系講師，講授美術相關課程。
一九三一	與丈夫分居，並接任哥倫比亞大學人類學系助理教授職位。
一九三四	一九二四—一九三二年間在印第安部落從事田野調查時，逐漸構思出「文化形貌論」的想法，並將此想法寫成《文化模式》（*Patterns of Culture*）出版。

一九四〇	出版《種族：科學與政治》（*Race: Science and Politics*），表達反對納粹種族中心論的立場。
一九四三	• 開始接觸第二次世界大戰參戰國，如：羅馬尼亞、荷蘭、泰國、日本等國的文化資料，研究各國的民族性。 • 出版《人類的種族》（*The Races of Mankind*）一書。
一九四六	• 獲頒美國大學婦女聯會傑出女性獎。 • 獲選為美國人類學學會主席。 • 出版《菊與刀》（*The Chrysanthemum and the Sword: Patterns of Japanese Culture*）。
一九四七	獲聘為哥倫比亞大學人類學系教授。
一九四八	病逝。

索引

二畫

二元性　281, 282

三畫

大元帥　31, 65, 126
大名　31, 59, 61, 62, 63, 64, 65, 67, 70, 75, 76, 77, 138, 140, 162, 182, 199, 204, 205
大東亞共榮　24, 220
大東亞政策　53
小泉八雲　295
工人　60, 61, 120, 302

四畫

中介人　155, 156, 214
公案　240, 241, 242
反社會　120
天皇　30, 31, 32, 33, 34, 35, 45, 57, 58, 59, 65, 66, 67, 75, 78, 79, 80, 85, 86, 88, 99, 100, 116, 117, 118, 120, 125, 126, 127, 128, 129, 130, 131, 152, 168, 172, 173, 195, 206, 207, 270, 271, 291, 294, 295, 298, 300, 301, 302, 313, 314
日本精神　25, 30, 213, 214, 227, 287
欠恩　105, 122, 266

五畫

史賓賽　79
四公六民　63, 75
外樣　59, 75
失我　243
平均幸福　230
立柱苦行術　239

六畫

伊藤博文　79
共榮圈　53
各安其分　52, 53, 80, 84, 93, 151
各得其所　23, 24, 43, 45, 46, 48, 84, 92, 147, 183, 304, 305
吉良侯　199, 200, 201, 202
同性戀　186, 187
寺廟　57, 128, 237, 260
成金　91
江戸　64, 65, 163, 201, 202, 205
自我修煉　214, 226, 227, 229, 230, 231, 239, 286
自律　223, 225, 320
自重　150, 170, 215, 216, 217, 268, 280, 283
西鄉隆盛　29, 76

七畫

君主制　33
孝道　50, 52, 100, 120, 121, 122, 123, 124, 125, 206
希特勒　31, 32
庇護　90, 101, 102, 138, 228

八畫

宗族　50, 51, 58
忠誠　3, 33, 34, 40, 55, 96, 98, 99, 111, 126, 128, 140, 147, 152, 163, 195, 199, 202, 209, 294
明治政府　76, 77, 78, 79, 80, 87, 89, 150, 320
武士　4, 25, 29, 51, 59, 60, 61, 62, 63, 68, 69, 70, 75, 76, 77, 88, 104, 119, 126, 138, 139, 140, 149, 150, 162, 166,

172, 173, 174, 182, 186, 201, 204, 205, 236, 237, 243, 255, 262, 296, 318, 319
版籍 75
阿特拉斯 63

九畫

封建 30, 31, 35, 51, 58, 59, 60, 61, 62, 63, 64, 67, 69, 70, 75, 76, 77, 78, 100, 125, 126, 127, 137, 140, 149, 166, 182, 199, 206, 209, 313, 315, 318, 319, 320, 322, 323, 325
皇恩 33, 96, 99, 100, 116, 129, 245
負恩感 97
軍國主義 25, 31, 32, 33, 34, 174, 191, 298, 306, 307

十畫

席德林 292
恥感文化 218
浪人 139, 200, 201, 202, 204
涅槃 233, 234
神社 51, 52, 85, 86, 252, 260, 300
神風特攻隊 26
神祕主義 226, 235, 237, 242
神道 84, 85, 86, 87, 207
神道教 31, 57, 84, 85, 86
秩祿公債 76
站柱術 239
納粹 31, 92, 166, 314, 329
財閥 89, 90, 91, 141

十一畫

商人 60, 61, 62, 68, 69, 70, 75, 76, 77,

91, 143, 144, 318, 319
國家主義　40, 86, 168, 174, 220, 270, 271, 303
將軍　29, 31, 32, 36, 58, 59, 63, 64, 65, 66, 67, 70, 75, 78, 100, 126, 138, 139, 167, 172, 199, 202, 203, 204, 205, 206, 291, 292, 299, 300, 301, 302
庶民　51, 61, 62, 319
情義　117, 118, 133, 134, 135, 136, 137, 138, 139, 140, 141, 142, 143, 144, 147, 148, 149, 150, 151, 152, 153, 154, 156, 158, 162, 163, 165, 167, 171, 173, 174, 190, 195, 198, 199, 200, 201, 203, 204, 205, 208, 209, 213, 242, 266, 268, 269, 270, 271, 280, 304, 316, 317, 318, 319
排夷　71, 172, 173
曹洞宗　236
淺野侯　199, 200, 202, 203
麥克阿瑟　291, 292, 299, 301, 302
寄生階級　61, 63

十二畫

尊王　71, 75, 126
最高準則　209
無我　231, 242, 243, 244, 245, 322
等級制度（等級制）　23, 24, 28, 35, 44, 45, 46, 47, 48, 50, 53, 54, 55, 56, 57, 58, 62, 64, 65, 67, 68, 69, 71, 78, 79, 80, 87, 91, 92, 101, 127, 128, 137, 150, 151, 155, 167, 206, 209, 214, 228, 258, 282, 293, 294, 305, 310, 313, 314, 315, 320
訴願箱　67
貴族　47, 48, 49, 51, 58, 60, 62, 65, 68,

69, 70, 76, 80, 91, 151, 177, 226
雲上人　58
勞動階級　63

十三畫
債務　6, 97, 98, 115, 116, 117, 122, 141, 142, 143, 152, 158, 198, 266, 293, 304, 316
圓滿　190, 226, 231, 232, 236, 239, 240, 242, 244, 246, 280
感應巫術　251
敬語　49, 87, 254, 314, 315
新來者　91
極權主義　34, 270, 314
瑜伽　225, 233, 234, 235, 236
盟軍　5, 33, 38, 40, 291, 292, 303
罪感文化　218
義務　24, 50, 62, 63, 67, 70, 79, 80, 97, 98, 99, 101, 115, 116, 117, 118, 120, 121, 123, 124, 125, 128, 135, 136, 137, 138, 140, 141, 142, 147, 151, 157, 174, 177, 182, 183, 184, 185, 190, 191, 195, 198, 200, 201, 204, 205, 206, 207, 208, 209, 210, 211, 219, 224, 228, 229, 230, 234, 242, 259, 266, 268, 272, 276, 278, 282, 283, 286, 304, 306, 316, 317, 318
聖西蒙　239
萬世一系　85, 127
農民　55, 60, 61, 62, 63, 64, 67, 68, 70, 75, 77, 78, 81, 84, 88, 91, 116, 120, 141, 150, 156, 177, 181, 189, 216, 234, 252, 276, 302, 304, 318, 319
頓悟　236, 238, 239, 240, 241, 242

十四畫
幕府　59, 60, 61, 63, 64, 65, 66, 67, 69, 70, 126, 127, 150, 167, 173, 199, 200, 202, 203, 204
閣下　78, 80, 83, 85, 89, 126, 128, 300

十五畫
德川家康　59, 61, 62, 162, 163
暴發戶　91, 294
賤民　60, 67, 68, 76, 77, 78
鄰組　81, 314

十六畫
戰俘　4, 23, 24, 29, 32, 33, 34, 35, 37, 38, 39, 40, 41
霍伊爾　215, 217
禪宗　211, 231, 232, 235, 236, 237, 240, 241, 242

十八畫
穢多　60
豐臣秀吉　61
鎖國　60, 71, 172
雙重統治　59, 65, 66, 75

十九畫
藩　51, 58, 59, 60, 62, 63, 64, 65, 75, 76, 77, 78, 172, 173, 202, 204, 296, 320
譜代　59

二十五畫
觀我　231, 241, 243, 244, 245, 246, 279, 280

經典名著文庫110

菊與刀

The Chrysanthemum and the Sword: Patterns of Japanese Culture

作　　者——露絲・潘乃德（Ruth Fulton Benedict）
譯　　者——山　藥
發 行 人——楊榮川
總 經 理——楊士清
總 編 輯——楊秀麗
文庫策劃——楊榮川
本書主編——黃文瓊
特約編輯——張碧娟
責任編輯——吳雨潔
封面設計——姚孝慈
著者繪像——莊河源
出 版 者——五南圖書出版股份有限公司
地　　址——台北市大安區 106 和平東路二段 339 號 4 樓
電　　話——02-27055066（代表號）
傳　　眞——02-27066100
劃撥帳號——01068953
戶　　名——五南圖書出版股份有限公司
網　　址——https://www.wunan.com.tw
電子郵件——wunan@wunan.com.tw
法律顧問——林勝安律師
出版日期——2020 年 3 月初版一刷
2022 年 8 月二版一刷
2023 年 12 月二版二刷
定　　價——390 元

國家圖書館出版品預行編目資料

菊與刀 / 露絲・潘乃德 (Ruth Fulton Benedict) 著 ; 山藥譯 . -- 二版 -- 臺北市 : 五南圖書出版股份有限公司 , 2022.08
面 ; 公分 . -- (經典名著文庫 : 110)
譯自 : The chrysanthemum and the sword : patterns of Japanese culture
ISBN 978-626-317-930-1(平裝)

1.CST : 民族文化　2.CST : 民族性　3.CST : 日本

535.731　　111008653